Le mythe de Tristan et Iseut

TRISTAN et ISEUT

par

Michel Cazenave

établi d'après les manuscrits des XIIe et XIIIe siècles

et

PRÉSENTATION
DOSSIER
BIBLIOGRAPHIE

par Marie-Noëlle Toury

GF Flammarion

ISBN : 2-08-071133-4

SOMMAIRE

PRÉSENTATION VII

NOTE DE L'AUTEUR 3

Tristan et Iseut

DOSSIER

1. La scène du philtre 283
2. Les retours de Tristan 289
3. La mort des amants 301
4. Deux regards sur le mythe 313

BIBLIOGRAPHIE 315

TABLE DE TRISTAN ET ISEUT 317

Présentation

LE MYTHE

Beaucoup plus qu'une légende, l'histoire de Tristan et d'Iseut, celle d'un amour fatal qui mène les amants à la mort, est un mythe. Et d'abord parce qu'elle est universelle, dans l'espace et dans le temps. Repérée en pays celtique, sans doute vers le Xe siècle où elle se transmet oralement, elle est recueillie dans ce qu'on appelle le *Tristan* primitif, aujourd'hui perdu, œuvre peut-être d'un certain La Chèvre, cité dans quelques textes, que le Gallois Breri fit connaître à la cour de Poitiers vers 1135 et qui constitue l'archétype des textes qui suivront. Il est probable que circulaient aussi à la même époque d'autres épisodes de la légende, ce qui expliquerait les divergences entre les versions qui nous sont parvenues.

C'est en France que prennent véritablement corps les œuvres littéraires avec le *Tristan* de Thomas, vers 1170, et celui de Béroul, vers 1180. À la même époque, entre 1170 et 1190, Eilhart von Oberg écrit un *Tristrant et Isalde* en moyen-haut-allemand, qui relate l'histoire des amants dans son intégralité, histoire probablement très proche de la version primitive. En revanche, il ne nous reste du texte de Thomas que des fragments, avec l'épisode final de la mort des amants, et de celui de Béroul seulement une grande partie médiane de 4 485 vers, sans le début de l'histoire ni sa fin. Trois textes, beaucoup plus courts, qui ne rapportent qu'une seule aventure de Tristan, voient le jour également en France dans le dernier tiers du XIIe siècle ; ce sont *La Folie*

Tristan d'Oxford, très proche du *Tristan* de Thomas, *La Folie Tristan de Berne*, qui se rapporte plutôt au *Tristan* de Béroul, et le *Lai du chèvrefeuille*, de Marie de France, daté de 1170. Tous trois relatent un retour heureux de Tristan vers Iseut après qu'il a été chassé de la cour du roi Marc ; dans les deux *Folie*, il a revêtu un déguisement de fou pour pouvoir pénétrer dans le château de Tintagel sans être reconnu (d'où le terme de *Folie*), dans le *Lai*, Tristan attend dans la forêt le passage d'Iseut et l'avertit de sa présence, grâce à un signal connu d'elle. Citons enfin, en tant que texte court, un petit épisode appelé généralement « Tristan rossignol », inséré dans un poème du XIIIe siècle, le *Donnei des amants* ; il s'agit aussi d'une rencontre clandestine : Iseut rejoint son amant qu'elle a reconnu grâce au chant du rossignol qu'il sait parfaitement imiter. En Allemagne encore, au début du XIIIe siècle, Gottfried de Strasbourg compose à son tour un *Tristan*, inachevé quoique très long (plus de 19 500 vers), qui se réclame explicitement de Thomas et qui s'étend abondamment sur les descriptions et les analyses psychologiques des héros. En revanche, la *Tristrams Saga*, traduction assez fidèle de Thomas, écrite en 1226 par un certain frère Robert à la demande du roi Haakon de Norvège, se concentre sur l'action et expurge son récit des longs débats intérieurs chers à Thomas. Vers 1230 apparaît en France le *Tristan en prose*, très long roman qui réunit, dans une vaste synthèse, Tristan avec Lancelot, le roi Arthur et les chevaliers de la Table ronde, confrontés à d'innombrables aventures amoureuses et chevaleresques. Il a existé encore une version néerlandaise, presque entièrement perdue, qui date de la fin du XIIIe siècle, un *Sir Tristrem* anglais, plus tardif, un *Tristano* italien et des versions slaves. Enfin le personnage de Tristan apparaît dans des textes espagnols et portugais du XIVe siècle et dans la *Morte d'Arthur*, de l'Anglais Malory, à la fin du XVe siècle.

Cette tragique histoire d'amours malheureuses a donc fait le tour de l'Europe, c'est dire qu'elle a passionné les hommes du Moyen Âge. Mais il faut aussi rapprocher ce thème de celui d'un récit persan, composé entre 1050 et 1055, *Wîs et Râmîn*, qui comporte beaucoup d'éléments semblables à la légende de Tristan et Iseut (adultère d'une reine, exil des amants, retour à la cour, départ du héros et mariage avec une femme qui ne peut lui faire oublier la reine…). Une trame comparable fonde les contes celtiques de *Derdriu et Noisé* et de *Diarmaid et Grainne* [1], où l'on retrouve la rivalité de l'oncle/roi et de son neveu et la vie aventureuse dans la forêt. On a voulu attribuer à ces récits une influence sur les *Tristan* français, mais il s'agit plutôt d'un fonds universel, à la fois de passions communes à tous les hommes, comme l'amour impossible et fatal, et de motifs qui courent d'une culture à l'autre : de l'Antiquité par exemple viennent le motif narratif de la voile noire ou blanche de Thésée et celui du philtre qui rappelle ceux que confectionnait Médée. Virgile, dans l'*Énéide*, rapporte que les cendres d'Achille, tué devant Troie, rejoignirent celles de Patrocle et se confondirent avec elles dans une même urne. Dans *Les Métamorphoses*, Ovide raconte que Philémon et Baucis, après une longue vie d'amour et de fidélité, furent transformés en arbres dont les feuilles se mêlèrent. Tous ces motifs et symboles se retrouvent, à peine transformés, dans les différentes versions de *Tristan et Iseut*. Il est naturel que les clercs du Moyen Âge, auteurs de la plupart des premiers textes médiévaux et nourris de souvenirs antiques, aient utilisé spontanément les motifs narratifs que leur fournissaient les Anciens.

Au XIXe siècle, Wagner reprend le flambeau avec son opéra *Tristan et Isolde*, et le cinéma s'en empare au XXe : Jean Cocteau écrit le scénario de *L'Éternel Retour*, filmé par Jean Delannoy en 1944, joué par Jean Marais et Madeleine Sologne, où l'histoire de Tristan et Iseut est transposée dans le monde moderne ; François Truffaut produit en 1981 *La Femme d'à côté*, qui reprend les grands traits de la légende

---

1. Voir dossier p. 313.

et où Gérard Depardieu et Fanny Ardant incarnent des amants voués, presque malgré eux, à la fatalité de l'amour et à la mort [1].

Car une autre caractéristique du mythe est sa plasticité. Formé d'un noyau simple – un homme et une femme, épris l'un de l'autre et ne pouvant supporter la séparation que leur imposent les conditions de leur vie, finissent par en mourir –, il se prête facilement aux transformations de détail et à des modes d'expression divers. Les versions des XIIe et XIIIe siècles énumérées ci-dessus comportent de nombreuses variantes. La naissance de Tristan, par exemple, ne se passe pas de la même manière dans tous les textes. Si Blanchefleur, sa mère, meurt en le mettant au monde, ce n'est pas toujours dans les mêmes conditions. Dans une des versions, son père, Rivalin, roi de Loonois, est tué à la guerre avant même la naissance de son fils ; dans une autre au contraire, il est toujours vivant et veille à son éducation. L'arrivée de Tristan en Cornouailles donne lieu à des épisodes différents : soit il est enlevé de Bretagne par des marchands norvégiens qui l'abandonnent ensuite au large des côtes anglaises, soit c'est son père lui-même qui l'envoie au roi Marc, avec son « maître » Gorvenal, pour parfaire son éducation auprès de son oncle maternel, selon la tradition féodale. Les épisodes guerriers où Tristan manifeste sa valeur et accomplit des prouesses sont aussi très variés : ils sont multipliés chez Eilhart qui privilégie l'action, tandis que Gottfried s'étend longuement sur les descriptions et que, chez Thomas, c'est l'introspection qui prend le pas, lorsque Tristan réfléchit douloureusement à sa situation intenable, entre Iseut la Blonde et Iseut aux Blanches Mains et qu'il plaint son amour perdu. Chez Béroul, Dieu semble manifester son indulgence envers les amants en facilitant la fuite de Tristan lorsqu'il est condamné au bûcher et en permettant qu'Iseut retrouve avec honneur sa place auprès de son mari, après son « serment

---

1. Sur la postérité de Tristan à la scène, voir dossier, p. 305-309.

ambigu ». Chez Thomas en revanche, Dieu semble absent, sourd aux prières que, finalement, et même à l'heure de leur mort, les amants ne lui adressent plus. La tonalité générale du texte de Béroul est optimiste : Tristan et Iseut triomphent toujours de leurs ennemis et font triompher leur amour, même si on ne sait pas comment ils finissent, puisqu'on ne possède pas la conclusion de l'histoire. Le texte de Thomas est beaucoup plus noir : chaque initiative que prend Tristan, lorsqu'il est séparé d'Iseut, ne fait qu'aggraver son malheur et sa tristesse et le précipiter de proche en proche vers une mort que l'on sent inéluctable. Thomas conclut son texte par la mort des amants, sans que l'on sache si l'amour peut faire un miracle dans l'au-delà et les réunir selon leur vœu. Tandis qu'Eilhart et la *Saga* norroise affirment la survie de leur amour à travers un symbole : le premier raconte que le roi Marc fit planter sur la tombe de sa femme un rosier et sur celle de son neveu un cep de vigne, et qu'ils entrecroisèrent leurs rameaux si étroitement que, quelque force que l'on y mît, on ne put jamais les séparer ; pour la *Saga*, c'est un chêne qui s'éleva tout seul de chacun de leurs tombeaux, si haut que leurs branches se mêlèrent par-dessus le faîtage de l'église. Les images sont différentes, le symbole est le même. Quant aux films de notre époque, ils transposent évidemment l'histoire des amants dans la vie moderne avec toutes les transformations que cela suppose. Mais il reste toujours la même trame irréductible de l'amour absolu et contrarié qui ne peut conduire les amants qu'à la mort. Ce noyau dur s'adapte à toutes les époques et à tous les pays.

Trois autres traits caractérisent aussi souvent les mythes, surtout les plus anciens, comme celui de Tristan et Iseut. Ce sont le merveilleux, l'exemplarité et le symbolisme. Le merveilleux fait partie de la vie même de Tristan : il combat victorieusement le Morholt (géant d'une taille et d'une force exceptionnelles dans certaines versions), il tue un redoutable dragon, il boit le philtre d'amour aux vertus extraordinaires et, pour échapper au bûcher, il saute d'une falaise sans se blesser, d'une façon quasi miraculeuse. L'exemplarité de Tristan et Iseut est celle d'un homme et d'une femme parfaits, lui doué de tous les talents (musique, poésie, connaissance des langues) et d'une vaillance hors du commun, qui lui permet d'affronter sans sourciller tous les dangers, elle d'une beauté si surprenante qu'elle laisse ébahis d'admiration tous ceux qui la voient. Leur amour est d'une perfection rare, ce qui permet à chacun de retrouver, sinon son histoire, du moins ses aspirations et ses sentiments ; ce sont des archétypes d'amants idéals. Le symbolisme principal est évidemment celui du philtre, celui d'un sentiment universel, l'amour, quelquefois si total qu'il est impossible de lutter contre lui. Il est complété par la mort des amants, nécessaire à l'identification du mythe, car elle fixe définitivement la qualité de cet amour absolu en l'éternisant.

Le philtre

Le philtre, présent dans toutes les versions, est un des invariants de la légende, symbolisant la puissance fatale de l'amour. Dans les versions cinématographiques modernes du mythe, où le merveilleux n'a plus cours, sa présence, encore repérable, est très affaiblie. Suivant les textes, son effet dure trois ou quatre ans ou bien son efficacité n'est pas limitée ; ces différences narratives entraînent une sensible divergence de sens. Eilhart et Béroul, et après eux Michel Cazenave, limitent l'effet du philtre à quatre et trois ans, ce qui veut dire qu'au bout de ce laps de temps les amants, sans cesser de s'aimer, peuvent vivre sans la présence ininterrompue de l'autre et qu'ils peuvent temporairement se séparer sans en mourir. Cela signifie aussi qu'ils ne sont pas coupables de s'aimer, puisque seul le philtre en porte la responsabilité, et que leur volonté n'y est pour rien. Ils n'éprouvent donc aucun repentir, ainsi qu'ils le disent à l'ermite

Ogrin, et Iseut peut ensuite, sans le moindre scrupule, prononcer un serment dont seule la lettre est vraie. Chez Thomas au contraire, ainsi que chez Gottfried et dans la *Saga*, le philtre n'est pas limité dans le temps. Comme l'a écrit le grand médiéviste Jean Frappier : « Thomas a voulu ne pas donner d'autre cause initiale à la passion des amants que leur amour lui-même [1]. » Il n'est jamais question chez lui de l'éventuelle culpabilité des amants ; leur volonté de s'aimer reste toujours aussi entière, si bien que leur séparation forcée aboutit à une dégradation progressive de leur état jusqu'à la mort. Le philtre ne représente que le symbole d'un amour absolu et éternel, mais il est aussi révélateur du caractère quasi magique d'Iseut, fille de la reine d'Irlande qui connaît toutes les herbes et leurs propriétés. C'est elle qui a préparé le « boire d'amour », destiné à sa fille et au roi Marc, afin de les unir d'un amour définitif. Iseut, qui a appris de sa mère les secrets de la nature, porte, en plus de sa merveilleuse beauté, quelques caractères féeriques, dont son talent de guérisseuse qu'elle a exercé sur Tristan en le sauvant à deux reprises, de la blessure empoisonnée que lui avait infligée le Morholt et de celle qu'il avait reçue en combattant le dragon de Weisefort. Aussi, lorsqu'il est blessé à mort par Tristan le Nain, et qu'aucun « mire [2] » ne peut plus rien pour lui, sait-il que seule Iseut la Blonde peut le ramener à la vie et que, sans elle, il est voué à une mort certaine. Dès qu'ils ont bu le philtre, « li lovendrins [*love drink*, boire d'amour], li vins herbez », comme dit Béroul (v. 2138), les amants savent que cette boisson d'amour est aussi une boisson de mort et Iseut le rappelle à la fin du texte de Thomas, lorsque, arrivée trop tard pour le sauver, elle trouve Tristan mort (fragment Sneyd, v. 802-808).

---

1. J. Frappier, « Structure et sens du *Tristan* : version commune, version courtoise », *Cahiers de civilisation médiévale*, 6, 1963, p. 273.
2. Médecin, en ancien français.

LES AMANTS [1]

Tristan et Iseut, sous l'effet du philtre, n'ont plus qu'une préoccupation, la préservation de leur amour. Plus rien ne compte en regard de l'impérieux désir qu'ils ont l'un de l'autre. Cette sujétion, combinée aux contraintes imposées par la société, particulièrement importantes pour une reine et pour un chevalier défenseur du royaume, les obligent à ruser sans cesse pour se retrouver, et à mener une vie faite de mensonges et de tromperies ; leur monde est partagé entre la violence et la ruse.

Tristan, dès son plus jeune âge, a montré son habileté à dissimuler lorsque, débarqué sur la côte de Cornouailles, il déclare, par prudence, qu'il est fils de marchand, ce que dément pourtant sa connaissance parfaite de l'art de la vénerie, apanage aristocratique par excellence (chap. 4). Plus tard, conscient du danger qu'il court en Irlande sous sa véritable identité, après avoir tué le Morholt, il réussit à faire croire qu'il s'appelle Tantris et qu'il est un simple jongleur (p. 49). Mais c'est lors de son second voyage en Irlande, quand, après avoir anéanti le dragon, il est reconnu par Iseut comme le meurtrier de son oncle, qu'il montre avec quelle habileté il sait manipuler la parole. Sans dire un mot qui ne soit vrai, il laisse cependant croire à Iseut, déjà très troublée par la beauté et la vaillance de Tristan, qu'il est venu la conquérir pour lui-même, alors que c'est pour la donner à son oncle Marc qu'il a affronté le dragon de Weisefort (p. 64 et 67). On retrouve la même utilisation de la parole à double sens lorsque Tristan demande aux gardes qui le mènent au supplice de le laisser entrer dans la chapelle (p. 133). Les arguments qu'il avance pour les convaincre sont tous justes ; personne ne pourrait imaginer ce qu'il médite pour s'échapper. Avec Iseut aux Blanches Mains, le

1. À partir d'ici les références renvoient au texte de Michel Cazenave, seul désormais pris en compte, sauf exceptions indiquées.

soir de ses noces, il se comporte de la même façon. Sans doute a-t-il été blessé et sans doute ne peut-il pas faire l'amour avec sa femme, mais ce n'est pas à cause de cette blessure ; c'est le souvenir d'Iseut la Blonde, qui lui revient avec force, qui l'empêche de se comporter en mari. Manipulation de la parole aussi, et plus audacieuse encore, tout ce qu'il raconte devant Marc et ses barons, de ses amours avec Iseut (chap. 51). Cette fois il n'avance que des vérités mais son déguisement de fou pervertit ses paroles et fait passer le vrai pour mensonge, comble de l'astuce. Tristan sait tout contrefaire, son apparence, sa voix et même le chant des oiseaux, alouettes, fauvettes (chap. 48) et ailleurs rossignols.

Iseut, en ruse, se montre bien son égale, sa « per » comme disent les textes anciens. La scène du roi Marc dans le pin (chap. 22) illustre particulièrement bien leur même capacité à utiliser au mieux la parole pour servir leur amour. L'un et l'autre ont aperçu, en se rendant à leur rendez-vous dans le verger, le reflet de la tête du roi dans l'eau de la fontaine et, dès les premiers mots échangés, chacun se rend compte que l'autre a remarqué la présence de Marc. Ils peuvent ensuite jouer admirablement leur comédie et les paroles d'Iseut, affirmant avec force qu'elle n'aimera jamais que celui qui l'a prise vierge, sont particulièrement habiles à tromper son mari ; enfin ils réussissent si bien à persuader le roi de leur innocence que celui-ci se repent de ses soupçons et rappelle son neveu à la cour (p. 120-122). Cependant Iseut est parfaitement capable d'imaginer toute seule ses ruses. C'est elle qui accepte (dans d'autres versions, c'est elle qui propose) que la fidèle Brangien prenne sa place dans le lit conjugal, le soir de ses noces, afin que le roi ne puisse se rendre compte que sa femme n'est plus vierge (p. 80-81). Cependant Iseut atteint l'apogée de la ruse lors du « Serment devant Dieu » (chap. 40), que l'on a appelé, non sans raison, le « serment ambigu ». Mûrement réfléchi et très bien mis au point, le stratagème réussit à merveille. Iseut prononce sur les reliques un serment solennel dont les termes sont strictement vrais mais qui trompe tout le monde. Elle sait très bien qu'il y a plusieurs façons d'exprimer la vérité et que le langage est plein de ressources.

En contrepartie de ces tromperies, l'amour que se portent les amants engendre une fidélité sans faille… ou presque. Car la situation de chacun d'eux n'est pas la même. Iseut est mariée, Tristan sait bien qu'elle est soumise au désir de son mari et cette pensée lui est intolérable (Thomas détaille les tourments de son imagination et explique sa décision d'épouser Iseut aux Blanches Mains pour se trouver dans les mêmes conditions que la reine). Tristan est aussi persuadé qu'après une séparation de presque trois ans, sans qu'ils aient eu aucune nouvelle l'un de l'autre, Iseut l'a certainement oublié (p. 218-219 et 225). Cependant son mariage, loin de soulager son tourment, ne fait que l'aggraver. Il se sent coupable envers les deux Iseut : à la trahison envers Iseut la Blonde s'ajoute l'imposture envers son épouse (p. 227). Ce malheureux mariage est le premier pas d'un acheminement irréversible vers la mort.

Iseut, en revanche, ne manque jamais aux promesses de fidélité qu'elle a faites à Tristan au moment de leur séparation. Et même, lorsque Brangien croit par erreur Tristan coupable de couardise et reproche à Iseut son amour pour un lâche (p. 242-244), la reine n'a de cesse de revoir son amant. Enfin, lorsque Tristan, blessé à mort, l'envoie chercher par Kaherdin, elle n'hésite pas une seconde, après avoir vu l'anneau d'or et de jaspe, à abandonner son mari, son château avec ses vastes salles réchauffées par les hautes cheminées, ses brocarts et ses fourrures de loup gris, et à partir sur la mer aventureuse et pleine de dangers au secours de celui qu'elle aime.

Les effets de la passion

Malgré la force et la beauté de leur amour, la passion qui lie Tristan et Iseut a des effets dévastateurs sur les amants, mais aussi sur leur entourage.

Sur Iseut

La douce Iseut se montre d'une cruauté inouïe envers Brangien, sa plus chère compagne, sa sœur de lait, lorsque, prise de doute sur sa discrétion, craignant qu'elle ne révèle au roi son lien avec Tristan et la supercherie de la nuit de noces, elle l'envoie dans le Morois avec un forestier qui a pour mission de la tuer (p. 84-85). Sans doute se repent-elle très vite de sa mauvaise action mais, plus tard, Brangien s'en souviendra et lui reprochera durement sa conduite infidèle et sa cruauté (p. 243-244). La crainte d'être séparée de Tristan, l'angoisse d'être surprise par le roi dans cette cour où sa vie est publique, où chacun peut surveiller ses faits et gestes, la tristesse ensuite de ne plus voir son amant font de la vie d'Iseut une sorte de martyre perpétuel. Lorsqu'elle apprend le mariage de Tristan (p. 231), elle s'évanouit sous le coup de la douleur ; elle vit ensuite obsédée par cette pensée insupportable : Tristan marié à une autre Iseut ; aussi « le désespoir et la haine se partagent son cœur » (p. 232). Puis, après avoir revu Tristan, revenu en Cornouailles avec Kaherdin, elle apprend la vérité sur le mariage de son amant et la vie douloureuse qu'il mène loin d'elle ; elle décide alors, en revêtant une broigne [1] qui fait office de cilice [2], de souffrir dans sa chair comme lui souffre dans son cœur (p. 250). Mais le charme est rompu. Lors du dernier retour de Tristan, déguisé en fou (chap. 51 et 52), elle refuse de le reconnaître, malgré tous les détails qu'il

1. Tunique renforcée d'anneaux de fer.
2. Habit de crin porté en signe de mortification.

fournit sur leur passé commun et qu'il est le seul à connaître ; elle ne peut admettre que ce pauvre fou contrefait qui amuse toute la cour soit son bel amant, le valeureux chevalier universellement admiré et craint. C'est Husdent finalement, le chien de Tristan, qui reconnaît immédiatement son maître et appelle de sa part cette réflexion désabusée : « Tu m'accueilles bien mieux que la femme que j'aimais ! » (p. 261). Leur dernière rencontre est marquée par l'incertitude et une inversion des signes qui rendent la vie insupportable. C'était aussi une mauvaise interprétation des signes qui avait provoqué la fureur de Brangien (p. 242-243) : elle avait cru que Tristan et Kaherdin fuyaient leurs ennemis, alors qu'il s'agissait de deux écuyers portant leurs armes. Pourtant, lorsque Iseut avait été surprise avec Tristan, grâce à la ruse du nain Frocin qui avait répandu la fleur de farine dans la chambre royale, la reine insultée, garrottée, ne pensait même pas à ce qu'elle risquait mais au sort de son amant, et quand une serve vient lui annoncer que Tristan avait réussi à s'enfuir, elle laisse éclater sa joie sans même songer à son propre destin (p. 135-136). On la mène ensuite au bûcher et, malgré la terreur qui se lit dans ses yeux, pour les Cornouaillais elle est plus belle que jamais (p. 137). Car Tristan est vivant et, tant qu'il est là, Iseut ne perd jamais complètement espoir. Seul le séjour dans le Morois a été pour elle, malgré la rudesse de la vie, une période de paix et de bonheur ; pendant presque deux ans (p. 160-163), elle a vécu son amour sans entraves, sans la crainte perpétuelle de la découverte et du châtiment. Mais, une fois revenue à la cour, elle a dû affronter à nouveau la haine des félons et leur acharnement à la perdre. Et la radieuse Iseut du Mal Pas, qui rit à gorge déployée en voyant les barons patauger dans la boue, qui chevauche hardiment le lépreux qu'elle sait être Tristan, puis prononce sans hésiter le serment hasardé qui va la disculper ou la condamner, est devenue la reine de la dernière rencontre, tour à tour « frémissante de rage » et tremblante de doute

(p. 255 et 259) qui ne reconnaît plus son amant. Peut-être a-t-elle perdu dans la tristesse des jours l'intrépidité des premiers temps, que lui rendra d'un seul coup la nouvelle de la blessure mortelle de Tristan.

Sur Tristan

Avant de connaître la passion, Tristan accomplit des exploits qui, aux yeux de ses contemporains, passent pour de véritables prodiges. Aucun baron, à la cour de Marc, n'est assez courageux pour seulement envisager de se mesurer avec le Morholt. Aucun n'imagine que Tristan puisse réussir à le vaincre (p. 39-40). Plus tard, lorsqu'il s'agit de tuer le dragon qui terrorise l'Irlande, afin de gagner la main d'Iseut pour le roi Marc, Tristan est encore celui qui réussit l'exploit, bien que des chevaliers irlandais, plus vaillants que les Cornouaillais, se soient déjà attaqués au monstre et aient trouvé la mort dans cette entreprise (p. 57-58). Chaque fois sa prouesse est bénéfique et généreuse : il sauve de l'esclavage les trois cents jeunes gens et les trois cents jeunes filles que le Morholt venait chaque année réclamer au roi de Cornouailles à titre de tribut, sous peine de ravager son royaume (p. 37), il délivre les Irlandais du monstre qui dévastait régulièrement le pays (chap. 10) et, en obtenant pour son oncle la main d'Iseut, rend possible un mariage qui doit normalement satisfaire les barons et assurer la paix du royaume. Chaque fois Tristan accomplit l'exploit surhumain qui le conduit, avec d'horribles blessures, aux limites de la mort. Il se montre non seulement un chevalier accompli qui met son épée au service des autres et du bien, mais un libérateur de peuples qui trouvent en lui un défenseur sans égal. Après sa séparation d'avec Iseut, Tristan guerroie pendant trois ans dans maint pays – Norvège, Allemagne, Espagne, Flandre –, « il a servi maint seigneur, il a mené mainte emprise » (p. 216-219), sans jamais oublier son amour perdu. Puis il est arrivé à Carhaix, en Bretagne, où son destin fatal l'a mené. Là, voyant le pays ruiné et les habitants anéantis, il offre son épée au duc Hoël, apporte l'espoir aux Bretons désemparés et libère le pays en tuant le comte de Nantes qui s'était révolté contre son suzerain (chap. 44). Enfin, il entreprend sa dernière bataille pour venir en aide à Tristan le Nain, qui lui demande aide contre le comte dont il est le vassal, et qui lui a injustement enlevé son amie. Tristan, conjuré au nom de l'amour, ne peut pas refuser son secours, mais il est blessé à mort par l'épieu empoisonné de son adversaire (p. 265-266). Chacun de ces combats est entrepris pour venir en aide à des infortunés, dans la plus pure tradition chevaleresque. En revanche, lorsque Tristan vit près d'Iseut, tout occupé de sa passion, ses actions sont complètement dépourvues de cette perspective généreuse. Il ne songe plus qu'à retrouver la reine dans sa chambre ou dans le verger et, quand il tue les deux barons félons, ce n'est pas en combat loyal mais par traîtrise et par ruse. Pour surprendre Denoalen, Tristan grimpe dans un chêne, saute sur lui au moment où il passe et lui tranche la tête (p. 212) ; quant à Godoïne, qui épie les amants à travers l'ouverture étroite d'une fenêtre, Tristan lui décoche une flèche rapide qui lui perce l'œil et le cerveau et ne lui laisse aucune chance de survie (p. 214). Ses autres prouesses, tant qu'il se trouve en compagnie d'Iseut, ne consistent qu'en dressage de chien, taille de copeaux, tir à l'arc dans la forêt, imitation de chants d'oiseaux, ruses de toutes sortes pour gagner le lit d'Iseut, comme si l'amour lui faisait perdre son statut de chevalier. Il faut en excepter le saut de la chapelle, mais là c'est Dieu qui veille… (p. 133). Cette dégradation de son idéal chevaleresque, lorsque l'amour de la reine est en jeu, se manifeste clairement dans les divers déguisements qu'il est obligé d'endosser pour l'approcher, lépreux, mendiant, fou.

Sur le roi Marc

Dès le début de l'histoire, le roi Marc apparaît comme un être assez pleutre. Sans doute a-t-il accueilli Tristan avec plaisir, surtout quand il a constaté sa connaissance de la vénerie et apprécié son talent de « harpeur » et de chanteur (p. 32-33). Sans doute a-t-il accepté facilement de le reconnaître comme son neveu, malgré la faute de sa sœur, lorsque Rohalt lui a fourni la preuve de sa parenté, grâce à l'anneau que Blanchefleur lui avait remis avant de mourir (p. 35). Mais lorsque Tristan, après avoir vaincu le Morholt et délivré le royaume, revient à la cour gravement blessé par l'épée empoisonnée de son adversaire, le roi se désintéresse de lui et l'abandonne à son sort, ne pouvant supporter la puanteur qui se dégage de ses plaies (p. 44). Il n'a guère non plus d'autorité sur ses vassaux qui le somment de se marier pour donner un héritier au trône, car ils ne supportent pas l'idée que Tristan devienne roi après son oncle, lui qui leur a montré par sa bravoure combien ils étaient lâches (p. 52-53). Et il tourne la difficulté en leur demandant un délai de quarante jours. Un souverain sans grand caractère, prêt à livrer ses jeunes sujets au roi d'Irlande plutôt que de combattre le Morholt, qui reconnaît le mérite de Tristan par l'ingratitude, qui temporise quand il ne sait quelle décision prendre à propos de son mariage et s'en remet au hasard – ici le cheveu d'or déposé accidentellement par les hirondelles (p. 53-54). Tout change cependant après son mariage, lorsqu'il prend peu à peu conscience de son infortune. Facile à berner, car il ne s'aperçoit pas de la ruse qu'a conçue Brangien pour remplacer Iseut dans le lit conjugal, pas plus que de la comédie que lui jouent les amants quand il les épie perché dans le pin, il se montre d'une cruauté inouïe lorsque les preuves de sa disgrâce sont flagrantes (chap. 25). C'est que, depuis les demi-révélations de Kariado, le roi est tourmenté par une terrible jalousie (p. 97-98). Un peu calmé après le piège des faux qui ne lui a apporté, grâce au roi

Arthur, aucune certitude, il garde cependant ses soupçons (p. 106). Puis, ses soupçons étant avérés et le flagrant délit constaté, il n'hésite pas une seconde à condamner Tristan et Iseut au bûcher, malgré les instances du peuple qui plaint la radieuse beauté de la reine et rappelle l'admirable bravoure de Tristan, garant du royaume. Enfin sa cruauté se révèle complète lorsque, sur les instances d'Ivain, le chef des lépreux, il lui livre la reine afin qu'elle souffre le pire des martyres, le plus longtemps possible (p. 139-140). Lâche, ingrat, cruel, le roi est encore versatile. Ne sachant plus que penser en trouvant les amants endormis dans la loge de feuillage et séparés par l'épée de Tristan, il veut croire à leur innocence (p. 165-166), il rend à Iseut son rang à la cour mais consent cependant à ce qu'elle se disculpe solennellement pour apaiser les barons félons, toujours prêts à lui porter tort (chap. 36 et 37). À la fin du roman, réconforté par l'éloignement de Tristan, le roi ne pense plus qu'à chasser dans les bois ou les marais, « boire, […] manger, […] faire l'amour et dormir quand il rentre le soir au château de Tintagel » (p. 230). La passion d'amour de Tristan et Iseut a fait de ce roi vaguement lâche, indécis et jouisseur, un homme emporté par une jalousie impitoyable, capable de la pire des cruautés.

Sur Iseut aux Blanches Mains

C'est la jalousie aussi qui transforme une douce jeune fille, heureuse d'être mariée au beau chevalier qu'elle aime, en une femme habile à manier la ruse et à semer la mort. Car elle a été patiente, Iseut ! Lorsque Tristan, au soir de ses noces, la repousse en lui expliquant que sa vieille blessure l'empêche de la traiter en épouse (p. 227-228), elle ne met pas en doute sa parole et se dit prête à attendre le temps nécessaire, malgré le désir d'amour qui la taraude. Et même, lorsque « l'eau hardie » gicle sur ses cuisses plus haut que la main de Tristan n'est jamais montée, elle en rit sans penser à mal (p. 233-234). Alors, quand elle comprend combien elle a été trompée, combien Tristan l'a jouée, son courroux ne connaît plus de borne, son amour se change en haine et elle médite sa vengeance (p. 268). Et cette vengeance est si bien menée qu'elle entraîne en un instant la mort de Tristan. Il lui a suffi d'un mot mensonger sur la couleur de la voile du bateau qui amène Iseut la Blonde pour faire basculer le destin (p. 275-276). Si la reine avait trouvé Tristan encore vivant, peut-être aurait-elle pu le sauver encore une fois, grâce à ses onguents magiques et surtout grâce à sa présence, plus magique encore pour Tristan. La vengeance d'Iseut aux Blanches Mains a dépassé ses espoirs, elle ne voulait pas cette issue, elle ne peut plus que se lamenter et serrer « son poing sur sa bouche pour s'empêcher de crier » (p. 277). Elle n'a été en somme que l'instrument d'un destin qui la dépassait, l'agent qui, de l'histoire d'amour, a fait une histoire de mort.

UN MONDE DE VIOLENCE

Dans le monde où naquirent Tristan et Iseut règne la violence des guerres féodales. Les litiges ne se règlent que par la force. Le roi Rivalen de Loonois est tué par son vassal, le duc Morgan, qui s'était révolté contre lui (p. 22). Les Cornouaillais doivent payer au roi d'Irlande un lourd tribut humain pour une guerre qu'ils ont perdue jadis (p. 37). Les barons félons de Cornouailles harcèlent le roi Marc pour qu'il se marie (p. 52) et le menacent de se retirer dans leurs châteaux et de le guerroyer s'il ne se range pas à leurs avis (p. 124 et 181-182). Le comte de Nantes profite de la faiblesse du duc Hoël de Bretagne, trop âgé pour combattre, pour dévaster ses terres (p. 220-221). Enfin Tristan le Nain est obligé de faire appel à Tristan l'Amoureux pour venger l'affront que lui a fait son suzerain en enlevant son amie (p. 265). Et tous ces combats s'accompagnent d'atrocités :

chaque fois les terres sont ravagées, les hommes, les femmes et les enfants égorgés sauvagement sur les chemins, les villages incendiés, les filles violées.

La violence est aussi individuelle. Il est courant de couper la tête de son ennemi et de la suspendre à l'arçon de la selle (celle de Rivalen, p. 22) ou de la brandir comme un trophée, ce que fait Gorvenal avec la tête de Guénelon (p. 158) ou Tristan qui, lui, se contente de couper les tresses de Denoalen après lui avoir tranché la tête (p. 213). Iseut craint, en n'arrivant pas vierge au mariage, d'être brûlée vive et que ses cendres soient dispersées au vent, ce qui lui apparaît comme un châtiment courant (p. 80). Les amants, pris en flagrant délit d'adultère, sont immédiatement envoyés au bûcher, et que dire du supplice des lépreux ! Plus tard, dans la forêt du Morois, lorsque le forestier trouve Tristan et Iseut enlacés dans la hutte de feuillage, il court avertir le roi de sa découverte, en se réjouissant de la punition qu'ils vont subir et de l'or qu'il va recevoir pour sa traîtrise (p. 163-164). Et le roi Marc, lorsqu'il comprend que le nain l'a trahi en révélant aux barons un secret qu'il devait garder, lui tranche net la tête, sans aucune explication (p. 146). Bref tout se règle dans la violence, le feu, le sang. C'est le règne de la force. C'est pourquoi seuls les puissants peuvent l'utiliser, et ils ne s'en privent pas.

La clémence, la pitié sont l'apanage du petit peuple ; c'est lui qui souffre des guerres et des exactions, et c'est lui qui demande grâce pour Tristan et Iseut, c'est lui encore qui manifeste à Tristan sa reconnaissance pour avoir, en tuant le Morholt, sauvé ses enfants. Quelques nobles figures émergent pourtant, insolites dans ce monde cruel. C'est Rohalt, le Foi-Tenant, qui élève Tristan comme son fils pour le soustraire à ses ennemis, c'est Gorvenal, le fidèle entre les fidèles, qui enseigne à Tristan tout ce qu'il doit savoir pour être un chevalier accompli et qui l'accompagne jusque dans le Morois, ce sont encore Périnis, le petit valet tout dévoué à Iseut, et Brangien, sa presque sœur qui sacrifie sa virginité pour épargner à la reine la honte et le châtiment, et qui lui pardonne même d'avoir ordonné sa mort dans un instant d'égarement.

Un monde magique

Ce monde dur, souvent passionné, rarement tendre, est aussi magique. L'existence d'un dragon qui ravage un pays ne semble étonner personne. Les paysans donnent des détails sur ses caractéristiques, ses appétits et ses habitudes (p. 57), et le texte nous livre sa description au moment où Tristan le rencontre : l'eau du marais bouillonne à son passage et sa gueule crache à la fois du venin et du feu (p. 59). Le nain Frocin, d'autre part, sait lire dans les étoiles, il connaît les constellations, les planètes et les phases de la lune. Kariado, qui a vu les amants et surpris leur secret, est persuadé que le nain trouvera une ruse propre à les prendre sur le fait (p. 99). Sa science, qui semble à tous magique, sa difformité physique, signe de sa noirceur morale, et ses pratiques mystérieuses paraissent tout indiquées pour combattre la magie de l'amour adultère (p. 100). Le roi, comme Kariado, comme les autres barons de la cour, est impressionné par les connaissances de Frocin qui lui semblent surnaturelles, au point que Marc l'a admis dans son intimité et que les barons, persuadés qu'il a un secret, lui en demandent la révélation, un jour qu'il a bu plus que de raison. Le nain, qui prétend ne pas vouloir divulguer son secret, accepte seulement de le dire à l'aubépine du Gué Aventureux, pensant sans doute asseoir encore plus son influence sur les puissants du royaume. L'effet est d'abord réussi, puisque les barons, terrorisés en apprenant que le roi Marc a des oreilles de cheval, symbole de mort, croient voir des fantômes dans la lande et s'enfuient au plus vite se réfugier dans le château. Mais son triomphe est de courte durée car Godoïne, ne pouvant s'empêcher d'affirmer sa suprématie sur le roi, lui apprend qu'il connaît son secret. Marc, dans sa colère, tranche immédiatement la tête du nain, commentant l'incident sans ironie en remarquant que, pour une fois, le nain n'avait pas prévu son destin (chap. 28). La croyance en des pratiques magiques est universelle. Le philtre en est une parfaite illustration. Tristan et Iseut affirment leur innocence, persuadés que le breuvage absorbé sur la mer est le seul responsable de leur amour, et l'ermite Ogrin n'est pas loin de partager leur certitude (p. 175). Le roi Marc, malgré toutes les preuves manifestes de l'adultère de sa femme, est pris de perplexité à la vue de l'épée de Tristan placée entre les deux corps dans la loge de feuillage du Morois (p. 166). Pour tous, il ne fait aucun doute qu'Iseut ne sera parfaitement innocentée que par un serment solennel sur les reliques. Elle-même attend un signe du ciel (p. 201). Prodiges, magie et superstition se mêlent dans un monde qui ne peut expliquer autrement les mystères de la nature.

L'adaptation de Michel Cazenave

Tel un trouvère du XIIe siècle, Michel Cazenave a donné sa propre version de la légende et a lui aussi puisé dans les textes existants. Il a d'abord suivi Gottfried, à quelques détails près qu'il a négligés ou modifiés, en passant sur les longues digressions et réflexions chères au poète allemand, jusqu'à l'épisode des faux – lequel d'ailleurs n'apparaît pas dans Gottfried mais est emprunté à Eilhart et replacé avant la séparation des amants. À partir du chapitre 22, « Le roi Marc dans le pin », Michel Cazenave suit le texte de Béroul, très résumé quelquefois, surtout pour les passages relatifs à l'intervention de l'ermite Ogrin et à la sortie des amants du Morois. Puis Thomas prend le relais, lorsque Béroul s'arrête, et reste jusqu'à la fin le modèle, sauf pour l'épilogue (sur lequel il faudra revenir), et l'insertion de la *Folie Tristan d'Oxford*, contenue dans les chapitres 51 et 52.

Mais ce n'est pas la constitution du canevas qui présente le principal intérêt de ce texte. On a qualifié le *Tristan* de Béroul de version commune ou épique, celui de Thomas de version courtoise ou lyrique. On pourrait appeler le texte de Michel Cazenave une version poétique de la légende. Mieux qu'une adaptation du mythe, ce roman est une œuvre originale par ce que l'auteur y a mis de personnel. On peut déceler dans cet apport deux aspects principaux : les nombreuses et brèves descriptions, de la nature aussi bien que des personnes, qui créent un climat, font voir une scène, imaginer un personnage ; et les passages lyriques, signalés par des italiques, qui émaillent le texte à intervalles réguliers et restituent l'angoisse d'Iseut voguant vers Tristan mourant.

LES DESCRIPTIONS

La nature au printemps est propice aux amours et c'est pourquoi, « comme pointaient les primevères sur le bord des talus, que les jonquilles se dressaient et s'apprêtaient à fleurir » (p. 109), Brangien part à la recherche de Tristan pour qu'il rejoigne Iseut. Et, dans le verger merveilleux où il s'endort apaisé « sur le sein de la reine », la nature accompagne cette scène idyllique :

> Les vents s'attiédissaient chaque jour un peu plus et se chargeaient des senteurs des bourgeons de peupliers, des violettes des prés, de la menthe et de la sauge qui croissaient dans l'enclos. On entendait dans le loin, sur le pied de la falaise, le ressac de la mer – et comme la nuit s'avançait, de petites nappes de brouillard s'amassaient peu à peu sur le ras de la fontaine » (p. 112).

Plus tard, quand le roi Marc a chassé provisoirement ses soupçons, après l'épisode du grand pin, et que les amants se sentent délivrés, la nature printanière est plus animée, les fleurs blanches des acacias, des aubépines et des pommiers, soulevées par la brise, forment « de grands dômes frémissants, roses et blancs », « les martinets tournent fous tout autour des jardins. Les coucous [...] font frémir les forêts », et « on voit s'abattre par bandes les sansonnets verts et bleus dans les joncs des marais » (p. 122). Toute la nature s'accorde à la joie et à l'ardeur des amants.

À l'été, et particulièrement au jour de la Saint-Jean, qui est à la fois la date du philtre et celle du départ des amants de la forêt du Morois, est associée la fatalité inéluctable de l'amour qui surprend Tristan et Iseut :

> Les nuages avaient fui ; le soleil montait au zénith dans l'immensité de ciel bleu où tournaient des mouettes.
> Les voiles pendaient, dégonflées, et s'enroulaient sur les mâts. L'air était immobile.
> Une lourde chaleur accablait les marins » (p. 73).

La chaleur étouffante, la lourdeur de l'air, son immobilité et celle de la mer, tout suggère que la nature entière attend que se manifeste le destin, tout dit qu'un événement fatal est sur le point de se produire, auquel il est impossible d'échapper. Même attente lorsque le forestier est sur le point de découvrir Tristan et Iseut endormis dans la loge de feuillage :

> Pas un signe de vent.
> Aucune herbe ne bouge.
> Aucune feuille ne frissonne. Les oiseaux se sont tus » (p. 163).

Chaque fois la nature participe de l'action qui se joue ; s'il s'agissait d'un être humain, on dirait qu'il retient son souffle. Une même atmosphère enveloppe les personnages qui, au Gué Aventureux, attendent qu'Iseut se disculpe de l'accusation que les barons font peser sur elle (p. 199).

L'automne est triste au Morois :

> [...] la pluie enveloppe les bouleaux et ruisselle sur leurs troncs dans des larmes d'argent. Le vent s'emporte : il est froid – et les feuilles d'or et de rouille s'en vont en tournoyant dans ses brusques bourrasques. [...]
> Les bernaches pleurent dans le soir, et on entend, assourdi, le grondement monotone de la mer aux écueils » (p. 156).

La vie est rude pour les amants, et plus encore en hiver, quand la lumière est « froide, les jours blêmes et courts », et qu'il faut, « pour boire, casser d'abord la glace qui [gèle] les ruisseaux » (p. 157). Toutes ces descriptions de la nature, à la fois d'un parfait réalisme et d'une vision poétique, accordent le cadre à l'intrigue, font voir ce que les mots suggèrent.

L'Irlande et la Bretagne sont dessinées en quelques traits précis, très caractéristiques. Après avoir quitté le port de Weisefort, Tristan « passa des collines et des vallons peuplés d'ifs, il passa des rivières, des boqueteaux de noyers, de longues fermes désertes d'où des voiles de fumée montaient encore par les trous qui se creusaient dans les toits... » (p. 58). Et un baron breton, arrêté à Tintagel et hébergé au château de Marc, « évoqua les longues plages de sable que recouvrait si souvent le crachin de la brume, les maisons de granite, et les landes sauvages et les champs divisés de murets de pierre nue qui entouraient son manoir au-dessus de la mer » (p. 231). Quelques mots suffisent à recréer les paysages dans toute leur vérité et leur éclairage particulier.

Les intérieurs sont aussi très visibles aux yeux du lecteur : les vastes salles froides, les fourrures de loutre, les poutres noircies par les feux de cheminée, la lumière parcimonieuse qui filtre par les étroites fenêtres ; il faudrait citer de nombreux passages. Il y a encore les festins, ceux que l'on donne à l'occasion des mariages ou ceux organisés à l'improviste lorsque s'annonce un hôte de passage. Ainsi, au mariage du roi Marc « on festoie au château. On y mange à pleine gueule, on y boit à plus soif, on y chante, on y crie, on s'y saoule à ras-bord et combien de barons qui finissent par rouler ivres morts sous les tables » (p. 80). Et lorsque le roi Arthur vient séjourner à Tintagel, c'est un grand branle-bas. Michel Cazenave restitue l'activité qui règne au château : le roi Marc « fit dresser sans attendre de longues tables de bois, disposer des écuelles et de grands plats de terre cuite, il fit rouler dans la salle des barriques de bière et des futailles de chêne d'où coulait le vin d'Orient » ; puis le texte détaille tous les plats qui sont servis aux convives : du chevreuil, du sanglier, des saumons, des perches et des tanches, des macreuses, des canards et des oies, avec chaque fois le trait qui caractérise l'animal, son habitat ou sa cuisson (p. 103).

Ce sont pourtant les personnes que l'auteur nous donne à voir le mieux, et d'abord Iseut telle qu'elle apparaît pour la première fois à Tristan :

> Elle avait des yeux verts – mais d'un vert mystérieux qui changeait d'heure en heure, de la couleur de la menthe à celle des feuilles de tilleul » (p. 48).

Ou encore : ses « yeux verts, qui ont des reflets d'océan » (p. 215). Bien sûr, ce qui caractérise le mieux Iseut la Blonde, ce sont ses cheveux d'or et la lumière qui se dégage d'elle. C'est ainsi qu'elle apparaît à Tristan et Kaherdin (p. 238) ; ainsi que la voit la foule en pleurs lorsqu'elle est conduite au bûcher :

> [...] elle portait un bliaut [1] de brocart brodé d'or, un étroit bliaut gris qui lui moulait bras et jambes, qui s'ajustait sur son sein et au rond de ses hanches. Ses cheveux lui tombaient, dénoués, jusqu'aux pieds. D'or aussi était le fil qu'on avait tressé dans leur masse, et qui cerclait son front pur comme d'un rai de soleil (p. 137).

Mais le spectacle le plus merveilleux est encore Iseut telle qu'elle apparaît, intrépide et sûre d'elle, au Gué Aventureux, devant les deux rois, les chevaliers d'Arthur, les barons de Marc et toute la foule des spectateurs :

> Elle resplendit de lumière dans son bliaut fait d'azur et son mantel [2] à longue traîne [...]
> Dans sa robe d'azur, la main droite tendue au-dessus des ossements, ses yeux de menthe écrasée qui s'élargissent peu à peu et qui brillent de défi, la reine attend, frémissante, que le ciel fasse un signe (p. 199-201).

De Tristan, on sait seulement qu'il est beau et fort, d'une vaillance sans égale, c'est le point important, mais on n'a pas

1. Longue tunique portée aussi bien par les hommes que par les femmes.
2. Forme médiévale de manteau.

de lui de description détaillée, non plus que du roi Marc ou de Kaherdin, ou même d'Iseut aux Blanches Mains, et ce fait donne plus de valeur encore au portrait d'Iseut la Blonde, à sa lumineuse beauté. Le petit peuple est vu comme une entité, le plus souvent souffrante et gémissante lorsque arrive à Tintagel le Morholt (p. 38) ou lorsque la terre bretonne est dévastée par le comte de Nantes (p. 220), mais aussi reconnaissante après que Tristan a vaincu le Morholt : « les mères se jetaient à genoux et lui tendaient leurs longues mains en remerciant le Seigneur » (p. 42). Les vassaux de Marc forment eux aussi une masse indistincte : « ces comtes orgueilleux, ces barons bardés de lames comme des insectes de feu… » (p. 38) ou, quand ils se rendent compte de l'intimité qui règne entre Tristan et Iseut : « Les barons de la cour ne sont pas si aveugles. Ils murmurent entre eux » (p. 123). Ils sont rarement distingués individuellement par leur nom, et surtout au moment de leur mort.

Souvent ces descriptions sont soutenues par des sonorités et un rythme qui animent la prose poétique de Michel Cazenave. Tristan, sur le bateau qui vogue vers la Cornouailles, avant que le philtre ait produit son effet, est en butte à la colère d'Iseut : il « s'éloignait, ne sachant que répondre, le cœur lourd et amer, tous ses membres soudain las, dans le battement régulier des grandes rames de bois qui s'enfonçaient dans les vagues, et en ressortaient ruisselantes de l'eau claire qui brillait au soleil dans le ciel » (p. 70-71). La phrase est coupée en segments qui reproduisent le bruit régulier et monotone des rames, accordé à l'humeur de Tristan, désemparé par les reproches d'Iseut. L'effet est encore plus net lorsque Tristan mourant et porté sur la grève, guette, avec ce qui lui reste de force, l'arrivée d'Iseut :

> On y dresse sa couche, et de l'aube à la nuit, dans les bruits du ressac et des vagues qui cognent dans les bancs de rochers, […] il attend et contemple l'océan qui s'étend, vide et gris devant lui (p. 270).

Tout autre, mais grâce aux mêmes procédés, est l'atmosphère de la nuit de la Saint-Jean, telle que Tristan, du Morois, la voit et l'entend :

> La nuit d'été, si légère, se répand aux collines qui surplombent la mer. Disposées dans le ciel, les étoiles apparaissent. [...] Tout au loin, dans les bourgs, aux versants des collines, on distingue les hautes flammes des bûchers qui s'élancent et Tristan peut entendre, selon les sautes du vent, les rumeurs étouffées des chansons et des rires » (p. 170).

On pourrait faire des remarques similaires à propos de la description d'une soirée automnale (p. 93), ou d'une nuit d'hiver quand le clair de lune brille sur la neige (p. 95), ou encore de celle du cortège de la reine (chap. 48). Chaque fois ces scènes, si diverses soient-elles, apportent au lecteur une émotion poétique qui sollicite l'imagination.

Les passages lyriques

Un texte parallèle à l'histoire des amants, à dominante lyrique, ouvre et clôt le roman et l'accompagne tout au long, comme une voix off qui concentre l'attention, alternativement, sur Iseut et sur Tristan. La reine vient de quitter Tintagel ; Tristan, blessé à mort, a fait appel à elle par l'intermédiaire de Kaherdin, elle est déjà en haute mer et debout à la proue du bateau, insensible aux embruns et au froid, tend les bras vers son amant. La voix la décrit, avec son angoisse et son chagrin, puis lui laisse la parole afin qu'elle exprime elle-même tous les sentiments qui la submergent. Ainsi, dès les premières lignes, le texte est orienté vers la mort, tout est déjà joué. Pendant ce temps Tristan est à Carhaix (chap. 7), cloué sur son lit par la blessure qui le fait cruellement souffrir ; il attend Iseut, il se fait porter sur la plage, les vagues viennent mourir à ses pieds et il confond, dans son délire, sa blessure présente avec celle que lui avait infligée le Morholt. Il était parti à l'aventure, sur la mer et c'est ce que raconte, parallèlement, le récit. Puis la voix revient vers Iseut pour suggérer une autre navigation, celle qui emmenait la princesse irlandaise vers la Cornouailles (chap. 12), une Iseut pleine de rage, que Tristan avait conquise, non pour lui, comme elle le croyait, mais pour son oncle, le roi Marc. Cette scène, que le récit développe aussitôt, se substitue, dans la mémoire d'Iseut, à celle qu'elle vit en ce moment. Même départ : « *On avait levé l'ancre. On avait dressé le mât.* » Mais naguère le soleil était brûlant, on était à la veille de la Saint-Jean, et Iseut ne savait pas encore que le destin l'attendait à quelques lieues marines. Puis l'histoire avance, Tristan et Iseut ont bu le philtre, Iseut a épousé Marc, les amants se retrouvent dès qu'ils le peuvent et Tristan, toujours allongé sur la grève et attendant Iseut, rappelle ses souvenirs (chap. 17). Pour l'instant, c'est Kariado qui revient à sa mémoire, Kariado qui, le premier, a surpris les amants et créé le mouvement qui a fait basculer le cours du destin. En même temps, il amorce avec Iseut un dialogue par-delà la mer, lui rappelant le besoin impérieux qu'ils avaient l'un de l'autre et le désir qui les enfiévrait. Puis, après toutes les aventures que les amants ont traversées, le chapitre 29 est tout entier consacré à la voix de la mémoire et au dialogue virtuel. Iseut sent que Tristan désespère, son angoisse à elle augmente, elle répond à ses appels et il lui semble entendre sa voix ; elle rêve aussi, tout éveillée, elle rêve du Morois où, malgré les difficultés de leur vie sauvage, ils ont été heureux. C'est ce que le récit raconte aussitôt après. Et l'histoire s'avance encore. On est bien près de la séparation définitive mais le dialogue reprend (chap. 41), Iseut toujours sur la mer, avec cette navigation qui n'en finit plus, trois semaines déjà, et Tristan qui attend, qui n'en peut plus d'attendre et qui souffre de plus en plus : « *Vous souvenez-vous, Iseut, murmure-t-il à angoisse* [...] *Vous souvenez-vous Tristan ? se lamente la reine.* » Et tandis qu'ils évoquent, d'un bout à l'autre de la mer, leur vie après le serment de la reine, le récit dit comment ils souffraient de se sentir si proches et de ne pouvoir se retrouver, et Iseut, dans un long passage lyrique, chante le bonheur perdu de son amant et confond ses pleurs d'aujourd'hui avec ses pleurs d'hier dans une même désespérance. Et le temps avance toujours. Tristan a guerroyé pendant trois ans, il a épousé Iseut aux Blanches Mains et maintenant il est aux portes de la mort, espérant toujours Iseut la reine qui, de son côté, supplie son amant de l'attendre et qui pleure sur la mort imminente de Tristan (chap. 53). Le destin en effet est implacable, la tempête se lève sur la mer alors qu'ils se réjouissaient déjà, Iseut, Brangien et Kaherdin, à la vue de la côte toute proche (p. 271), joie de courte durée car la tempête apaisée, un calme plat lui succède, ne permettant plus au bateau d'avancer. La voix rejoint désormais le récit dans le chapitre 54, ils mêlent leurs accents à ce moment ultime qui précède la mort. Iseut sait alors que Tristan va mourir avant qu'elle arrive, et Tristan ne parle plus à travers la mer. Ce texte parallèle au récit est comme le rêve poétique d'Iseut qui revit, pendant les longues semaines que dure la traversée, les heures heureuses et douloureuses de ses amours et imagine Tristan, ses souffrances et son attente. Il souligne le caractère inexorable du destin, la fatalité qui s'attache à l'histoire des amants de Cornouailles, en disant, dès l'abord, que cette histoire d'amour est aussi une histoire de mort.

L'ÉPILOGUE

Michel Cazenave a ajouté à son roman un épilogue, très différent de ceux des textes médiévaux qui en comportent un, et que, d'ailleurs, il rappelle, avant de donner son propre point de vue sur l'au-delà des amants. Il s'agit des épilogues d'Eilhart, de la *Saga*, du *Tristan en prose*, qui affirment, à l'aide d'une image symbolique (arbres ou arbustes poussés sur les tombes et qui entrecroisent leurs rameaux), la survie de l'amour et sa victoire sur la mort. Thomas aussi a conclu son texte, après la mort de Tristan et Iseut, non pas de la même façon que ses confrères en écriture, mais en s'adressant à tous les amoureux depuis les « pensis [1] » jusqu'aux « purvers [2] ». Il établit une sorte de constat des composantes de l'amour humain avec, tour à tour, la fidélité et l'inconstance (le « change » de Tristan), la joie et la douleur, il présente à tous les amants du monde un miroir où chacun pourra reconnaître au moins quelques miettes de sa propre histoire et les met en garde, ce sont ses derniers mots, contre tous les « engins d'amur », les pièges de l'amour. Michel Cazenave, qui a suivi Thomas jusqu'à la mort des amants, ne se pose pas en moraliste comme le trouvère du XIIe siècle, mais rêve autrement la fin de l'histoire. Reprenant un motif celtique légendaire, dont s'est emparée la littérature médiévale, celui des Îles Bienheureuses, séjour à la fois des fées et des morts, où la nature est clémente et où le soleil brille toute l'année, il y fait partir les amants dans une ultime navigation, affranchis de toutes les contraintes du monde et n'ayant plus qu'à vivre leur amour dans la sérénité. Cette dernière touche poétique souligne encore l'importance de la mer dans le destin de Tristan et Iseut. C'est elle qui a d'abord porté Tristan sur les côtes de Cornouailles, puis, à deux reprises, en Irlande où l'attendait sans le savoir la blonde princesse. C'est sur la mer que s'est joué leur sort quand ils y burent le « vin herbé », c'est la mer encore qui, tour à tour déchaînée puis trop calme, a empêché Iseut de secourir Tristan, mais c'est elle qui les emporte définitivement dans une vie bienheureuse d'amour éternel. Dieu, tout au long de leur parcours terrestre, les a manifestement protégés parce que leur cœur était pur et qu'ils avaient été soumis à une fatalité qu'ils ne pouvaient combattre. Il protège Tristan quand il accomplit le formidable saut de la chapelle (p. 133), Il écoute sa prière (p. 171), Il accepte la ruse et le serment ambigu d'Iseut et ne déchaîne pas ses foudres (p. 201), et Il délègue, sur terre, un lieutenant qui pour les amants se révèle

1. Pensifs.
2. Pervers.

une véritable puissance tutélaire, le roi Arthur. Le roi en effet prend sans hésiter le parti de Tristan et d'Iseut, chaque fois que l'occasion s'en présente. Lors de l'épisode des faux, sachant fort bien que Tristan s'est blessé en voulant rejoindre Iseut, mais inspiré par Dieu, Arthur ordonne à ses chevaliers de se lever et de faire mine de se battre afin que, dans la confusion qui s'ensuit, Tristan ne puisse être accusé plus qu'un autre (p. 104). Lorsqu'il est question du serment devant Dieu, le roi accepte aussitôt, à la requête de Perinis, d'être le garant d'Iseut et c'est lui qui, une fois le serment prononcé, proclame le premier son innocence (p. 202). Cependant, dans les derniers moments de la vie des amants, Dieu semble absent. Il laisse les éléments se déchaîner. Il « ne veut pas que je vive pour rejoindre Tristan », se plaint Iseut (p. 272). Et, au moment de leur mort, Tristan ne prononce que le nom d'Iseut et Iseut, elle, ne dit rien. Dieu semble les abandonner, mais peut-être a-t-Il voulu plus simplement qu'ils quittent ce monde pour mieux se retrouver dans l'autre, celui des Îles Bienheureuses, où n'abordent que les cœurs purs.

Marie-Noëlle TOURY.

Note de l'auteur

Ce n'est même pas adolescent que j'ai lu, pour la première fois, le roman de *Tristan et Iseut*. D'ailleurs, quand je dis que je l'ai lu, je devrais plutôt dire que je l'ai lu et relu, puisque, dès la dernière page finie, je revenais à la première et recommençais aussitôt. Il est ainsi des charmes qui agissent sur-le-champ, et dont l'empreinte, par la suite, ne s'efface plus jamais… Bref, j'étais déjà à douze ans un *tristanien* pour la vie, et je savais pertinemment que je ne cesserais de revenir à un texte qui me resterait pour toujours à merveille.

Plus de quarante ans après, après quatre études publiées sur *Tristan et Iseut*, un essai consacré à l'opéra de Wagner [1], et la réécriture complète du corps de la légende, je ne suis même pas sûr que le jeu soit fini, et qu'il ne faille pas de nouveau se repencher sur une œuvre dont chaque nouvelle lecture révèle un nouveau sens, plus profond, plus souterrain pourrait-on dire, qu'on n'avait pas aperçu…

De tous ces travaux toutefois, comme autant de preuves d'amour, il est bien évident que c'était de réécrire le texte dans un français moderne qui était le plus important : car il ne s'agissait plus de comprendre, pour pouvoir les expliquer, les épisodes du roman, mais de pénétrer dans leur cœur, de les faire totalement siens, afin de les réinventer sans jamais les trahir.

Mais pourquoi, tout d'abord, cette volonté de réécrire ?

---

1. M. Cazenave, *Le Philtre et l'amour. La légende de Tristan et Iseut*, José Corti, Paris, 1969. *La Subversion de l'âme. Mythanalyse de l'histoire de Tristan et Iseut*, Seghers, Paris, 1981. « Le *Tristan* de Wagner, ou la transfiguration », dans M. Cazenave et P. Solié, *Figures de l'Éros*, Poïésis, 1986. « Ni vous sans moi, ni moi sans vous », dans P. Dalle Nogare, M. Cazenave et E. Pognon, *Tristan et Iseut*, Philippe Lebaud, 1991. « L'amour impossible », dans M. Cazenave, D. Poirion, A. Strubel, M. Zink, *L'Art d'aimer au Moyen Âge*, Philippe Lebaud, Paris, 1997.

Sinon que la matière est assez abondante, elle est aussi assez ductile pour que chacun puisse à son tour recréer son Tristan selon ses préférences, selon les pentes du mythe et les groupes d'images qui lui parlent le plus. Ce dont, dès l'origine, ne se sont en rien privés les auteurs médiévaux, chacun disant connaître la seule et bonne version. Mais surtout, je dois l'avouer, cette envie qui me taraudait trouvait sa première source dans le sentiment d'insatisfaction qui m'emplissait à chaque fois que je prenais connaissance d'une nouvelle adaptation.

Deux écoles, en effet, se disputaient le terrain : soit on suivait l'exemple de Bédier, qui avait le premier exhumé la légende et qui l'avait synthétisée dans un texte lumineux, comme une sorte de vitrail éclairé de l'extérieur par les rayons du soleil ; soit on tentait de « coller » aux textes médiévaux, et l'on produisait des versions qui ne pouvaient en rien répondre à nos goûts d'aujourd'hui – tant les goûts ont changé les critères de jugement et, plus simplement encore, la façon de décider l'architecture d'un texte, la manière que l'on a d'en répartir les masses et d'en faire se répondre les parties différentes.

Le second cas, pour moi, étant très vite réglé, demeurait le défi que Bédier représentait. Est-il besoin de le dire ? C'était dans sa version que j'avais connu la légende, c'était dans l'art de ses phrases que j'étais tombé sous le charme, pour ne pas dire que j'avais été littéralement envoûté. Pourtant, à mesure que je lisais les textes d'origine, je me rendais compte comme Bédier avait transformé l'histoire – non pas tant dans la trame d'ailleurs (sa reconstruction y est quasiment parfaite, et je n'ai rien pu faire moi-même que de le suivre sur ce terrain), que plutôt dans sa couleur, dans ce qui me semble être sa note juste et son véritable horizon. Avec Bédier, nous nous promenons en effet dans un monde d'enluminures d'où aurait disparu la violence des sentiments comme celle de la vie, d'où se serait retiré le désir de la chair, bref, dans un monde de courtoisie totalement imaginaire.

J'entends bien, il est vrai, qu'il existe une façon, toute d'allusions voilées et de sous-entendus implicites, qui peut parfaitement rendre compte des tremblements du cœur, comme de ceux de la main qui s'approche timidement du visage de l'aimée – mais je voyais bien aussi que le Moyen Âge, quant à lui, n'avait pas de ces pudeurs.

Un meurtre était un meurtre, le désir s'avouait et les mouvements de la passion se disaient tout à cru.

D'où ma volonté déterminée de revenir à l'expression la plus juste qui fût, et le choix de ne vouloir, en aucun cas, idéaliser le texte.

Quelques exemples, je pense, suffiront pour me faire entendre. On a parfois été surpris de la façon dont je décris le château de Tintagel, sans doute parce que nous avons en tête les constructions monumentales du dernier Moyen Âge, où nous imaginons des dames à hennins dans d'immenses salles de pierres, si possible à ogives et à clefs de voûte sculptées. Or, la réalité de l'époque est tout à fait différente, et c'est en m'aidant de savants traités d'architecture militaire que j'ai bâti Tintagel, tout en respectant tous les traits fournis par les trouvères, qui renvoient d'évidence à une époque archaïque : chambres communes du roi, de la reine et de leurs principaux chevaliers, petit ruisseau qui s'en vient du dehors et traverse les pièces, tout autant de détails qui ne peuvent tromper.

Il y a pourtant bien plus.

Le monde de *Tristan* n'est pas un monde policé, mais un monde de la force où rôde sans cesse la mort. Lorsqu'on coupe la tête à ses ennemis, la notation, tout d'abord, est donnée par Béroul – sans explication, il est vrai, mais on voit venir derrière l'ancienne culture des Celtes où la tête était le trophée qu'on visait par excellence puisque c'était dans la tête que résidait toujours la vertu du héros. Ainsi, dans l'épopée irlandaise, lorsque Cuchulainn, le plus grand guerrier de l'Ulster, est acculé à sa fin, le plus acharné de ses ennemis encourage-t-il ses soldats : « Il est honteux de ne pas prendre pour vous la tête de cet homme pour venger mon père dont il a emporté la tête. » À la suite de quoi Cuchulainn est tué, et « alors Lugaid arrangea sa chevelure par-derrière et lui coupa la tête. Aussitôt l'épée de Cuchulainn lui tomba de la main ; elle atteignit la main droite de Lugaid qui fut sur le sol. On coupe la main droite à Cuchulainn pour le venger. L'armée part alors, emportant la tête de Cuchulainn et sa main droite. Ils arrivèrent à Tara. C'est là qu'est la couche funèbre de sa tête [...] [1] ».

À la lueur de tels textes, on comprend mieux pourquoi Gorvenal, le suivant de Tristan, lorsqu'il rencontre l'un des barons félons dans les taillis du Morois, lui coupe la tête tranquillement et va « la suspendre par les cheveux, sur un bâton fourchu [2] » dans la hutte où Tristan est en train de dormir : il lui en fait tout simplement hommage, comme Tristan à son tour coupera la tête de Donoalen, et, lui tranchant les tresses, « les glisse dans ses chausses : il les montrera à Iseut pour qu'elle soit assurée que Donoalen est mort [3] ».

Cette violence, d'autre part, est la violence d'Iseut.

Car il ne s'agit certes pas d'une dame éthérée qui se ferait conter ses amours à la lueur de la lune. Elle est bien, elle aussi, la cousine de ces femmes celtes qui savaient si bien prendre leur destinée en main et ne s'en laissaient compter par rien ni personne. N'oublions pas, sur ce point, que les doublets de Tristan apparaissent en Irlande dès les VIIIe ou IXe siècles... D'où la scène où Iseut (elle a à peine quatorze ans !) brandit l'épée de Tristan sur la tête du héros et s'apprête sans remords à la faire voler dans les airs, avant que le jeune homme ne la calme et la séduise en lui contant l'histoire des hirondelles et des cheveux d'or. D'où la froide détermination avec laquelle Iseut envoie Brangien à sa place dans le lit du roi Marc, et la condamne à mort en guise de récompense. D'où la façon dont elle mène les choses lorsque, lors de son dernier rendez-vous avec Tristan, avant que celui-ci s'en aille en exil, elle s'aperçoit qu'un félon les surveille à traîtrise :

---

1. D'après le livre de Leinster. Traduction de ces passages dans G. Dottin, *L'Épopée irlandaise*, Les Presses d'aujourd'hui, 1980.
2. *Tristan* de Béroul, éd. J.-Ch. Payen, p. 56, dans *Tristan et Yseut*, Garnier, 1974.
3. *Ibid.*, p. 139.

> Elle garde son sang-froid, mais frissonne de rage. Tristan lui dit : « Que Dieu me protège ! Voici les tresses de Donoalen. Je vous ai vengée de lui […] – Seigneur, répond-elle, que m'importe ? Je vous prie de tendre votre arc, pour savoir s'il est bien bandé. » Iseut ne plaisante pas : « […] Mon ami, encore une flèche. Veille à bien tendre le fil. Je vois quelque chose qui me tourmente. Tristan, bande ton arc. » […] Tristan se tourne alors vers le mur, tend ferme l'arc et tire. La flèche est si rapide que l'autre ne peut l'esquiver. Elle s'enfonce dans son œil et lui perce le crâne et la cervelle [1].

Iseut est décision.

Elle est toute fermeté, elle est tout caractère. C'est elle qui est, le plus souvent, la meneuse de l'aventure, c'est elle qui invente à volonté les ruses et les mensonges, c'est elle encore qui nous est toujours décrite comme l'objet du *désir* que nourrit le jeune homme.

Car il y a là encore un point que l'on gomme facilement et auquel, précisément, j'ai voulu revenir : la passion, dans *Tristan*, n'est rien moins que platonique, et le désir de la chair, le tressaillement des corps, les rapports sexuels sont clairement désignés.

Dès qu'ils s'avouent leur amour sur la nef qui les ramène au château de Tintagel, Tristan et Iseut se connaissent physiquement :

> La nuit, quand [Iseut] fut couchée, et que, perdue dans sa tristesse, elle se mit à penser sans répit à l'ami de son cœur, se glissèrent sans bruit dans sa chambre son ami et son médecin, Tristan et l'Amour : le médecin, l'Amour, conduisant par la main Tristan, son malade, et il trouve là Iseut malade d'amour. L'Amour donna alors en médecine ses deux malades l'un à l'autre : lui à elle, elle à lui. […] [Ensuite], quand l'occasion s'en présentait, ils se donnaient à profusion tout ce que des amants pouvaient attendre l'un de l'autre : aussitôt qu'ils se furent trouvés, ils prirent et donnèrent avec empressement et avec loyauté le tribut et l'impôt de l'amour. Et c'est ainsi qu'ils connurent un intense bonheur au cours de cette traversée. Leur

---

1. *Ibid.*, p. 140-141.

réserve surmontée, ils vécurent dans une intimité qui leur réserva des joies profondes [1].

Pour que nous ne puissions rien ignorer, Béroul est explicite sur ce désir perpétuel qui jette ainsi les amants dans la joie de leurs corps, au mépris de leur sûreté, mais dans une passion dévorante :

> Dans un jardin, sous une ramure, [les barons] viennent de voir la belle Iseut avec Tristan, et leur conduite était intolérable ; plusieurs fois ils les ont surpris qui gisaient tout nus dans le lit de Marc ; car lorsque le roi va chasser en forêt et que Tristan lui dit : « J'en viens », il reste alors au château et il se rend dans la chambre ; les deux amants y demeurent longtemps ensemble [2].

Je n'ai rien voulu celer de cette furie du désir. J'ai voulu la dire au contraire comme la disaient les trouvères, j'ai voulu restituer cette fascination de l'homme envers la femme qu'il aime, chair et âme confondues, et qui fait à Tristan, chaque fois que bien plus tard il fait retour à Iseut, la prendre dans ses bras et la mener à son lit. « À ces mots, discrètement, si mon récit est fidèle, Tristan pénètre sous la courtine : il tient dans ses bras la reine [3] », ainsi se termine *La Folie de Berne* ; et *La Folie d'Oxford* :

> Iseut l'étreint. Elle ne sait contenir la joie qu'elle éprouve à le tenir contre elle ; elle ne le laissera pas repartir ce soir, et elle lui promet bon gîte et bon lit doux et chaud. Tristan ne demande pas autre chose qu'avoir Iseut là où elle est. Il est tout heureux et content : il sait bien qu'il a bonne auberge [4].

Tout comme je n'ai pas voulu cacher, mais bien faire ressortir l'abandon par Tristan de toute position héroïque dès le moment qu'il a connu la grande joie du corps d'Iseut, du cœur et de l'amour d'Iseut. Non, sous le régime de la passion,

---

1. Gottfried de Strasbourg, *Tristan et Isolde*, trad. D. Bruschinger et W. Spiewok, p. 544-545 et 547, dans *Tristan et Yseut* (ensemble des premières versions médiévales, sauf le *Roman en prose*), dir. C. Marchello-Nizia, Gallimard, coll. « Bibliothèque de la Pléiade », 1995.
2. *Tristan* de Béroul, éd. J.-Ch. Payen, *op. cit.*, p. 20.
3. *Folie de Berne*, in *ibid.*, p. 264.
4. *Folie d'Oxford*, in *ibid.*, p. 297.

Tristan n'est plus un preux ou un chevalier. S'il sait toujours se battre à l'occasion, la prouesse n'est plus son souci. Le signe le plus clair n'en est-il pas dans l'usage qu'il fait de son épée dans la forêt du Morois, et dans la manière dont il la transforme d'une arme de noble en un instrument de vilain quand il s'en sert pour construire une cabane : « avec son épée, il coupe les branches et rassemble le feuillage [1] » – avec cette épée, autrefois, qui avait tué le Morholt et abattu le dragon !

Au vrai – et la critique moderne a bien fini par le remarquer [2] –, sous le charme d'Iseut, Tristan se révèle un *grand mélancolique*. Il est le sujet et l'objet de toutes les avanies, il doit se déguiser en mendiant, en lépreux ou en fou, et sa science de la musique ou du chant des oiseaux est plus importante que le port de la lance ou le mouvement de ses armes.

Bref, on l'aura sans doute compris, en remontant jusqu'au cœur d'une légende qui est d'abord une histoire d'*amour fou*, j'ai voulu retrouver la rudesse, la magie, les émois et les troubles, les emportements d'une passion qui a paru si dangereuse qu'on y a tout de suite dressé, dès la fin du XIIe siècle, de puissants contrefeux. J'ai voulu retrouver ce climat de fascination et d'excès érotique qui a pu faire écrire à un aussi grand spécialiste que l'était Daniel Poirion qu'un Chrétien de Troyes, par exemple, le premier « anti-tristanien », « discerne peut-être dans le sombre folklore de Bretagne et d'Irlande une dangereuse mélancolie dont le charme risque de détourner le chevalier de la mission qui doit être la sienne. [...] Les grandes séductrices du monde celte ont brouillé ou fait pâlir l'image favorable des épouses des chansons de geste. Entre la bonne fée et la mauvaise magicienne, il devient difficile pour le chevalier de faire le bon choix. Mais

1. *Tristan* de Béroul, éd. J.-Ch. Payen, *op. cit.*, p. 42.
2. Sur la mélancolie de Tristan, voir par exemple J.W. Baldwin, *Les Langages de l'amour dans la France de Philippe-Auguste*, Fayard, 1996 ; M. Demaules, « Lancelot et l'envenimement : une rêverie tristanienne », dans *Lancelot*, dir. M. Séguy, Autrement, 1996 ; « Quelques réflexions sur l'amour tristanien », dans J. Ribard, *Du mythique au mystique : la littérature médiévale et ses symboles*, Honoré Champion, 1995.

Énide, Laudine, la Dame du Lac seront préférables […] surtout à Iseut, la fille d'une magicienne, elle-même experte en venins. À l'évocation craintive des mystères de la nature et de la sexualité féminine, Chrétien préfère apparemment la réflexion sur la condition des femmes dans leur cadre social. Il nous propose l'image d'une féminité bien tempérée, celle des fées apprivoisées et civilisées... [1] ».

J'ai donc voulu remonter au plus près de l'Iseut primitive, de cette femme, à l'évidence, qui n'était ni tempérée, ni civilisée, de cette femme encore sauvage qui entraîne Tristan sur les rudes sentiers de la dépossession de soi-même et de la découverte d'un royaume de merveille comme une bulle de verre que traverseraient sans cesse les rayons du soleil…

Pour ce faire, d'autre part, j'ai largement fait appel à la plus vieille littérature celtique – et plus précisément irlandaise. Dans deux versants récurrents : l'un, les descriptions de la nature, où j'ai largement puisé dans les notations éparses de la vieille poésie gaélique ; l'autre, les lamentations d'Iseut sur la mer, qui rythment tout l'ensemble pour lequel je me suis inspiré – les démarquant même parfois des poèmes en provenance du grand cycle ossianique, en particulier de la *Plainte de Créide sur le corps de Cáel* [2].

Sans m'empêcher quelquefois d'aller jeter un coup d'œil du côté des plus beaux poèmes de Breton [3].

L'entreprise, au total, est-elle vraiment réussie ?

Je ne peux en juger et ce n'est pas à moi de le faire.

Du moins aurai-je tenté de rappeler au plus vif quel est le cœur de flamme, quel est l'éclat de diamant, même si c'est un diamant noir, de cette histoire fabuleuse qui n'en finit pas de fasciner l'Occident depuis plus de sept cents ans maintenant.

Michel CAZENAVE.

---

1. D. Poirion, « Introduction générale » à Chrétien de Troyes, *Œuvres complètes*, Gallimard, coll. « Bibliothèque de la Pléiade », 1994.
2. Extrait de l'*Accalam na Senórach* (le colloque des Anciens), publié par S.H. O'Grady, *Silva Gadelica*, vol. 2, Textes gaéliques et anglais, dans G. Murphy, *Early Irish Lyrics*, Oxford, Clarendon Press, 1962.
3. Je reconnais particulièrement ma dette au fameux poème de Breton, *L'Union libre*.

Tristan et Iseut

Roman
de Michel Cazenave

établi d'après les manuscrits
des XIIe et XIIIe siècles

On avait levé l'ancre.

On avait dressé le mât.

On avait tendu la grande voile.

Le vent froid du matin sifflait dans les haubans. Il gonflait les toiles historiées où dansait la silhouette d'un sanglier d'écarlate, et la carène craquait au balancement de la houle.

Alors, comme l'aube s'annonçait, et la lueur grelottante de ce matin de décembre, la nef s'était élancée pour quitter Tintagel. On avait vu disparaître les écueils qui pointaient à proximité de la côte, et la haute falaise que surplombait la chapelle, et les enceintes d'épieux qui protégeaient le château sur le sommet de la butte.

La nacelle, à présent, naviguait en haute mer.

Des embruns jaillissaient, qui s'écrasaient sur le pont.

Et tandis que Brangien reposait sous la tente aux côtés de Kaherdin, Iseut debout à la proue, demeurait immobile sous l'immense ciel gris tourmenté de nuages, frissonnante de froid sous son manteau de fourrure.

On eût dit de la sorte qu'elle menait le navire dans sa route incertaine — et penchée sur l'écume que l'étrave divisait, elle se sentait la varangue qui pillait l'eau à effort, et les vergues tendues qui soutenaient la voilure, et les gémissements d'accouchée que poussait la membrure...

De longues larmes coulaient en brillant sur ses joues. Son regard se brouillait.

Les vagues vertes et blanches se confondaient dans ses yeux jusqu'au bout de l'horizon. Alors, elle tendait les bras devant elle, vers la forme lointaine de Tristan en Bretagne qui l'attendait à douleur. Ses cheveux blonds se dénouaient et flottaient derrière elle, comme des rayons d'un or pâle dans la lumière froide et glauque. Sa robe claquait dans le vent, et elle se lamentait jour et nuit :

Il est en train de mourir,
Celui qui dormait autrefois dans le creux de mes [bras!
On devra lui dresser une croix sur la tête —
Ah! Quelle épreuve amère et dure!

Qu'il est triste, le cri
Que fait la vague qui tombe
Sur les rives d'Irlande :
Elle gémit aux écueils
Et se lamente sur celui qui est en si grand danger [de mort!

Elle est triste, la lutte
Engagée par la mer sur les côtes de Bretagne .
Si Tristan doit mourir,
Ma vie touche à son terme.

Une étrange musique, la musique de la mer!

Et je suis en train de tout perdre
Dans l'histoire que me content
Les nuages et le vent, et la mer, et le ciel —
Moi qui étais pour Tristan
La dame issue de la mer!

Et Iseut soupirait, elle vacillait à la houle qui emportait le navire, dans l'immensité de la mer qui détalait devant elle, et se confondait tout au loin avec le ciel bas et pesant qui tombait s'y noyer.

1.

RIVALEN ET BLANCHEFLEUR

Il n'y a sans doute, en effet, de plus beau conte d'amour que celui de Tristan et d'Iseut l'Irlandaise — un beau conte d'amour que termine la mort ; mais la mort y est vaincue du fond même de sa force, et c'est l'amour qui l'emporte dans la miséricorde de Dieu.

C'est l'histoire de Tristan qui naquit de Blanchefleur, l'aubépine juste éclose quand elle quitta notre terre, de Tristan que Rohalt éleva à sa cour, que le sage Gorvenal éduqua au combat ; de Tristan qui tua le Chevalier de la mer, qui se défit du dragon, qui conquit de haute lutte la princesse d'Irlande et la ramena sur les flots à la cour de son oncle.

Mais, qui douterait un instant qu'Iseut la blonde ne lui fût destinée de tout temps, et toutes choses en reviennent à leur cours naturel ? Ecoutez le récit de leur vie merveilleuse — et comment à grand-joie, à grand-peine et grand deuil, ils s'entr'aimèrent de telle sorte qu'ils finirent par mourir d'avoir été séparés.

Or, c'était le roi Marc en ce temps qui régnait en Cornouailles. Il habitait Tintagel au-dessus de la mer, dans le château de granite où il tenait ses conseils, et qui dominait sur sa butte les cabanes des bergers, les fermes basses et noires de ses paysans en alleux, les maisons des bourgeois qui formaient le village et se resserraient tout autour du clocher de l'église.

Tout le monde, à l'entour, des bûcherons des forêts qui connaissent le secret de l'âme sombre des chênes, jusqu'aux dinandiers qui travaillent dans des gerbes d'étincelles et les corroyeurs aux grosses mains qui se dandinent en marchant, tout le monde s'accordait pour assurer d'une même voix que deux fois dans l'année, et aussi grande attention qu'on tentât d'y prêter, le château s'effaçait et devenait invisible : il disparaissait dans le soleil quand venait la Saint-Jean, et dans le sein de la mer, quand le jour et la nuit se balancent en hiver.

On murmurait même qu'à ce moment — et les femmes le disaient en filant près de l'âtre — le château naviguait dans des mers mystérieuses, vers les landes désertes où se lève la lune rousse.

Quoi qu'il en fût réellement, c'est pour faire son service sous les ordres de Marc, qu'un beau jour Rivalen, le jeune roi de Loonois, franchit la mer sur une nef pour gagner Tintagel et y apprendre les armes, comme il est de coutume.

Il faut savoir à ce propos que Marc avait une sœur un peu moins âgée que lui, qu'il gardait jalousement des barons de Cornouailles. Elle était belle et gracieuse ; ses cheveux étaient blonds, plus blonds même que de l'or ; elle était tellement fraîche, elle était tellement frêle, comme les rameaux d'aubépine qu'elle répandait dans sa chambre, qu'on trouvait naturel que Blanchefleur fût son nom — et que personne n'eût osé la désirer dans son cœur.

Quand Rivalen l'aperçut dans un ruissellement de lumière (elle remontait de la lande les bras chargés de fleurs blanches, et la lumière du soleil éclatait sur sa tête), sa poitrine se serra de reconnaître la femme qu'il avait tant attendue. Il chancela malgré lui et se passa en tremblant une main sur les yeux. Pourrait-il, désormais, jamais trouver le sommeil, ni chanter à pleine gorge, ni rire au plein des batailles, qu'elle ne fût d'abord à lui et qu'il ne s'abîmât dans son corps ?

Il devint un autre homme qu'accablait le souci.

Il errait au hasard.

Son amour de Blanchefleur le poussait de toutes parts. N'importe où il était, il la voyait devant lui. Solitaire dans les bois, il parlait avec elle. Au milieu de la chasse, comme les chiens aboyaient et bondissaient dans les ronces, il s'arrêtait tout soudain, son regard se voilait, il se débattait dans la nuit qui montait dans sa tête — tous ses mots et ses gestes s'entremêlaient de folie, et sa vie se brûlait à penser à Blanchefleur, à rêver de Blanchefleur, à penser la tenir dans ses rudes mains de guerrier, la ployer sous l'étreinte, la couvrir de baisers et se perdre en sa joie.

Car il ne savait pas, le fou ! que Blanchefleur, à le voir, était tombée dans un trouble qu'elle ne savait reconnaître. Qu'elle sentait des mouvements lui faire battre le cœur ; que ses jambes tremblaient ; que des bouffées de sueur lui couvraient la poitrine ; qu'elle devait s'appuyer sur le bras d'une servante quand elle le voyait s'approcher, et qu'il baissait tristement le regard devant elle.

« Quel mal donc est ce mal, se disait-elle, que je sens ? Je n'éprouve dans mon corps le moindre indice de disgrâce. Quel est ce feu qui me brûle, et je ne sais d'où il vient ? Je frissonne de chaleur, je transpire comme de glace. Y a-t-il un médecin qui me puisse guérir ? »

Et chacun soupirait, et chacun défaillait — et pourtant aucun mot ne sortait de leur bouche, car chacun ignorait ce que l'autre savait, et aucun n'osait dire ce qui le déchirait de la sorte, dans la peur qu'ils avaient du courroux du roi Marc.

Il se trouva cependant que Rivalen fut blessé dans le cours d'un combat. Tandis que Marc continuait et poursuivait ses ennemis, on ramena le jeune homme au château de Tintagel, où on le coucha dans la paille, sous des fourrures de loup gris, à la lumière des chandelles qui brûlaient aux torchères.

On l'avait déposé dans la chambre du roi. Les mires lavèrent sa blessure d'un breuvage composé d'un mélange de cannelle, de chèvrefeuille et d'armoise. Puis chacun se retira, et Rivalen resta seul, le flanc gonflé de la charpie qu'on y avait appliquée.

Quand elle sut ces nouvelles, Blanchefleur crut que le jeune homme était en passe de mourir. Elle renvoya ses servantes et se précipita aussitôt vers la chambre de son frère. Délaissant toute prudence, elle se pencha sur le corps qui gisait sur sa couche, et se pâmant à la fois de désespoir et d'amour, le serra sur son sein en le baisant sur la bouche.

Rivalen s'éveilla.

Il pensa tout d'abord que l'ardeur de la fièvre qui le faisait grelotter le mettait au délire, et qu'il allait s'éveiller de ce rêve éveillé. Mais les lèvres de Blanchefleur lui rendirent force et joie. Il pressa la jeune fille, la baisa à son tour, l'étreignit contre lui — et dans le secret de la nuit qui se referma sur eux deux, en ce jour tour à tour de douleur et d'amour, Rivalen et Blanchefleur conçurent celui dont l'histoire fut tissée par l'amour et la douleur mélangés.

2.

LA NAISSANCE DE TRISTAN

Quelques semaines plus tard, des messagers arrivèrent à la cour du roi Marc. Ils venaient de Loonois et cherchaient Rivalen pour le rappeler dans ses terres : son voisin, le duc Morgan, avait profité de son absence pour lever une armée et violer ses domaines qu'il désolait de pillages, de brigandages et de mort.

Dès qu'il fut au courant, le jeune homme fit armer une nef à la hâte. Il préparait son bagage quand Blanchefleur vint se jeter, éplorée, à ses pieds.

« Rivalen, lui dit-elle, que de mal m'est venu de l'amour que je vous porte ! Vous allez me quitter, et je vais rester seule !

— Hélas ! Au pays où je vais, il n'y aura que batailles, et blessures à gagner. Et pourtant, chaque soir, en quelque lieu que je sois, quand la lune se lève et qu'on n'entend plus sur les champs que le cri des oiseaux qui s'éteint peu à peu, je vous le jure, Blanchefleur, c'est de vous que mon cœur sera tout occupé — et je serai heureux de savoir que vous serez à l'abri.

— A l'abri, certes non, je n'y serai pas, croyez-moi ! Car sachez, Rivalen, que je suis enceinte de vous, et que je devrai supporter la vengeance de mon frère. »

Rivalen releva aussitôt la jeune femme. Il la fit asseoir près de lui, il essuya ses paupières, et la tenant embrassée, lui promit de l'emmener à la faveur de la nuit. Aussi, sans attendre le lendemain comme il en avait eu l'intention, à la nuit close, tous deux, ils embarquèrent sur la nef qui balançait à la houle et tirait sur son ancre comme si elle avait voulu s'élancer.

Dès que Blanchefleur fut à bord, on dressa le grand mât, on hissa la voilure, et la nef s'éloigna en dérivant aux étoiles. On vit sombrer dans le loin les écueils de la côte, les falaises se fondirent à la masse des forêts, et en avançant dans le corps grand ouvert de la mer, à la lumière de la lune qui baignait le pontage, on vit enfin disparaître Tintagel à son tour — comme si on était en été, ou au solstice de l'hiver.

Quand il fut dans ses terres, Rivalen épousa Blanchefleur à l'église. Puis il rassembla ses barons, confia sa femme devant eux à la garde de Rohalt, le sénéchal du royaume, qu'on appelait Foi-Tenant, et marcha sans attendre au-devant de Morgan qui ruinait les campagnes, incendiait les villages, et égorgeait sur sa route tous les hommes et les femmes qu'il rencontrait d'aventure.

Longuement Blanchefleur attendit son retour, dans l'angoisse d'apprendre quelle devait être l'issue.

Mais Rivalen, jamais, ne revint à sa cour.

Il fut tué en effet à mauvaise trahison : on lui trancha d'un coup la tête que Morgan suspendit à l'arçon de sa selle — et son corps demeura étendu sur la terre, exposé à la pluie et aux bourrasques de vent, sous les vols de corbeaux qui s'abattaient en tournant sur les sillons frais ouverts, lourds de sang et de mort.

Lorsqu'on l'apprit à Blanchefleur, la jeune femme s'évanouit et s'affaissa sans un mot sur les lattes de roseaux qu'on avait répandues sur le sol de la pièce.

On s'affaira autour d'elle. On lui tapa dans les mains, on lui tamponna la figure d'une huile tiède d'Orient, mais elle ne revint à la vie qu'avec une telle douleur, qu'elle ne pensait plus que de mourir et de rejoindre son mari.

« Ah ! dolente, dit-elle, comment pourrais-je encore vivre, quand j'ai perdu Rivalen ? J'étais son cœur et son âme, et il était mon bonheur. Comment vivrais-je à présent ? Comment goûter à ma joie, quand ma joie m'a quittée ? Je dois le suivre où il est — et partout où il va, dans la nuit de l'amour, dans la mer qui nous mène vers les Iles fortunées, je dois l'accompagner et lui rendre lumière. »

Elle se tourna vers Rohalt, et l'appela auprès d'elle :

« Je te confie, Foi-Tenant, cet enfant qui va naître. Je te donne aussi cet anneau, que mon père me donna. Si mon frère l'aperçoit, il pourra reconnaître l'enfant né de sa sœur — et puisse-t-il l'accueillir comme s'il était son vrai fils ! »

Durant trois jours et trois nuits, les douleurs du travail tourmentèrent la jeune femme. Elle se tordait sur sa couche ; elle ruisselait de sueur, de l'écume se formait sur le coin de ses lèvres, et durant trois jours et trois nuits, cependant qu'on brûlait des racines dans sa chambre, qu'on épongeait son visage, qu'on l'enveloppait dans des linges qu'on avait réchauffés, la vie l'abandonnait avec les cris et les pleurs, et les plaintes qu'elle poussait au milieu de sa peine.

Le quatrième jour survenu, la délivrance approcha. Toute la journée, dans le château, on entendit la jeune femme qui hurlait de souffrance. On prépara dans la cour des baquets d'eau bouillante, dont la fumée s'échappait et montait dans le ciel où elle se perdait aux nuages qui passaient sur la lande.

Quand la nuit fut tombée, on fit asseoir la jeune femme, et ce fut ainsi, à la fin, dans les lueurs mélangées de la lune qui flottait dans l'embrasure d'une fenêtre et des hautes chandelles qui brûlaient sur les murs, qu'avec l'aide des matrones, elle mit au monde son enfant. Comme on allait l'emporter pour le baigner, le laver et le débarrasser de ses enveloppes, elle demanda qu'on le mît dans le berceau de ses bras. Elle le serra tout contre elle, et sans prêter attention aux longues traces de sang qui tachaient sa chemise, elle le berça un instant et le baisa sur le front.

« Je t'ai longtemps désiré, lui dit-elle à voix basse, et Dieu seul peut savoir à quel point j'ai voulu un fils pour Rivalen ! Et pourtant, je vins triste me coucher en mon lit. Et voici que je viens d'accoucher en tristesse. Je devrais te faire fête, mais je n'ai à t'offrir que tristesse à mourir. Et pour toute cette tristesse qui a entouré ta naissance, ainsi, on t'appellera Tristan. »

Elle rendit alors l'enfant à la plus vieille des matrones, elle s'affaissa sur son siège, tourna la tête de côté — et n'ayant plus ni la force, ni la volonté de survivre, elle ferma les paupières et mourut sans un mot.

3.

LES ENFANCES DE TRISTAN

Comme il en avait fait le serment, Rohalt le Foi-Tenant recueillit l'orphelin. Pour détourner les soupçons qu'aurait pu nourrir Morgan, il le fit passer pour son fils — et pour réussir dans cette ruse, il le fit transporter dans son château en secret. A sa demande, sa femme y prit le lit, elle feignit d'être en couches, puis on répandit à l'entour qu'elle venait d'enfanter. Car Morgan, à présent, régnait au Loonois, et Rohalt craignait que, s'il était venu à apprendre la vérité sur Tristan, il ne le fît enlever, il ne le fît égorger pour écarter de sa route celui qui, bien plus tard, aurait pu disputer à bon droit le royaume.

Sept années tout entières, comme chacun sait qu'il faut faire, dans un cycle de lune du début à sa fin, sept printemps et automnes, sept étés, sept hivers, Tristan resta d'abord sous la garde des femmes.

C'est ainsi qu'il apprit les secrets de la terre.

Car on lui fit écouter les oiseaux qui sifflaient dans les branches des arbres, et il apprit à reconnaître le chant clair de la grive qui surgit dans le ciel, de celui du pinson ou du cri de l'alouette. Il apprit par la suite à les imiter à son tour, à savoir les comprendre et savoir leur répondre — et quand il sut dialoguer dans leur langue délicate avec la mésange et l'aronde ; quand il sut déchiffrer les paroles que chuchote le feuillage des chênes ; quand chanta dans son cœur le murmure des fontaines et des sources d'eau vive ; quand il sut que les pierres qui bordaient les chemins, que les genêts de la lande et les bruyères écarlates qui plongeaient sur les pentes au-devant de la mer ; quand il sut que le soleil qui dorait le granite, que les nuages qui partaient se défaire sur la houle, quand il sut que les vagues qui se brisaient sur la côte, quand il sut que les cerfs, et les daims et les biches, et les renards à tête rousse, et les hérons des étangs, et les vols d'oies sauvages qui traversent le ciel quand les feuilles se détachent, quand il sut que toute vie participait du même règne et communiait au même cœur où battait l'univers ; quand il sut qu'une même sève animait les écueils qui se dressaient à la côte et les branches des sapins qui persistaient dans l'hiver, les colchiques des champs et les sangliers solitaires qui retournent en trottant vers l'abri de leur bauge, les loriots qui se posent sur le toit des chaumières et le cœur ardent des hommes qui forme un trait d'union entre Dieu et le monde ; alors, Rohalt reprit Tristan et le confia derechef à un sage écuyer.

Gorvenal, à son tour, se chargea de Tristan tout au long de sept années. Il lui apprit à courir, à sauter, à nager, à monter à cheval et à franchir d'un seul bond les plus larges fossés. Il lui apprit à manier la lourde épée à deux mains qu'on brandit sur sa tête et qu'on abat en hurlant pour fendre en deux l'adversaire. Il lui apprit l'art de l'épieu qu'on enfonce devant soi, et comment tirer de l'arc sur une cible au galop.

Il lui apprit à tenir sur son poing les faucons, et comment les lâcher et comment les rappeler. Il lui apprit la vénerie, et comment courre le cerf et dépecer les daims morts en en levant la veine cœur.

Il lui apprit la hardiesse qui ne recule devant rien. Il lui apprit à haïr les félons et les fourbes, à détester le mensonge, à avoir le cœur droit, à venir au secours des démunis et des faibles.

Il lui apprit à jouer de la harpe et de la rote, à composer et chanter des lais d'amour et de peine — de sorte que, quand Tristan eut atteint quatorze ans, il était si accompli que les barons à la ronde jalousaient le sénéchal qui avait un tel fils, et qu'on pensait que la fortune avait dû faire une erreur en faisant naître chez lui un véritable enfant de roi.

Ce fut pourtant en ce temps, comme le sort avait dû s'en marquer dans le ciel, et comme on venait de donner à Tristan son enseigne (le sanglier haut dressé, qui est le seigneur des forêts), que des marchands de Norvège débarquèrent au rivage en dessous de la butte du château de Rohalt. Ils vendaient des autours déjà prêts pour la chasse, des bandes blanches d'hermine, des fourrures de loup gris et des gardes d'épée. Tout le monde descendit au-devant de leur nef, et Tristan le premier qui cherchait une dague. Or, quand il fut sur le pont, il aperçut deux matelots qui jouaient aux échecs. Il s'approcha aussitôt, et comme il raffolait de ce jeu, il y défia l'un des hommes.

La partie commença.

Leurs achats terminés, les enfants de Rohalt descendirent de la nef et regagnèrent la terre ferme. Seul Tristan demeurait, absorbé dans son jeu : le cheval qui avance de son pas tortueux, et le fou en oblique qui va et vient à sa guise — comme toute folie qui s'agite en ce monde, et profère vérités qu'on ne sait pas reconnaître ; et le roi immobile que surveillent les remparts des hautes tours bien crénelées, comme le centre souverain, mais dénué de toute force, dont les gardiens des voies droites doivent barrer le chemin ; et la reine qui parcourt la totalité du damier, comme la danse du feu, le soleil vagabond qui émerge du vide, illuminant le grand jeu des esprits et des âmes — comment donc ne pas être fasciné de la sorte par le chant des étoiles et la course erratique des destins emmêlés qui se font et se défont dans le calcul du Seigneur ?

A la fin des fins, pourtant, ce fut Tristan qui gagna. Comme il se levait de sa futaille pour se délasser les membres, il s'aperçut que la nef naviguait en haute mer. Des arrois de nuages dérivaient dans le ciel, un vent froid et mordant gonflait les voiles du navire, et les vagues heurtaient les flancs de bois gémissants dans des rideaux d'écume blanche qui s'écrasaient sur le pont.

« Seigneurs, s'écria-t-il, que faites-vous à cette heure ? Nous avons quitté la terre ferme !

— Tu le vois, nous fendons la petite mer de Bretagne.

— Mais pourquoi m'emmener ?

— Que te chaut ? lui dit-on. Et le capitaine d'ajouter : il suffit d'un coup d'œil, tu représentes une bonne prise. Tu verras qu'à la vente, tu nous rapporteras gros ! »

Et tandis qu'ils cinglaient vers des terres inconnues, Tristan se débattit comme un loup pris au piège. Tout le monde sait cependant que la mer est mauvaise aux félons qui la prennent. Elle s'émut pour Tristan, se gonfla peu à peu, et l'orage éclata au-dessus de la nef. Il grêla, il tonna, les ténèbres engloutirent le navire vagabond, les hautes lames giclèrent sur les voiles abattues, la carène craquait dans les spirales du vent — et pendant plus d'une semaine, la tempête déchaînée fit l'assaut de la nef qui tournoyait dans les vagues et menaçait de sombrer.

Agrippés aux haubans, les matelots se plaignaient :

« Si nous sommes en péril, c'est à cause de Tristan que nous avons enlevé ! »

Et leur chef éperdu, à genoux sur le pont, se tourna vers l'Orient et cria vers le ciel en tendant ses deux mains :

« S'il nous donne bon vent, je fais vœu au Seigneur de délivrer notre otage ! »

Ainsi fut fait le serment que tout le monde entendit — et les vents et les vagues retombèrent aussitôt, les nuages s'écartèrent, le pâle soleil de décembre apparut peu à peu dans les nuées dissipées, et on distingua dans le loin, qui sortait de la brume, une frange d'écume qui battait aux récifs.

Dès qu'ils l'eurent aperçue, les marchands mirent Tristan dans une barque à la mer, qu'il gagnât la terre ferme comme ils s'y étaient engagés. La nef alors s'éloigna en dansant sur les vagues, cependant que Tristan, à la force des rames, atteignait au rivage en dessous d'une falaise qui grimpait dans le ciel, le dos couvert de bruyères frémissant à la bise.

Le jeune homme s'étendit sur la grève déserte. Une lourde tristesse débordait de son cœur de se trouver ainsi seul, sans ami ni personne, dans une terre étrangère.

« Dieu, Seigneur tout-puissant qui prenez en pitié l'homme perdu sur sa route, me voici solitaire, sans savoir où je suis ! N'importe où je regarde, je ne vois que collines, et forêts inconnues, et la mer grande ouverte qui s'écrase à la côte. Ah ! Rohalt, mon père, et vous aussi, ma mère, qui m'avez élevé, frères, amis, et parents, et vous encore, Gorvenal, qui m'avez enseigné, vous ne me reverrez jamais plus et me tenez pour défunt ! »

4.

TRISTAN EN CORNOUAILLES

Au bout d'une heure, néanmoins, Tristan se releva. Quelle était cette terre ?

Qui en était le souverain ?

Il conservait son poignard qui pendait à sa hanche, et il sentait son jeune sang qui battait dans ses membres. Tournant le dos à la mer, par un sentier qui grimpait au milieu des rochers, il se mit en devoir d'escalader la falaise — puis il coupa dans une lande, et s'enfonça par une laie dans le sein de la forêt qui barrait l'horizon.

Or, tandis qu'il marchait, il entendit se gonfler un vacarme de trompes, de galops de chevaux qui éventraient les fourrés, d'une meute aboyant qui bondissait sous les arbres, et un cerf débucha d'un taillis devant lui.

Le jeune homme s'arrêta.

La bête tenta de s'enfuir, mais ne trouva de passage. Elle s'accula à un roc cependant que les chiens déboulaient à leur tour et lui sautaient à la gorge. Puis ce furent les chasseurs qui jaillirent des sous-bois. Les vêtements déchirés, les cheveux en broussaille, les mains griffées par les ronces, le regard étincelant de l'ardeur de la course, ils encerclèrent l'animal en poussant de grands cris.

Ce fut l'instant où le cerf fléchit sur ses jarrets. Le veneur s'avança, et dispersant les brachets à coups de pied et de fouet, le servit de l'épieu. Le broquart s'affaissa, et le maître de chasse, à genoux devant lui, entailla sa gorge à la dague pour pouvoir la trancher, cependant qu'un flot de sang jaillissait sur ses mains.

Quand il vit ce spectacle, Tristan ne put y tenir :

« Quelles sont donc ces coutumes ? cria-t-il au veneur. Un cerf est noble, seigneur ! Allez-vous le découper comme un porc égorgé ?

— Y a-t-il d'autre façon de dépecer une bête ? Je fais ici comme mon père, et les parents de mon père, aussi loin que remonte notre mémoire de vénerie. On tranche la tête d'abord, et ensuite, au couteau, on divise le corps dans ses quatre quartiers pour en porter les morceaux aux arçons de nos selles.

— Ce n'est point vénerie que cela ! Et la chasse est un art, ce n'est pas une boucherie.

— Aux beaux parleurs la langue ne fait jamais défaut. Si tu connais, comme tu le dis, d'autre usage que le nôtre, tiens, je te donne mon couteau. Montre-nous ta manière. »

Sans répondre au veneur, Tristan s'agenouilla sur le tapis de feuilles brunes. Il ôta la peau du cerf avant de le défaire. Il coupa les daintiers qu'il enfouit dans le sol, il détacha les cuissots, il ôta les entrailles qu'il jeta aux limiers qui grondaient tout autour, puis il dressa les épaules, les filets et le dos, et leva la langue et la veine en même temps que les droits.

« Je l'avoue, dit le maître, ces coutumes sont belles. En quelle terre inconnue t'a-t-on donc enseigné ?

— Chez moi, en Loonois, de l'autre côté de la mer.

— Pour savoir telles pratiques, tu es fils de baron ?

— De baron ? Certes non ! Mon père était un marchand. Mais je l'ai quitté une nuit, car je voulais voir du pays.

— Nous rentrons au château, chez notre seigneur le roi Marc. Veux-tu venir avec nous ? Je te conduirai près du roi.

— Je vous suivrai volontiers en tel lieu que vous voudrez. »

Toute la troupe se rangea selon l'ordre que Tristan leur apprit d'adopter : les barons à cheval s'ébranlèrent deux par deux, la tête du cerf en avant bien plantée sur une fourche, puis les quartiers de venaison sur la pointe des épieux, les valets par derrière qui suivaient le cortège, et la meute des limiers qui aboyait en courant par les sentiers de la forêt.

Au bout d'une heure à peu près, de clairière en layon, ils sortirent des sous-bois et s'avancèrent dans la lande que dominait tout au loin le château de Tintagel. Les murs d'épieux menaçaient au-dessus de la mer, et sous ses toits d'ardoise bleue, on apercevait le bâtiment en gros blocs de granite. La chevauchée traversa l'étendue de la lande, dépassa le village qui s'accotait à l'église en dessous de la butte, et gravit la colline qui montait à l'enceinte en sonnant de ses trompes pour annoncer l'arrivée.

Quand il entendit la fanfare, le roi Marc vint aux portes, et il vit cet arroi dans sa belle ordonnance. Puis la chasse pénétra dans la cour du château, et le maître veneur lui conta l'aventure.

Le roi Marc s'inclina, et faisant un sourire au jeune homme inconnu, l'invita à rester à Tintagel avec lui.

Quand la nuit fut venue, après qu'on eut fini le repas et qu'on eut levé les écuelles des hautes tables de bois, un jongleur s'avança et chanta quelques lais en jouant de la harpe. Tristan était assis à la droite du roi, et comme le harpeur se taisait, laissant mourir au silence les derniers sons de son chant : « C'est bien joué, lui dit-il, et tes mains sont habiles — mais il semble pourtant que l'on peut chanter encore mieux les grandes joies et les peines, les espoirs et les deuils, et les tourments si étranges qui tiennent l'homme éveillé. »

Se levant de sa place, il se saisit de la harpe et se mit à jouer à la lueur des flambeaux qui dansaient dans la pièce. Et il chantait tellement juste, d'une voix si prenante, comme tremblante de pleurs et ardente d'amour, que tout le monde se taisait et l'admirait dans son cœur.

Quand le lai fut achevé, le roi le regarda avec un air de songerie.

« Tristan, dit-il enfin, aussi vrai que je suis le souverain de ces terres, et qu'il n'y a pas de baron dans la Cornouailles tout entière qui ne me doive l'hommage — oui, je le dis sans réserve, je n'avais jamais, jusqu'ici, entendu chanter la tristesse et les tourments de l'amour comme tu viens de le faire. Béni sois-tu de Dieu ! Car Dieu aime les chanteurs dont la voix sait charmer la souffrance des hommes. Tu dormiras désormais dans la chambre royale, comme le font mes hommes liges. Et quand il arrive quelquefois que le sommeil s'enfuit de moi ; quand la mer est trop forte ou le vent trop violent ; quand je rêve à effroi, ou qu'on entend dans la nuit le chat-huant sangloter à la lumière de la lune, tu joueras de la harpe et tu apaiseras mon angoisse par de douces paroles et de douces mélodies.

— Sire, je vous servirai en effet comme le meilleur de vos hommes. »

Et devant tous les barons, Tristan rendit la harpe, s'agenouilla devant le roi, s'inclina devant lui, et lui tendit les deux mains dans un signe d'allégeance.

5.

LA RECONNAISSANCE DE TRISTAN

En Loonois, cependant, dès que la fuite fut connue des marchands de Norvège, Rohalt le Foi-Tenant affréta une nef et remettant son château à l'aîné de ses fils, par les mers inconnues, par les îles étrangères, par les vents et tempêtes qui secouaient son vaisseau, par les monts et les bois, sous le soleil et la neige, et la pluie et la grêle, il s'en alla à la quête de son fils adoptif.

Trois ans dura ainsi sa recherche obstinée.

Trois ans fut-il absent du pays de Loonois, et ce ne fut qu'à ce moment, comme la quatrième année s'annonçait, qu'il apprit au Danemark, de la bouche d'un matelot qu'il rencontra dans un port et qu'il enivra de bière brune, l'aventure de Tristan sur la nef des pirates.

Il cingla aussitôt du côté de Tintagel — et un soir en hiver où la neige recouvrait toute la butte à l'entour, comme un feu de poirier crépitait aux landiers d'où pendaient des moineaux, comme on venait d'avaler des quartiers de sanglier qu'on avait arrosés de pichets de gros cidre, comme déjà quelques-uns avaient roulé sous les tables où ils ronflaient dans la paille, et qu'on gabait à pleine gueule en se tapant sur les cuisses, Rohalt le Foi-Tenant, la face tannée et usée, le bliaut déchiré, traînant la jambe derrière lui, tel un pauvre ribaud, de tant d'épreuves et de peines, mais le branc au côté et le couteau sur le ventre, apparut dans le fond de la salle du château.

Tristan bondit de sa place, et le prenant par la main, le mena vers le roi.

« Sire, je vous présente mon père, qui a quitté sa maison pour venir me chercher. Le voici tout semblable à un vagant sans un sou, à un mendiant qui irait à l'aventure des chemins, mais ne vous fiez pas à sa mine et veuillez l'accueillir. »

Marc allait lui répondre quand Rohalt se redressa et posa ses deux mains sur le pommeau de son épée.

« Ce sont belles paroles que Tristan vient de dire. Mais il n'a jamais su quelle était vérité, et les temps sont venus de dévoiler les secrets. Sire, je dois d'abord vous apprendre que je me nomme Rohalt, et que j'étais le sénéchal du seigneur Rivalen. Oui, celui-là est Tristan — mais Tristan est le fils de Blanchefleur votre sœur. Je l'ai reçu en dépôt des mains mêmes de sa mère, et si j'ai fait croire à tout le monde qu'il était mon enfant, c'était seulement que je voulais le sauver de Morgan. Sire, vous pourriez ne pas me croire. Voici l'anneau dont Blanchefleur m'avait fait le garant. Le reconnaissez-vous comme le vôtre ? Et n'est-ce point là le témoin que Tristan tient à vous par les liens de son sang ? »

Le roi Marc demeura très longtemps silencieux. L'escarboucle lui rappelait la trahison de sa sœur, mais Blanchefleur était morte, et voici qu'en Tristan, il trouvait un parent dont il pût être fier. Il se décida donc à la fin à embrasser son neveu — mais celui-ci s'agenouilla et baisa le bas de sa robe.

« Sire, puisque j'apprends de la sorte mon origine et mon droit, je vous demande de m'armer dès demain chevalier, que je m'en aille chez moi, pour reprendre mes terres et venger Rivalen. »

C'est ainsi qu'il fut fait, et en compagnie de Rohalt, Tristan reprit la mer et quitta Tintagel.

Quand il toucha son domaine, il se fit reconnaître des vassaux de Rivalen, les entraîna derrière lui et reprit un à un tous les biens du royaume. Il défia alors son ennemi en combat singulier, et à l'intérieur de la lice qu'entouraient les hommes d'armes des deux camps rassemblés, de sa lame d'estoc, il lui fit voler la tête et la suspendit à la poutre qui tenait le plafond de son château reconquis.

Son père ainsi vengé, il réunit ses barons, et paraissant devant eux aux côtés de Rohalt, il le prit aux épaules et l'embrassa publiquement.

« Seigneurs de Loonois, j'ai eu deux pères sur cette terre, à qui je suis redevable : Rohalt le Foi-Tenant, qui me reçut de Blanchefleur et veilla sur ma vie, et le roi de Cornouailles qui a su m'accueillir sans savoir qui j'étais. A Rohalt que voici j'abandonne mes terres. Il les tiendra à franchise, et ses fils après lui, qui m'ont été de vrais frères. Obéissez-leur comme à moi, je connais leur courage et la droiture de leur cœur. Au roi Marc, à Tintagel, c'est de mon corps en revanche que je fais l'abandon. Il est mon oncle de sang, et je suis son homme lige. Dans ce service que je prends, je n'emmènerai avec moi que Gorvenal l'écuyer, car sa sagesse me guidera et c'est auprès du roi Marc, dans le pays de ma mère, que je mènerai désormais la vie que Dieu, notre Père, voudra bien me donner, peines et joies mélangées, pour le meilleur et le pire. »

Il appareilla le lendemain et, Gorvenal avec lui, il cingla sans attendre vers le château de Tintagel.

6.

LE MORHOLT D'IRLANDE

Quand Tristan fut de retour, le deuil s'était abattu sur les domaines du roi Marc. Le roi d'Irlande, en effet, avait fait équiper une nef de combat pour ravager le pays si Marc tentait de refuser de payer le tribut qu'il acquittait autrefois et dont il s'était délivré depuis bientôt dix-huit ans.

Ce tribut, c'étaient trois cents jeunes garçons et trois cents filles impubères que les Irlandais embarquaient comme on fait de bétail. Puis les voiles s'éloignaient, se perdaient dans la brume qui courait sur les flots, et les parents des enfants demeuraient silencieux sur la grève où battaient les vagues vertes et blanches.

Si on essayait par hasard d'échapper à l'impôt, on ne savait que trop bien ce qui allait arriver : les Irlandais touchaient terre et pillaient le royaume. Ils brûlaient fermes et granges, égorgeaient les troupeaux de moutons et de vaches, violaient les femmes et les filles, et ne repartaient dans leur île qu'en laissant derrière eux des couvents incendiés, des maisons abattues, des moissons épuisées, des décombres fumants où plus rien ne poussait.

Le roi d'Irlande, cette fois-ci, pour porter son message, avait choisi le Morholt dont il avait épousé la sœur voici longtemps, et que personne, jusqu'ici, n'avait pu vaincre en bataille.

Or, tandis que Tristan regagnait Tintagel de la crique déserte où il avait débarqué, il ne voyait sur sa route que des femmes en pleurs et des vieillards gémissants.

« Ah ! Dieu ! se plaignaient-ils, pourquoi prendre tant de peine si on nous enlève nos enfants ?

— Terre ! Terre ! Pourquoi ne t'es-tu entrouverte pour les engloutir dans ton sein, que de les voir partir ainsi à la male aventure ?

— Mer félonne et cruelle, pourquoi donc n'avez-vous tant gonflé et tapé, et venté, et cogné, et détalé dans les baffes des orages et tempêtes, que tous ces Irlandais y aient été emportés ? »

Et Tristan chevauchait dans une telle rumeur, silencieux et pensif, vers la cour de son oncle où les barons réunis discutaient des moyens qu'il semblait falloir prendre.

Pourtant, quand le jeune homme pénétra dans la salle du conseil, tous gardaient la tête basse, et ces comtes orgueilleux, ces barons bardés de lames comme des insectes de feu, ils restaient immobiles et n'osaient se regarder, comme cloués à leur place par la main de la peur.

Lors, Tristan s'avança et s'adressa au roi Marc :

« Je reviens de Loonois, et je ne trouve sur mon chemin que des pleurs et des ruines. Seigneurs, et vous, beau sire mon oncle, écoutez mon conseil, et vous n'aurez pas à livrer les enfants au Morholt. N'y en a-t-il un parmi vous, le plus fort et hardi, qui défierait le héraut en combat personnel ?

— Qui oserait, lui dit Marc, accomplir cette prouesse ? »

Tous les barons murmurèrent et s'agitèrent dans leur coin.

« L'avez-vous vu, l'insolent ? se chuchotaient-ils à l'oreille. Il se croit si vaillant qu'il nous donne des leçons !

— A quoi sert de se battre ? Le Morholt nous tuera !

— Et quand nous girons sur la terre, qu'y aura-t-il de gagné ? Il faudra quand même, à la fin, lui donner nos enfants ! »

Ils ne s'étaient pas encore tus, que le Morholt arriva sur les marches du château. Le silence s'établit dès qu'il entra dans la pièce. Il avait plus de deux mètres, son bliaut se fendait à craquer sur son torse, et il avait des yeux noirs aux paupières retombantes dont le regard était lourd pour observer l'assemblée. Il restait immobile, un rictus sur les lèvres — puis il enleva de sa tête son grand casque d'acier dont les cornes de métal le faisaient ressembler à un monstre des bois, et renversant la tête en arrière, il ferma les yeux à demi.

« Pour la dernière fois, roi Marc, je te transmets en ce moment la volonté de mon frère. Je suis ici pour chercher les enfants que tu dois en tribut de vassal. Je n'attendrai plus, à présent, et j'exige le paiement.

— Sire ! s'exclama alors Tristan, et vous tous, beaux barons qui n'osez dire un seul mot, le Morholt est venu vous quérir à traîtrise ! Je prouverai quant à moi qu'il ne possède aucun droit.

— Celui-là, dit le Morholt, je ne sais pas qui il est. Je n'en ai de ma vie ouï parler par quiconque je connais en ce monde. Mais j'ai bien entendu ce qu'il dit par folie. Pour mon droit d'exiger le tribut que je lève, je vous en proclame affranchis si un seul d'entre vous ose maintenant me défier, que nous combattions seul à seul, et qu'il en sorte vivant. »

Les barons et les comtes se taisaient dans la salle. Le roi Marc, sur son siège, n'osait soutenir le regard éclatant du Morholt — et on n'entendit un moment, dans ce silence apeuré, que le bruit de la mer qui battait sur la côte, et la respiration du géant qui gonflait sur son sein son bliaut de lin blanc.

Quand il eut constaté que personne ne parlait, Tristan se retourna du côté du Morholt :

« Je serai donc celui-là, lui dit-il tranquillement. Je te défie à l'épée, à l'épieu et la hache, ou encore toute autre arme qu'il te plaira de choisir. Quand veux-tu, où veux-tu que la bataille se déroule ?

— Je te donne trois jours, répondit l'Irlandais. Le quatrième, à l'aurore, nous toucherons l'île Saint-Samson, qu'on peut voir de ces fenêtres. Alors, seules nos prouesses décideront du destin.

— Insensé, murmurèrent les barons de la cour, le blanc-bec assez fou pour lancer tel défi ! Regardez-le, le héros : il vient d'avoir dix-sept ans ! L'Irlandais l'aura vite expédié en Enfer ! »

A présent que le Morholt était sorti de la salle, toutes les langues se déliaient — et dans le tumulte des voix, pas un seul ne prenait la défense de Tristan, car chacun avait honte et lui en voulait d'autant plus.

Au jour dit, dès que l'aube s'annonça sur la mer, le Morholt descendit de sa tente de soie, et montant dans sa barque à la voile de pourpre, se dirigea aussitôt vers l'îlot Saint-Samson. Sur la rive, les cloches des couvents résonnaient, et le peuple pleurait sur le sort de Tristan. Les femmes priaient pour son âme, et les hommes l'escortaient — paysans, charbonniers, teinturiers aux mains jaunes et porchers en haillons — en criant dans leur langue maladroite mais sincère, que c'était pour leurs fils qu'il allait jouer de sa vie, et qu'il était le seul en ce monde qui se fût jamais soucié d'eux.

Cependant, dans l'îlot, le Morholt s'affairait à attacher son esquif à la souche d'un arbre quand Tristan débarqua, et au lieu de l'imiter, repoussa son canot qui partit dans les vagues.

« Que fais-tu ? dit le Morholt. Es-tu fou de te défaire de la sorte de ta barque ?

— C'est que j'ai eu cette idée, quelle drôle d'idée n'est-ce point là ? qu'il n'y en aura qu'un de nous deux pour revenir à la côte. Une seule barque, je pense, lui sera suffisante ? »

Le Morholt rit à ces mots, car il aimait le courage. Puis chacun s'équipa d'un bouclier de métal, d'une épée à deux mains, d'un épieu de bois dur et d'un poignard à lame courte, et ils s'enfoncèrent dans l'îlot en s'excitant au combat.

Nul ne vit du rivage la bataille qu'ils menèrent. On n'entendait que les cris que le vent apportait en tournant sur la mer, et les coups sourds et furieux qui retentissaient dans les arbres. Il sembla par trois fois qu'un hurlement s'élançait sur la surface des flots, et tandis que les barons irlandais se gabaient, les femmes de Tintagel, à genoux sur le sable, se balançaient en cadence, poussaient des cris de douleur et se frappaient dans les paumes pour attirer la fortune sur la tête de Tristan. Enfin, à l'heure de none, un hurlement plus furieux parvint de l'île à la côte, puis on vit dans le loin la toile de pourpre se gonfler, et la barque du Morholt se détacher de la rive.

Tout le peuple massé en gémit de détresse.

« Le Morholt a gagné ! Dieu maudisse le sort ! » criait-on de toutes parts.

Mais la barque grandit, et comme elle glissait au sommet d'une énorme vague blanche, on distingua à sa proue un chevalier vêtu de cuir qui brandissait une épée dans chacun de ses poings — et cet homme qui venait, découpé sur les nues qui filaient sur les flots, les cheveux emmêlés, aux claquements de la toile où l'esquif se penchait, c'était le neveu du roi Marc !

On se jeta aussitôt à la nage dans la mer, et cent barques s'élancèrent pour lui faire une escorte. Au milieu du vacarme qui s'était installé, Tristan toucha enfin terre. Il sauta sur le sable et tandis que les mères se jetaient à ses genoux et lui tendaient leurs longues mains en remerciant le Seigneur, lui, épuisé et chancelant, le regard plein de fièvre, il tentait de gagner les compagnons du Morholt. Une affreuse blessure s'étendait sur sa hanche, qui lui laissait l'os à nu, et d'où le sang découlait sur sa cuisse et sa jambe. Il se pressait le côté, et il cria aux barons dès qu'il fut devant eux :

« Le Morholt d'Irlande s'est vaillamment défendu ! Regardez donc, seigneurs, la blessure qu'il m'a faite ! Mais je ne suis pas si bonne proie ! Un morceau de mon épée s'est brisé dans son crâne. Vous pouvez l'emporter : ce sera là le tribut de mon oncle à l'Irlande ! »

Mais il pâlit tout d'un coup. Les hommes du peuple l'empoignèrent pour l'empêcher de tomber. Il tituba quelques pas, et dans les cris d'allégresse que poussaient les enfants, cependant que les cloches s'envolaient dans le ciel, au milieu de ce peuple qu'il avait libéré, il s'affaissa dans les bras des manants qui le tenaient, et perdit connaissance.

7.

LA NAVIGATION SUR LA MER

A Carhaix de Bretagne, Tristan s'affaiblissait. Il maigrissait de jour en jour, et cloué sur son lit par sa blessure à la hanche, dans les peaux d'ours et de loup dont on l'avait recouvert, il languissait de douleur car aucune des thériaques qu'on avait essayées ne lui apportait de repos.

Qui pourrait le soigner?

C'est Iseut qu'il attend. Son espérance est en elle. Il n'a d'autre pensée que de la voir auprès de lui. Elle est sa seule raison de vivre, et il sait que, seule au monde, elle connaît le secret qui pourrait le guérir.

Chaque jour, aux falaises, il envoie un guetteur pour savoir si s'annonce la nef qui doit l'amener.

L'impatience le tenaille — et l'angoisse, et la mort. Bientôt, il a tant de désir qu'il ordonne qu'on le porte sur le bord de la mer.

On y dresse une couche.

Les vagues lèchent la plage.

Et il attend, allongé, que la reine surgisse de l'immensité de la houle, et lui rende la vie qui s'en va de son corps.

L'écume blanche se divise sur les pieds de son lit. On ne sait plus si Tristan est sur terre ou sur mer. Tout s'embrouille dans sa tête. Il confond les époques. Il lui semble souffrir de la plaie du Morholt. Il voit le sang venimeux suinter de sa blessure. Son visage se gonfle. Tout le monde l'abandonne. Et il geint d'anxiété, aux bords mêmes du délire, suppliant le Seigneur de le prendre en pitié.

On sut vite en effet que la blessure de Tristan avait été faite à l'épieu, et que la pointe de l'arme était enduite de poison. Les médecins, impuissants, se retirèrent de la cour et le laissèrent à la garde d'un miracle de Dieu. Le venin s'insinuait dans les veines de Tristan, et il ne sentit bientôt plus ni ses bras ni ses jambes. Ses paupières et ses lèvres enflaient tant qu'on eût dit des bubons purulents. Fétide était son haleine. Et une puanteur si odieuse s'exhalait de sa plaie que tout le monde le fuyait, à commencer par le roi, et que seul Gorvenal demeurait auprès de lui, pour tenter de l'aider et de soigner sa blessure.

Accablé de douleur, le jeune homme regardait la longue danse des flots qui battait aux galets où il attendait sur sa couche.

« Ah ! Roi Marc, mon oncle, songeait-il en pleurant, vous m'avez donc délaissé, moi qui vous ai défendu et me suis battu à prouesse ? Faut-il donc accepter de mourir de la sorte ? Qu'il était doux, autrefois, de sentir le soleil me frémir sur la peau !... Non ! Je veux tenter le destin et partir sur la mer. Vers quelles terres ? Je ne sais... Mais si Dieu me secourt, ce seront de ces îles dont on dit que les reines savent guérir tous les maux... Si je peux me sauver, seuls les vents et les vagues m'indiqueront mon chemin au hasard de leurs routes. »

Il supplia Gorvenal, et tant et tant demanda, que

l'écuyer, de guerre lasse, consentit à son vœu. Il prit Tristan dans ses bras et le déposa dans une barque qui n'avait voile ni rames, ni le moindre gouvernail pour la guider sur les flots. La mer seule, de la sorte, déciderait l'aventure, et le chant de la harpe que Tristan emportait pour calmer sa douleur.

L'écuyer, en tremblant, comme on lance sur un fleuve un tronc d'arbre creusé où on a couché la dépouille de celui qui est mort, poussa au large l'esquif où reposait le jeune homme — et la barque s'en alla peu à peu sur la mer, au soleil qui se couchait, qui sembla l'engloutir.

Sept journées et sept nuits, l'océan l'entraîna comme les vents le voulaient, ou les courants sous-marins qui la portaient malgré elle. Pour apaiser son angoisse, pour oublier la souffrance qui taraudait tout son corps, Tristan harpait souvent dans le fond de la barque.

Sept fois vit-il ainsi la lune couvrir la mer de reflets argentés.

Sept fois vit-il ainsi le soleil se lever et tomber dans la houle, jusqu'à ce que la mer le portât au-devant d'un rivage. C'était au point de l'aurore, et Tristan regardait dériver les nuages qui passaient sur sa tête en amas rougissant.

Or, à l'annonce de l'aube, des pêcheurs sur leurs barques s'étaient éloignés de la côte pour gagner vers le large et y jeter leurs filets. Ils ramaient dans les vagues quand ils entendirent s'approcher la mélodie d'une harpe qui courait sur les flots. Puis la barque sans voile, dans un éclat de lumière, se détacha du soleil qui montait de la mer, et ils la virent qui voguait à la dérive devant eux. Ils se dirigèrent aussitôt vers la nacelle vagabonde — mais à mesure que la barque paraissait approcher, la mélodie s'espaçait et s'éteignait peu à peu : ce ne furent bientôt plus que des notes éparses qui moururent à leur tour — et quand les pêcheurs abordèrent, ils découvrirent Tristan qui gisait évanoui.

Ils le recueillirent sans attendre, et retournèrent vers le port pour y remettre le blessé entre les mains de leur reine. Hélas! ce port était Weisefort d'où était parti le Morholt en direction de Tintagel, et où les seigneurs irlandais avaient dû le ramener tout cousu au-dedans d'une peau de cerf frais tué.

C'était même sur cette grève qu'on avait dû en découper le cuir pour sortir le cadavre, et c'était au château qui surplombait le rivage que la nièce du Morholt, Iseut la blonde, fille du roi, après que sa mère eut retiré le fragment de métal enfoncé dans le crâne, avait mené la veillée sur le corps de son oncle, les cheveux en désordre, les yeux fixes et durs, les lèvres blanches de douleur, immobile toute la nuit à la lueur des flambeaux, sous le chant triste et sauvage des vieilles femmes du pays qui se griffaient le visage, qui tapaient des mains et des pieds, et pleuraient à grands cris sous les solives noires de suie qui soutenaient le plafond.

8.

ISEUT LA BLONDE

Ce fut donc à la reine qu'on amena le jeune homme sur le pas de la mort ; mais il était si enflé, boursouflé du venin de l'épieu du Morholt que personne ne pouvait le reconnaître à la cour. Comme c'était la reine en personne qui avait préparé le poison, elle reconnut sur-le-champ quel en était le traitement : elle posa un emplâtre sur la plaie de Tristan pour en faire disparaître la puanteur venimeuse, puis elle ouvrit la blessure, et après en avoir écarté les deux lèvres, la récura au couteau et en enleva la chair morte. Alors, elle lava l'os à nu et enduisit toute la hanche d'un mélange de houx et de boules blanches de gui qu'elle avait malaxées en une pâte onctueuse.

Quand Tristan, le lendemain, entrouvrit les paupières, il sentit que la fièvre l'avait quitté dans la nuit, et comme il tournait la figure sur son coussin brodé d'or, il fit face à Iseut qui se penchait au-dessus de lui. Elle le regardait en silence, un sourire sur les lèvres, et les lourds cheveux d'or qui s'écroulaient de sa nuque retombaient en glissant tout autour de Tristan et lui faisaient une prison dont il sentait le poison s'insinuer dans son cœur.

Iseut la blonde, en ce temps, n'avait pas plus de quatorze ans. Elle venait juste d'entrer dans le monde des femmes, et apprenait de sa mère le secret des onguents, le langage des fontaines, et le sens dérobé de la course que faisait le soleil dans le ciel.

Tristan la contemplait, et s'émerveillait en lui-même d'une telle beauté que, jusqu'ici, il n'en avait jamais rencontré.

Elle avait des yeux verts — mais d'un vert mystérieux qui changeait d'heure en heure, de la couleur de la menthe à celle des feuilles de tilleul. Deux seins droits et moulés se devinaient sous l'étoffe de sa robe d'écarlate, et quoiqu'elle parlât à voix basse pour ne pas lasser le blessé, on distinguait comme sa voix tintait claire et limpide — de l'eau vive au printemps sur un lit de gravier.

Elle passa son bras, tout doucement, sous la tête de Tristan, et la soulevant par la nuque, la reposa sur sa gorge pour lui faire boire d'un breuvage au goût amer de colchique, de chèvrefeuille et d'armoise.

« Serait-ce donc en effet, murmura le jeune homme, que j'ai fini par toucher dans les Iles fortunées ?

— Tout le monde sait, dit Iseut, que de ces îles l'Irlande est sans doute la plus belle. »

Le jeune homme tressaillit et tenta de s'échapper.

« C'est en Irlande que je suis ? Ah ! l'océan m'a trahi !... »

Comme Iseut le retenait : « Qui êtes-vous ? demanda-t-il dans l'angoisse de son cœur.

— La fille du roi, dit Iseut. Vous n'avez rien à craindre de moi.

— Vous êtes la nièce du Morholt ?

— Oui, je suis sa nièce, en effet. »

Le regard de la fille se durcit d'un seul coup, et sa voix sonna dure tandis qu'elle ajoutait : « Je me vengerai de Tristan qui en est le meurtrier. Si jamais je le trouve, qu'il n'attende de pitié ! » Elle se radoucit aussitôt, et plongea son regard dans celui du jeune homme : « Mais toi-même qui nous vins à merveille de la mer, comment donc t'appelles-tu, que je sache qui tu es ?

— Je me nomme Tantris, et je viens de Loonois. Je naviguais en haute mer quand des pirates assaillirent par surprise ma nef, et je ne dois mon salut qu'à cette barque sans voile où j'ai pu m'échapper.

— Dieu vous garde, Tantris ! C'est maintenant moi qui vous veille, et vous aurez guérison. »

Iseut posa sa main sur le front de Tristan, essuya la sueur qui se formait sur ses tempes, et lui ferma les paupières pour qu'il dormît à son aise.

Pendant plus d'une semaine, elle s'installa dans sa chambre. Elle y avait fait mettre une couche afin de mieux le veiller, de lui faire boire ses potions et de changer ses emplâtres.

Lui, il la regardait s'affairer tout autour de la civière. Quand elle se penchait sur son lit, des mèches blondes s'échappaient des cheveux de la fille : elles lui frôlaient le visage et glissaient sur ses lèvres — et chaque fois il sentait son cœur sauter dans son sein, et chaque fois il avait la merveilleuse illusion qu'elle l'avait entouré d'une bulle de soleil et qu'il flottait en plein ciel, dans un air parfumé.

Pour la distraire, en échange, dans les longues heures d'intervalle qui séparaient ses soins, il lui jouait sur sa harpe les plus beaux lais qu'il savait. Elle l'écoutait, frémissante. De longues larmes, parfois, lui coulaient sur les joues, et elle demanda à Tristan de lui apprendre son art : il lui enseigna le secret de faire vibrer sous ses doigts des mélodies aériennes, d'effleurer les cordes si doucement qu'on eût dit les sanglots de l'automne qui vient, de chanter à pleine voix en s'accompagnant de la rote.

Quarante jours dura ainsi la longue convalescence.

Quarante jours Tristan ainsi initia la jeune fille à la musique qui coulait de sa harpe divine. Et durant quarante jours, Iseut n'eut d'autre souci que de Tantris. Elle lui rendit sa vigueur, elle lui rendit sa beauté, et son rire de jeune loup qui cascadait au milieu des murs gris de la chambre.

Cependant, comme Tristan retrouvait sa souplesse, il commença d'avoir peur que les barons irlandais qui avaient suivi le Morholt, ne le reconnussent dès l'instant où il allait se montrer. Aussi, un soir venu où la lune brillait au-dessus des forêts et des landes d'ajonc qui entouraient le château, il s'enfuit en cachette, et descendant vers le port, y trouva une nef qui partait à l'aurore.

Comme un mirage qui s'éteint, il vit disparaître l'Irlande qui s'enfonçait peu à peu dans la plainte des vagues. Et tandis que la nef se dirigeait vers l'orient, dans l'immensité de la houle qui entourait le navire, dans l'espace impalpable et mouvant de la mer, sous les nuits étoilées où il demeurait éveillé à la proue qui fendait les marées invisibles, il semblait à Tristan, dans un rêve sans fin où il s'abîmait corps et âme, que flottaient à la lune les cheveux d'or de la fille.

9.

LE MESSAGE DES ARONDES

Tristan le preux, le hardi, a tué le Morholt.

Et blessé à la hanche par l'épieu du géant, il a tenté l'aventure sur la mer en allé. Or, voici que le salut, il l'a trouvé en Irlande — et comme l'Irlande l'avait mis dans le plus grand des dangers, c'est l'Irlande, par ses baumes et la magie de sa reine, qui lui a fait traverser le seuil même du trépas.

Pourtant, quand Tristan fut de retour à la cour du roi Marc, il ne voulut rien raconter, et quand on le pressait de questions, il se contentait de répondre : « Il n'y a rien de plus sûr que le pouvoir de la mer. Et l'amer et la mer sont issus de l'amour. Et l'amer où j'étais s'est dénoué dans la mer. »

Ces paroles, c'est certain, ne reçurent d'agrément. Elles inquiétèrent au contraire les barons et les comtes — et que pouvaient-ils y comprendre, quand ils ne trouvaient de réel que leurs châteaux fortifiés, l'étendue de leurs fiefs et la richesse de leurs terres, et qu'ils passaient tout leur temps à courre les cerfs et les daims, à guerroyer sans arrêt et à festoyer aux chandelles en bâfrant du gibier et en buvant de la bière qui leur coulait sur le menton dans des traînées de mousse blanche ?

Ils en savaient plus que personne en puteries et mensonges dès le moment qu'ils pensaient qu'il y allait de leur sort. Aussi, ils eurent vite fait de songer que, puisque le roi n'avait de fils, ce serait à Tristan d'hériter de la couronne — et ils ne souciaient aucunement de devoir obéir à celui qui avait fait leur travail à leur place.

« Par quel art inconnu, par quel tour de magie ce blanc-bec a vaincu et tué le Morholt, quand personne, jusqu'ici, n'avait pu le combattre ?

— Et après le combat, ne l'avons-nous vu de nos yeux rendre l'âme sur la grève ?

— Il était condamné. Regardez-le aujourd'hui, qui rejoue de la harpe et chevauche en forêt à la tête de sa meute ! N'est-ce point là sortilège inspiré par le diable ?

— Sans doute ! répondait-on. Qui de nous, comme lui, se serait engagé au hasard de la mer ? Qui de nous, comme lui, aurait pu voguer seul sur une barque sans rames ? »

Et chacun d'enchérir :

« Dans quelle île de sorcières a-t-il donc atterri ? Quel maléfice l'a sauvé et l'a tiré de la mort ? »

Quelques-uns ajoutaient :

« Il n'y a qu'un poison qui combat le poison. Tout le monde sait que le mal peut seul vaincre le mal. Si Tristan nous gouverne, ce sera d'un sorcier que nous serons les hommes liges. »

C'est pourquoi, à la fin, les barons réunis vinrent trouver le roi Marc et le pressèrent de se marier pour assurer sa lignée. Aucun d'eux n'eut le cœur d'accuser son neveu, mais ils firent valoir tant et plus qu'en décidant de la sorte, il épargnerait au royaume les troubles et les guerres qui pourraient le déchirer.

« Vous devez le faire dès maintenant, lui dirent-ils tous en chœur. Vous devez vous marier comme vous êtes encore jeune, pour avoir certitude que votre maison continue.

— Si vous n'écoutez nos avis, nous ne pourrons plus vous servir. Nous devrons nous retirer à l'intérieur de nos fiefs, et ce seront nos épées qui décideront de la chance. »

Alors, Tristan s'avança, et parla à son tour :

« Je vois bien qu'on me soupçonne d'être ici pour veiller à mon seul intérêt. J'étais roi de Loonois, et j'y ai renoncé. Serait-ce donc mon envie d'être roi de Cornouailles ? C'est pourquoi, sire mon oncle, je vous le dis bien clairement : je vous presse moi aussi de songer au mariage. Je ne veux pas que demeure une seule ombre sur moi. Si vous ne voulez pas accorder ce qu'on vous demande à cette heure, je m'en irai de cette cour pour chercher l'aventure en des terres étrangères. »

Le roi Marc, à ces mots, fut obligé de s'incliner — et comme il avait fallu quarante jours à Tristan sur la mer dans la quête d'Iseut qu'il croyait ignorer ; comme il lui avait fallu quarante jours pour guérir de sa plaie sous les soins attentifs de la princesse d'Irlande, ainsi le roi demanda un délai de quarante jours pour décider de son choix.

Quand le terme arriva, comme l'aurore se levait, le roi Marc se trouvait solitaire dans sa chambre, et il se demandait, indécis, ce qu'il allait dire aux barons. Par l'embrasure de la fenêtre, il voyait battre la mer qui chantait aux écueils. On était au mois de mai. L'air piquant du matin se chargeait de senteurs, et les bois et les landes frémissaient de la sève qui s'était éveillée, et montait dans les tiges dans une sorte d'ivresse.

Le roi Marc contemplait cette griserie de lumière

quand deux hirondelles, tout d'un coup, pénétrèrent dans la salle en se battant à coups d'ailes. Elles tournoyaient sous les poutres en se disputant furieusement un mince et long cheveu d'or qui brillait dans la chambre aux rayons du soleil. Le roi Marc se leva et fit un geste vers elles. Les hirondelles, effrayées, s'éloignèrent à tire-d'aile, mais elles laissèrent derrière elles le mystérieux cheveu blond. Le roi le ramassa. Il rêva en silence, puis se sourit à lui-même et fit entrer ses barons, en compagnie de son neveu.

« Voici donc, leur dit-il, que le terme est venu. Je me suis décidé dans mon for intérieur. Je suivrai votre avis, et j'épouserai en belles noces celle que je vais désigner, que vous chercherez en mon nom. Ainsi, regardez ce cheveu : je ne veux épouser que celle-là dont il vient. »

Un murmure parcourut aussitôt l'assistance. Les barons regardaient le soyeux cheveu d'or et se demandaient à merveille de quelle terre inconnue il était arrivé. Certes, le roi avait raison : ce devait être une princesse d'une noble maison et d'une haute lignée, que la femme qui avait tels cheveux de soleil. Mais, où aller la quérir, auprès de qui se renseigner, fût-ce un elfe ou un nain, pour apprendre où se trouvait son royaume étranger ?

C'est alors que Tristan s'adressa à son oncle :

« Sire, je vois bien que les barons ratifient votre choix, mais ils se trouvent en même temps dans un grand désarroi. Si vous le voulez bien, toutefois, j'entreprendrai cette quête, bien qu'elle soit périlleuse — et pour moi entre tous. Car je sais où habite la Belle aux cheveux d'or et elle vit en effet au cœur d'un grand royaume. »

Cependant qu'il parlait, une émotion douloureuse envahissait le jeune homme. Car, lui qu'Iseut avait su rappeler de la mort quand il gisait sur sa couche et qu'elle se penchait sur sa face ; lui qui avait respiré la tiède odeur de blé mûr, d'herbes folles et de soleil qui s'échappait des mèches blondes quand la tête de la fille s'inclinait à son chevet, pouvait-il hésiter à reconnaître ce cheveu ?

C'est pourquoi il redit :

« Je tenterai l'aventure, et on ne pourra plus m'accuser de convoiter votre bien. Qui pourrait m'en convaincre si je réussis cette emprise ? Je mourrai loin de vous, de l'autre côté de la mer, ou je reviendrai dans cette salle en compagnie de la Belle. Je vous en fais le serment, et ce sont mes ennemis que j'en prends pour témoins. »

10.

LE DRAGON DE WEISEFORT

Une nef s'élança le lendemain de Tintagel. Tristan la commandait — et tandis que, sous la voile où courait son emblème, il se tenait poings aux hanches, les cheveux dans le vent, Gorvenal l'écuyer et les chevaliers de Cornouailles qu'on avait désignés se penchaient sur les lisses et regardaient glisser l'eau sur les flancs du navire.

Quand la nef dépassa la tête grise des écueils qui longeaient les falaises, le pilote demanda de quel côté, à présent, il devait naviguer. « Pique droit sur l'Irlande, dit Tristan à voix claire. Nous allons à Weisefort, tu connais le chemin. »

A entendre ces mots, les marins, le pilote, et même les chevaliers qui faisaient suite à Tristan ne purent s'empêcher de frémir. Depuis la mort du Morholt, ils savaient tous qu'il n'y avait pas de quartier à attendre : quand les Irlandais s'emparaient d'un sujet du roi Marc, ils lui décollaient la tête si c'était un seigneur et l'empalaient aux épieux qui entouraient leurs châteaux ; cependant que, si ce n'était qu'un manant, ils se contentaient de l'attacher sur de hautes fourches de bois où il mourait peu à peu et se desséchait au soleil. Il n'y eut personne, néanmoins, pour oser protester, tant s'était imposée la croyance aux pouvoirs qu'on prêtait à Tristan.

Et ainsi, jour et nuit, la haute nef navigua sous les vents favorables, et Tristan contemplait la même route marine qu'il avait parcourue dans sa barque sans voile.

Dès la fin de la semaine, le rivage apparut enfin à l'horizon. La nef serra les côtes, et commença de descendre vers le sud et Weisefort. On distinguait à l'œil nu les remparts de la ville quand des clameurs de détresse s'élevèrent sur la grève, et qu'on vit une foule y courir en désordre. Tristan fit jeter l'ancre, et prenant un canot, se dirigea vers la terre. Dès qu'il fut au rivage, il arrêta une femme pour s'enquérir de la cause d'une telle désolation.

« Ah ! Seigneur ! lui dit-elle, on voit bien que vous êtes étranger au pays ! Ou vous feriez comme nous et vous fuiriez en ce moment ! C'est le dragon qui habite au marais des eaux noires. Il s'est réveillé ce matin, et nous savons que bientôt il va quitter sa caverne. »

Des enfants, des vieillards, des paysannes aux yeux gris étaient attroupés autour d'eux. Tous parlaient en même temps, se lamentaient et tremblaient.

« C'est une bête hideuse, criait-on de toutes parts, plus hideuse que jamais on n'en vit certainement ! Elle crache le feu de l'Enfer. D'un seul jet de ses naseaux, elle incendie nos maisons !

— Elle désole le pays ; elle ravage nos maisons, elle piétine nos fermes.

— Lorsqu'elle s'est éveillée, on ne peut la calmer qu'en venant lui livrer une fille impubère.

— Dès qu'elle l'a dans ses griffes, elle la dévore sous nos yeux et hennit de plaisir !

— Le malheur est sur nous ! C'est une chose si horrible, que Gormond notre roi a juré de donner la moitié de ses domaines à qui aurait le courage de tuer le dragon !

— Et ce n'est pas encore tout. A celui qui saurait libérer le royaume, il donnera aussi en gage sa fille Iseut la blonde !

— Plus de vingt chevaliers ont tenté le combat.

— Mais aucun n'est revenu, et il n'y a plus personne à présent pour affronter le démon.

— Ah ! Pitié pour l'Irlande ! Seigneur Dieu dans le ciel, quel sera le héros qui osera nous porter son secours et son aide ? »

Les Irlandais s'éloignèrent en courant sur la plage, et Tristan s'en revint aussitôt à la nef. Il ordonna au pilote d'aller mouiller dans une crique — puis il s'arma soigneusement, et pourvu de l'écu, de la lance et de l'épée, il débarqua de la nef sur son cheval de bataille qui fendait l'eau du poitrail en nageant vers la côte. Quand il fut sur la terre, il remonta une pente parsemée de rochers et s'avança dans la lande où frémissaient les bruyères.

Il passa des collines et des vallons peuplés d'ifs, il passa des rivières, des boqueteaux de noyers, de longues fermes désertes d'où des voiles de fumée montaient encore par les trous qui se creusaient dans les toits, à la recherche du monstre qui terrorisait le pays. Il ressortait d'un enclos de pommiers surchargés de milliers de fleurs blanches, quand il aperçut dévaler un cheval dans le loin, qui fuyait à toute bride son cavalier sur le dos. Tristan le rejoignit, et lancé au galop, flanc à flanc à la bête, il attrapa les tresses rouges qui volaient tout autour de la tête du fuyard.

« Je vois bien que vous avez rencontré le dragon. Si vous voulez la vie sauve, indiquez-moi le chemin. »

Le rouquin s'empressa de répondre au jeune homme, et s'enfuit de plus belle dès qu'il l'eut relâché. Lors, Tristan prit le sentier qu'on lui avait indiqué. Or, comme il approchait d'un marais dont les eaux croupissaient dans des tiges de roseaux, il vit sortir le dragon de la bouche d'une grotte.

Lorsqu'il vit le cavalier, le dragon s'arrêta.

Il soufflait bruyamment, et l'air fétide qui sortait de ses naseaux écartés faisait pencher les roseaux et s'élargir de grands cercles à la surface des eaux noires. Il avait deux cornes au front et ses yeux pleins de sang reluisaient au milieu des écailles de sa tête. Puis il sembla s'animer, il se dressa sur ses pattes et avançant dans le marais qui bouillonnait à mesure, il marcha sur Tristan en dardant sa langue plate — cependant qu'il crachait du venin qui sifflait et fumait sur les eaux, et que les flammes qui ronflaient en jaillissant de sa gueule embrasaient les roseaux dans des torches subites.

Il faut savoir toutefois que le fuyard que Tristan avait rencontré sur sa route, c'était Aguynguerran le roux, sénéchal de l'Irlande. Voici déjà longtemps qu'il convoitait Iseut, et son désir était tel, qu'il avait formé la pensée d'affronter le dragon. Il était pourtant aussi couard qu'il était amoureux, et à peine, tout à l'heure, avait-il deviné la silhouette du monstre, qu'il avait été submergé d'une invincible terreur.

Quand Tristan l'eut lâché, il galopait, encore blême, lorsqu'il entendit dans son dos des bruits confus de bataille. Il arrêta sa monture et tenta de discerner ce qui devait se passer. Des coups sourds résonnaient du côté des marais — puis un hurlement fendit le ciel comme il n'en avait ouï de sa vie, et un étrange silence retomba sur la terre, d'où montèrent timidement quelques notes d'une grive.

Il tourna alors bride et revint sur ses pas, jusqu'à trouver le dragon qui gisait abattu, une épée dans le cœur. A la limite de l'eau, le cheval de Tristan perdait toutes ses entrailles. Son écu lacéré abandonné dans les herbes, sa lance de frêne brisée se confondant aux roseaux qui achevaient de brûler, le jeune homme lui-même, dans la boue noire et saumâtre, demeurait immobile, bras et jambes en croix.

Emerveillé de l'aubaine, Aguynguerran le roux coupa la tête du monstre, et sans plus s'occuper de l'inconnu qui mourait, s'en revint à grand-hâte à la cour de Gormond où il exigea le salaire qui avait été proclamé. Le roi d'Irlande ne crut guère à la parole du rouquin : mais comme le sénéchal exhibait de ses chausses la grosse tête écailleuse et que les femmes se mettaient à genoux devant lui, Gormond sut qu'il devait respecter sa parole, et il convoqua tout son ban pour les noces de sa fille.

11.

LE PARDON D'ISEUT

Iseut la blonde, cependant, ne l'entendait pas de cette oreille. Elle connaissait le sénéchal — et qui aurait pu lui faire croire que c'était vraiment lui qui avait eu le courage d'affronter le dragon ? Il y avait là-dessous un tout autre mystère. Pour en avoir le cœur net, quand tomba le crépuscule, accompagnée de Brangien, sa sœur de lait et suivante, et du fidèle Périnis qui était son valet, elle s'aventura dans la lande à la quête du secret que son cœur devinait. Ils cherchèrent tant et tant à la lueur des flambeaux qu'ils arrivèrent au marais où la lune tombait se refléter lourdement. Là, ils trouvèrent enfin Tristan dont la face s'enfonçait dans la vase molle et puante. Ils le tirèrent par les pieds pour l'allonger sur la terre, et le retournant sur le dos, s'aperçurent que le jeune homme respirait faiblement. Ils entaillèrent son bliaut et découvrirent sa poitrine à la peau toute brûlée et couverte de pustules dont découlait un pus noir.

« Regardez ! s'écria la suivante à sa dame. Voici la langue du dragon, qu'il avait serrée sur son sein !

— En effet, dit Iseut. Le voici, qui me conquit au péril de sa vie ! Je ne serai qu'à celui qui faillit périr pour mon nom. »

Elle le fit allonger sur le foin d'une charrette, et le

ramena au château par les chemins cahotant au travers de la lande. Pour panser ses blessures et ses plaies purulentes, elle prépara un emplâtre dont elle enduisit sa poitrine. Et comme Tristan reposait inconscient sur sa couche, elle le contempla sans rien dire aux lueurs que jetait un feu de tourbe dans la chambre, et un souvenir indistinct la remua malgré elle. Elle se pencha un peu plus, elle scruta sa figure, et soudain murmura :

« Je le reconnais, à présent ! C'est Tantris que déjà j'ai sauvé de la mort. C'est Tantris qui a surgi depuis le corps de la mer, et qui m'a appris à harper et chanter à belle voix. Quel poulain fou est-il donc, d'avoir osé renouveler son ancienne blessure ! » Et elle passa toute la nuit, avec une douceur infinie, à éponger la sueur qui coulait sur la face douloureuse du jeune homme — et quand la fièvre le prenait, qu'il se mettait à trembler et claquait des mâchoires, elle lui touchait le front légèrement en l'effleurant de ses doigts, elle écartait les mèches noires qui se collaient sur ses tempes, et Tristan se calmait sous la tendre caresse.

Quand le matin se leva, Iseut quitta la chambre où Tristan reposait et fit préparer un bain chaud dans une cuve de bois où elle mélangea aromates, fleurs des champs et épices. Elle y fit transporter tout doucement le blessé et ne laissa à personne le soin d'oindre sa peau d'un onguent qui guérit ses blessures sur-le-champ.

« Tu es Tantris, lui dit-elle. Je t'ai vite reconnu

— Je suis bien celui-là que tu guéris cet hiver. Que le ciel te bénisse ! Iseut, c'est la seconde fois aujourd'hui que je renais grâce à toi. »

Comme Iseut se penchait au-dessus de la cuve, ses cheveux s'écroulèrent, et Tristan se trouva dans leur prison d'or vivant. Il ne put s'empêcher de sourire de bonheur — mais Iseut se méprit, et elle crut avoir fait telle chose condamnable. « Pourquoi donc, se dit-elle, Tantris a-t-il souri en me regardant de la sorte ? N'aurais-je pas oublié de lui rendre un service ? Ah ! C'est sans doute que je n'ai pas nettoyé son épée que le sang du dragon a noircie de venin. » Elle se dépêcha aussitôt de revenir à la chambre où elle tira à effort la lame d'acier du fourreau. Comme elle allait l'essuyer, elle remarqua la grande brèche qui s'y taillait au milieu.

« Quel est donc ce dessin ? murmura-t-elle étonnée. Je l'ai déjà vu quelque part ! Oui ! Je me souviens, à présent ! Ne dirait-on que c'est l'épée qui a tué le Morholt ? La brisure est la même que le fragment de métal que j'avais retrouvé enfoncé dans son crâne. »

Elle se précipita à ces mots sur la boîte d'ivoire où elle gardait la relique. Elle sort celle-ci de l'écrin et l'ajuste à l'épée : le morceau se raccorde d'une façon si parfaite qu'on ne peut même plus discerner le contour de la brisure.

Alors, Iseut s'en retourne et se précipite vers Tristan. Elle brandit son épée au-dessus de sa tête ; ses yeux verts s'assombrissent et les cheveux dénoués qui balaient ses épaules, elle incline l'estoc et s'apprête à l'abattre.

« Quel mensonge tu m'as fait ! Tantris ! Tantris, tu es Tristan de Loonois ! Tu es le meurtrier de mon oncle et je vais en tirer ma vengeance aujourd'hui !

— Tu me tueras, si tu veux. Mais écoute un instant ! Tu as droit sur ma vie, je te la dois par deux fois... Oui, c'est de toi que je suis né, c'est de toi que j'ai reçu de revoir la lumière — et ta lumière est venue me chercher dans ma nuit. Mais, ne serait-ce pour rien que tu as voulu me sauver ? C'est après le Morholt que j'ai surgi de la mer. Et c'est vrai que Tantris n'était autre que Tristan — mais le venin de l'Irlande me coulait dans les veines, qui pouvait me guérir, si ce n'était la fille de l'Irlande ? Tu m'as sauvé hier encore en venant me chercher aux abords du marais. Iseut, si ce n'avait été pour toi, pourquoi donc me serais-je mesuré au dragon ?

— Je t'ai vu rire en te moquant ! » s'écria la jeune fille — mais elle avait baissé l'arme, et ses yeux reprenaient la couleur de la menthe. « Tu pouvais te railler, en voyant la nièce du Morholt te soigner dans ton bain comme si elle était ta servante !

— Peux-tu croire réellement que je voulais me moquer ? Tes cheveux m'entouraient, et dans leur grand frisson d'or, je pensais qu'aucune femme n'en avait d'aussi beaux. Ecoute-moi encore, Iseut. Une hirondelle, un matin, a volé jusqu'à moi, pour m'apporter dans son bec un de tes longs cheveux blonds. C'est pourquoi je me suis embarqué de nouveau ; c'est pourquoi j'ai osé revenir en Irlande ; c'est pourquoi j'ai tué le dragon du marais. Je ne me déguisais pas, cette fois-ci : ce n'était pas une harpe, mais l'épée et la lance que j'avais emportées. Je n'étais plus Tantris : non, c'était Tristan qui venait. Si tu veux être certaine de ce que je te dis en ce moment, regarde donc ce cheveu qui est cousu dans l'étoffe brodée d'or du bliaut que tu m'as retiré : sous le souffle du monstre, les fils d'or ont passé, ton cheveu brille toujours. »

Et tant parle Tristan d'une voix si émue, il se sert de paroles si habiles et si douces, cette histoire du cheveu représente un tel gage, qu'Iseut hésite en effet, puis dépose l'épée à côté de la cuve. Elle se saisit du bliaut et y aperçoit son cheveu qui scintille au soleil.

« Se peut-il, murmure-t-elle, que Tristan ne mente pas ? Pour me conquérir de haute lutte, il a tué le dragon que les barons de ce pays n'osaient même affronter. Oui, c'est pour moi qu'il l'a fait... Il a su reconnaître ce cheveu si ténu — et à l'appel de ce signe, il a traversé l'océan pour venir me chercher... Dieu ! que me faut-il en penser ? A quoi dois-je me résoudre ? Puis-je encore me venger de celui que j'ai sauvé ?

— Iseut ! Iseut ! Je te l'ai déjà dit : comme tu as droit sur ma vie, tu as droit sur ma mort. C'est à toi, désormais, que mon souffle appartient. Et si tu penses en tirer grandes louanges et gloire, ne doute pas un instant, reprends-moi cette vie dont tu m'avais fait le cadeau. »

Mais Iseut reposa le bliaut de Tristan. Elle baissa la tête en silence et resta longtemps, de la sorte, à se dire et redire cette histoire des arondes. Puis, elle se rappelait les nuits de veille au chevet du blessé, le grand art du jongleur qui lui avait enseigné à jouer de la harpe, et les longues plaintes d'amour qu'il chantait à mi-voix, quand la mer était grise et le ciel bas de nuages... Comment donc résister, quand on a quatorze ans, à des souvenirs si précieux, et des promesses si ardentes ? Quand Iseut, à la fin, releva le visage, elle souriait à son tour en regardant le jeune homme. Elle rejeta de la main ses cheveux en arrière, et s'approchant de Tristan, elle le fit sortir de son bain, elle le vêtit de brocarts et de riches fourrures, elle parfuma ses cheveux qu'elle brossa soigneusement — puis elle prit doucement sa figure dans ses doigts, et en gage de paix, et en signe d'amour, elle l'embrassa sur la bouche pour l'accueillir auprès d'elle.

12.

LA NAVIGATION MALHEUREUSE

On avait levé l'ancre.

On avait dressé le mât.

On avait tendu les hautes voiles, et le vent frais de ce matin du début de juin bruissait dans les haubans qui remuaient sous la brise. La grande toile se gonflait où dansait le sanglier, et la carène craquait au balancement de la houle qui léchait le rivage en murmurant aux galets.

Alors, la nef s'était élancée hors du port de Weisefort, et on avait vu disparaître les remparts de la ville et les collines couronnées des plaques d'or des ajoncs d'où jaillissaient d'un seul trait des alouettes dans le ciel.

La nef voguait à présent dans l'immensité de la mer.

Les embruns jaillissaient et coulaient sur le pont.

Et Iseut immobile à la proue de la nef, au-dessus des vagues vertes que l'étrave divisait, demeurait sans un geste au soleil chaque jour plus brûlant et plus haut.

Sa poitrine se gonflait.

De longues larmes muettes lui coulaient sur les joues.

Une sourde angoisse l'étreignait, et la honte et la rage se disputaient dans son cœur.

Oui, la rage et la honte se disputaient dans son cœur, car elle savait que Tristan était le meilleur chevalier, qu'il n'y avait pas sur la terre de plus rude chasseur et qu'il chantait et jouait encore mieux que personne.

« Je le sais, se plaignait-elle, qu'il n'est comte sur terre qui soit capable de le vaincre ! Je le sais, qu'il comprend le langage des oiseaux, et le chant des hochequeues dans les lais de lumière ! Comment puis-je l'ignorer, moi qui l'ai épargné, moi sans qui, aujourd'hui, il pourrirait dans la terre en attendant le Jugement ? »

Et ce qui était encore pire, c'est qu'elle savait aussi bien que si Tristan l'eût voulu, il eût été roi de Loonois. Elle savait aussi bien qu'il était sorti de la mer, et que l'amer et la mer avaient été sa vraie mère. Elle savait aussi bien qu'elle lui avait donné le baiser pour le pardonner du Morholt. Et voici que Tristan l'emmenait avec lui — mais non point comme sa femme : il l'emmenait au roi Marc comme on dérobe une esclave.

Ah ! Quelle épreuve était-ce là !

A la cour de Weisefort, quand il était comparu devant le ban de Gormond, c'était Iseut, en riant, qui l'avait préparé : il allait dénoncer l'imposture du rouquin — et elle, en disposant les plis de son bliaut, en lui ceignant son épée, en disposant un collier de béryl sur son sein, ne pouvait s'empêcher de danser de plaisir.

Que Tristan était jeune !

Que Tristan était beau !

Et elle chantait dans sa langue, sachant bien que Tristan ne pouvait la comprendre :

Tristan, fleur de la lune, qu'allez-vous décider ?
Vous m'avez conquise à haute lutte,
C'est à vous que je suis ! Nous écouterons tous les [deux

Votre harpe enchantée,
Tristan droit comme un hêtre,
Les étoiles dansaient quand vous êtes venu,
Sanglier magicien des halliers des collines !

D'abord, tout s'était déroulé comme Iseut le croyait. Le sénéchal était venu, il avait tiré de ses chausses la tête coupée du dragon et exigé de Gormond la moitié de son royaume et la main de sa fille.

Iseut s'était avancée.

Tout le monde attendait qu'elle posât sa main droite en guise d'assentiment dans la main du rouquin, quand elle s'était redressée, un éclair de triomphe dans ses yeux de menthe verte, et elle s'était écriée : « J'en prends la cour à témoin, cet homme-là est un fourbe, et je ne sais ce qui l'emporte en vérité dans son cœur, de la ruse tortueuse ou de la lâcheté la plus vile ! » Une rumeur de colère parcourut l'assistance, mais Iseut fit un geste, et Tristan pénétra dans le fond de la salle, Gorvenal auprès de lui que suivaient d'une seule masse les chevaliers de Cornouailles. Iseut partit d'un grand rire, et cria au rouquin : « Eh bien, donc, monseigneur, où est la langue du dragon que vous avez affronté ? »

Aguyngerran se taisait, et de grosses gouttes de sueur se formaient sur ses tempes à la vue de Tristan qui s'avançait vers le roi. Iseut lui arracha la tête du monstre des mains, et la brandissant devant elle, en ouvrit grande la gueule pour que personne n'ignorât que la langue manquait. Alors Tristan la sortit d'en dessous son bliaut, et chacun sut que c'était lui le vainqueur du dragon.

La princesse exultait.

Se tournant vers son père, elle lui dit fermement :

« Sire, voilà qui m'a conquise au péril de sa vie. C'est

Tristan de Loonois. Il a tué le Morholt, mais je lui ai pardonné. Père, donnez-lui votre paix, car il n'y a sur la terre de meilleur chevalier.

— Qu'il en aille, dit Gormond, comme tu en exprimes le vœu. Je lui mande merci de nous avoir délivrés. »

Mais Tristan s'agenouilla devant le trône du roi, posa la langue à ses pieds, et lui dit à voix claire :

« J'ai gagné votre fille, nul ne peut le contester. Mais afin de réconcilier la Cornouailles et l'Irlande, et comme j'en ai fait le serment devant la cour de mon oncle, apprenez que ce sera mon seigneur le roi Marc qui la prendra pour épouse. Elle aura grande royauté, riches terres et gros bourgs, et sa renommée s'étendra jusqu'aux confins de l'univers. Vous voyez ces barons qui se tiennent derrière moi : ils sont prêts à jurer que le roi Marc vous veut paix, et que cette alliance en sera le gage visible et certain. »

Les Irlandais acclamèrent le discours de Tristan, mais Iseut, foudroyée, pâlissait à mesure — et quand il finit de parler, elle tournoya sur elle-même et s'abattit sur la pierre.

Le conte du cheveu d'or, ce n'était donc qu'un mensonge !

Le meurtrier du Morholt, il l'avait conquise en bataille, mais il dédaignait sa beauté, et la livrait à un autre ! Elle aurait pu le tuer, il avait été par trois fois à la merci de son cœur, et par trois fois au contraire, elle l'avait pris par la main et rendu au soleil !

Il semblait à Iseut que même les vagues que tranchait la haute proue du navire, elles lui chuchotaient sans arrêt : « Ce n'étaient que mensonges !... des mensonges... des mensonges... » Et Iseut gémissait : « Que maudite soit la mer où je me suis engagée ! Mieux aimerais-je mourir que de vivre là-bas où je vais malgré moi ! » Et les vagues grondaient : « Ce n'étaient que mensonges ! » Et Iseut se plaignait, elle pleurait à chaudes larmes, elle tordait ses bras vers la mer, vers cette mer si perfide qui l'avait révélée à Tristan en péril, et elle entendait le grand corps de la houle se railler : « Des mensonges, fille de roi ! Ce n'étaient que mots au vent, des légendes envolées, tu y as cru, fille de roi ! »

Alors Iseut défaillait, et ni Brangien, sa servante, ni le blond Périnis qui venaient avec elle, n'osaient dire un seul mot. Seul Tristan, quelquefois, essayait de s'approcher, mais dès qu'il voulait lui parler pour tenter de l'apaiser, elle l'affrontait, pleine de haine, submergée par ce fiel qui débordait à ses lèvres.

« Le voilà donc, le héros ! sifflait-elle en raillant. Le brachet de son maître, qui lui rapporte en courant le gibier qu'il a pris !

— J'ai rempli mon service, qui pourrait m'en vouloir ?

— Laissez-moi ! disait-elle. Je vous hais, vous le savez ! Vous serait-ce un plaisir de me faire souffrir à vous voir ?

— Reine, pour quel méfait me haïr ? »

Alors Iseut éclatait, sa figure frémissait de colère et de honte, et elle criait dans le vent à Tristan ahuri :

« Si vous n'aviez abordé sur les côtes de l'Irlande, ne serais-je en ce moment libre de peine et de pleurs ? Quelle mauvaise destinée vous a donc envoyé ! Qu'ai-je donc fait dans ma vie qui m'attire tel mépris ? Vous m'avez dédaignée. Vous m'avez refusée. Vous me donnez à un autre ! Que maudit soit le jour où je vous ai rencontré ! »

Et Tristan s'éloignait, ne sachant que répondre, le

cœur lourd et amer, tous ses membres soudain las, dans le battement régulier des grandes rames de bois qui s'enfonçaient dans les vagues, et en ressortaient ruisselantes de l'eau claire qui brillait au soleil dans le ciel.

13.

LE BOIRE AMOUREUX

On continuait de naviguer du côté de l'orient quand les vents, à la veille de la fête de saint Jean, se lassèrent tout d'un coup et disparurent de la mer. Le navire, peu à peu, ralentit sa longue course, et le soleil resplendit dans le ciel sans nuages.

Hors Iseut si dolente, tout le monde à la nef fourmillait de désir. On se trouvait en effet à la balance des saisons, à ce jour mystérieux où Tintagel, tous les ans, s'évanouissait de lumière, ce jour propice à tous ceux qui recherchent le seuil des amours fabuleuses. Car du jour de Saint-Jean, qui pourrait ignorer que les chevaliers à la quête sont chevaliers sur les flots, et qu'ils voient dans la houle se déployer peu à peu les anémones de mer ? Qui pourrait ignorer que l'on dresse des bûchers, et qu'on danse tout autour à en perdre l'haleine, dans une ronde d'étoiles où pleurent les nébuleuses ?

Or donc, à la veille même de la fête de saint Jean, quand la sève s'épanouit dans les branches des arbres, quand crépitent les flammes, quand resaute le feu, tous les vents suspendirent leur course vagabonde. Un grand calme se fit sur la surface de la mer, et on n'entendit d'autre bruit que les vagues lécher la carène de bois.

Les nuages avaient fui ; le soleil montait au zénith dans l'immensité de ciel bleu où tournaient des mouettes.

Les voiles pendaient, dégonflées, et s'enroulaient sur les mâts.

L'air était immobile.

Une lourde chaleur accablait les marins, les chevaliers de Cornouailles et les suivantes d'Iseut. De la sueur ruisselait sur leur face et leurs mains. Qui ne se sentait envahi d'un feu brûlant et secret, qui augmentait à mesure que le soleil approchait de son point de splendeur ?

Une île était en vue.

On y voyait hommes et femmes s'affairer à bâtir les énormes brasiers qu'on devrait allumer à la tombée de la nuit. Tristan fit donner l'ordre de mettre les canots à la mer, et les chevaliers, les marins, et les dames irlandaises qui avaient embarqué dans le port de Weisefort descendirent au rivage pour y chercher de la fraîcheur.

Seules restaient sur la nef Iseut la blonde et Brangien — et en compagnie de Périnis, seul Tristan demeurait de tous les hommes du navire.

Appuyé sur la lisse, incertain et pensif, il contemplait en silence les mille jeux miroitants de la houle au soleil.

Comme midi approchait, il se secoua cependant, et par le pont déserté, il se dirigea vers la tente où Iseut attendait.

Comme midi approchait et que le soleil devenait de plus en plus lourd sur la mer, qu'il cuisait les flancs de la nef goudronnée de bitume et pesait sur l'étoffe brodée d'or de la tente, ils se sentirent tous deux las cependant que la soif brûlait le fond de leur gorge.

Puis midi arriva.

Sous la chaleur suffocante, ils ne purent plus y tenir et réclamèrent de concert qu'on leur donnât à boire. Périnis le fidèle rechercha un breuvage et fouilla dans les coffres de la tente d'Iseut.

Il y trouva un coutret qu'il en sortit sur-le-champ. Il était juste midi — oui, il était juste midi quand on déboucha le coutret.

Il était juste midi quand Périnis en remplit une coupe sertie d'or et la tendit à Iseut qui y but à longs traits ; quand Iseut la tendit à son tour à Tristan, et que Tristan la vida : il était juste midi, le midi de la soif, le midi de la gloire du soleil sur la mer.

Or, écoutez cette histoire qui était celle de ce boire. Car ce n'était certes pas du vin coupé de cannelle et de poivre d'Orient comme il en va de coutume. Non, ce que recelait ce coutret, c'était un vin de magie que la reine d'Irlande avait concocté en secret avec des herbes et des fleurs qu'elle avait cueillies seule par les bois et les champs dans la fraîcheur de l'aurore, qu'elle avait exposées tout le jour au soleil, et qu'elle avait fait macérer à la lueur de la lune. Au moment du départ, elle l'avait remis à Brangien en la pressant d'y veiller — car qui boirait de ce vin y perdrait tout son sens, et durant trois années il irait par le monde dans la folie de l'amour, agité, repoussé, torturé par les ronces d'une passion sans limites.

Ce vin d'herbes et de fleurs, elle le destinait au roi Marc — puisqu'elle savait que sa fille y avait répugnance. Et voici que, par méprise, c'est à Tristan et Iseut qu'on l'avait présenté ! Quelle mégarde, l'erreur qu'avait faite Périnis ! Quelle folie s'empara de Brangien quand elle sut ! Elle se saisit du coutret et sans même réfléchir, elle courut à la lisse et le jeta dans les vagues pour que jamais personne d'autre ne pût en boire à l'avenir.

Le soleil, cependant, descendit peu à peu.

La mer était toujours calme, immobile et muette, et une douce lumière se répandait à mesure, qui couvrait le navire et jouait sur les flots où balançait la carène.

Ses cheveux dénoués qui s'écroulaient dans son dos, Iseut la blonde se tenait sur le seuil de sa tente. Que sait-on à son âge de ces sentiments indistincts, de ces douleurs sans raison qui vous brouillent le cœur, de ces larmes qui montent et vous embuent les prunelles ? Un mal perçant la tenait, dont elle gémissait à la fois de frayeur et de joie. Des brûlures inconnues se répandaient dans ses membres, son visage s'empourprait, elle pâlissait aussitôt et chancelait sur son siège d'une fièvre sans cause. Comme elle se sentait misérable, que d'étranges tourments la torturaient malgré elle ! Une angoisse sans nom étreignait sa poitrine, ses mains tremblaient sur ses genoux, et elle sentait la sueur qui coulait dans son dos et plaquait le tissu de sa robe sur sa peau.

« Quel est ce mal dont je souffre ? songeait-elle tristement. Quelle est donc cette douleur qui ne vient de nulle part ? Je me sens toute glacée, et pourtant un grand feu me consume en dedans. Je n'ai rien de blessé, et pourtant me voici toute rongée de tourments. Ah ! Quel pourrait être le mire qui saurait me guérir ? »

Mais tandis que le soleil touchait presque à la mer, de l'autre côté de la nef où il s'était réfugié, Tristan sentait, lui aussi, des épines s'enfoncer dans le vif de sa chair, qui lui déchiraient l'âme et le cœur et le laissaient, tout haletant, dans son amère solitude. Mais c'était encore pis. Car ces ronces vivaces, il lui semblait dans un rêve qu'il faisait éveillé qu'elles s'élançaient de son corps et l'enlaçaient à Iseut, le pressaient sur son sein, le penchaient sur ses lèvres, et qu'elles emportaient avec elles, dans leur croissance végétale, ce désir moite et sauvage qui montait malgré lui et le jetait vers la fille.

Et chacun, silencieux, jusqu'au déclin du soleil, dans les ombres légères qui s'allongeaient sur le pont, ils se cherchèrent à tâtons sans oser s'approcher, comme des aveugles qui marchent dans le mystère de la nuit. Ils étaient malheureux quand ils languissaient, séparés, et s'apercevaient malgré tout d'un bout à l'autre de la nef. Plus malheureux encore quand ils ébauchaient un seul pas, qu'ils esquissaient un seul geste, et s'arrêtaient au milieu en se regardant sans un mot.

Peu à peu, de la sorte, au crépuscule qui tombait et enrobait le navire d'une étrange lueur mauve, ils se rejoignirent sur la lisse — et debout côte à côte au-dessus des guirlandes qui éclosaient sur la mer, ils comprimaient leurs élans, ils balbutiaient des paroles qui mouraient aussitôt cependant que leurs bras se frôlaient par mégarde, que leurs mains se touchaient, se fuyaient sur le bois, et que chacun sentait l'autre frissonner comme de fièvre devant l'horreur et l'ivresse de ce premier aveu qu'ils voulaient retenir sur leurs lèvres.

La nuit tomba enfin.

Des feux de joie s'allumaient sur les rives de l'île. Les marins y dansaient, dans des rondes sinueuses qui passaient et repassaient devant les brasiers incendiés, et tournaient et retournaient à la lueur des étoiles. Hommes et femmes chantaient tout autour des bûchers, les chevaliers de Cornouailles bondissaient par-dessus, et on entendait du navire les paroles affaiblies des chansons mélangées au bruit doux de la houle.

Comme les chants reprenaient sans arrêt dans la nuit, comme les heures, une à une, s'égrenaient lentement, au-dessus de la mer dont il ne pouvait plus distinguer que les crêtes des vagues irisées par la lune, Tristan voyait près de lui le visage scintillant et les longs cheveux d'or, et les larges yeux verts assombris d'inquiétude de la jeune fille silencieuse qui demeurait à son flanc, au ressac assourdi des grandes vagues obscures.

Elle vacillait dans la nuit comme une plante légère. Alors Tristan l'effleura timidement de la main, puis son bras retomba, et Iseut frissonna.

« Iseut, murmura-t-il, vous venez de frémir. Il fait tiède, pourtant. Y a-t-il quelque chose qui vous tourmente en ce monde ?

— Ah ! Y aurait-il quelque chose qui ne me tourmenterait pas ?

— Dites-moi, je vous prie, qu'est-ce donc qui vous tourmente ?

— Tout ce que je vois me tourmente. Tout ce que je sens me tourmente. Jusqu'au ciel me tourmente, et la mer me tourmente, et mon corps me fait mal, et mon souffle et mon cœur, et ma vie me font mal ! »

La jeune fille inclina sa figure de côté. Elle posa sa main, timidement, sur le bras de Tristan. Ses yeux clairs s'embuèrent. Sa poitrine se gonfla. Elle pencha la tête, lourdement, sur l'épaule du jeune homme, et ses lèvres tremblèrent à la clarté de la lune.

Tristan dit à voix basse :

« Amie, amie, qu'est-ce donc qui vous tourmente ? »

Et Iseut répondit :

« L'amour de vous, Tristan. »

Les feux de joie s'éteignaient sur les rives de l'île. Les chevaliers s'en allaient dans les fourrés à l'entour, petites formes dansantes qui se dérobaient une à une.

Il était minuit sur la mer.

Le silence enveloppait le navire immobile — et comme on n'entendait plus rien d'autre que la chanson lente des vagues, et les bruits mystérieux qu'elles faisaient en bruissant, Tristan prit dans ses bras la jeune fille qui chancelait, et posa ses lèvres brûlantes sur les lèvres d'Iseut.

Leurs deux corps frissonnèrent de désir et de vie.

Et au roulis de la nef qui balançait en craquant, au minuit de la mer qui les isolait de l'univers, ils s'abandonnèrent à eux-mêmes et entrèrent enlacés sous la tente d'Iseut.

14.

LE MARIAGE DU ROI MARC

Sur la nef qui bondit vers les terres du roi Marc, ni Tristan ni Iseut ne peuvent plus se disjoindre. Si le ciel l'eût voulu, ils n'auraient jamais regagné les côtes de Cornouailles, et chacun eût vogué jusqu'à la fin de sa vie, par les mers étrangères, en compagnie de son amour.

Hélas! Il n'existe pas de voyage qui ne trouve sa fin, et un matin de juillet, comme les amants s'éveillaient, un matelot cria « Terre! » depuis le haut des cordages.

C'était la terre, en effet, et le port de Tintagel sous la butte du château!

Comme le navire accostait, le roi Marc descendit le sentier maritime, et plus pâle qu'un mort, sur la plage de galets où battait l'écume blanche, Tristan dut lui remettre la jeune femme devant tous les barons du royaume.

Qui pourrait cependant s'opposer à l'amour?

Car l'amour est plus fort que la vie et la mort, il se rit des dangers, il se joue des angoisses, et il mène à folie ceux qui l'ont découvert.

Le roi a fait proclamer qu'il va bientôt épouser Iseut

aux cheveux d'or. Il fait pousser les apprêts, les cuisines se garnissent, il choisit un anneau qu'il donnera à sa femme — mais comment saurait-il que la reine appartient à Tristan son neveu, et que tout le temps qu'on attend la cérémonie du mariage, ils se cherchent sans cesse et se trouvent toujours ?

Que leur amour les consume et leur brûle les membres ?

Qu'ils ne peuvent vivre un seul jour qu'ils ne se soient entrevus ; qu'ils ne passent une nuit sans avoir pris leur plaisir ?

Mais le jour est venu où l'on célèbre les noces. On a chanté la grand-messe. Tout le peuple fait liesse, qui a déjà fait de l'étrangère la souveraine de son cœur. On festoie au château, on y mange à pleine gueule, on y boit à plus soif, on y chante, on y crie, on s'y saoûle à ras-bord, et combien de barons qui finissent par rouler ivres morts sous les tables — où ils s'endorment en ronflant au milieu des chiens de chasse qui y rôdent, reniflant à la quête des restes !

Même le roi en personne dodelinait de la tête, la cervelle embrumée des vapeurs de l'alcool, quand vint l'heure de se coucher et de se retirer dans les chambres. Iseut sortit la première, et tandis qu'elle allait dans le couloir sans lumière, elle se plaignait à Brangien qui marchait avec elle :

« Je ne peux plus, disait-elle, me dérober à mon sort. Quand le roi constatera que je ne suis plus une vierge, il me fera brûler vive, et mes cendres voleront dans les vents capricieux.

— Non, Iseut, dit Brangien. Tout ceci est de ma faute. C'est moi qui, par mégarde, n'ai pas veillé sur ce vin : c'est à moi qu'il revient de racheter votre perte. Quand le roi va venir, nous éteindrons les chandelles, et à la faveur de la nuit, je prendrai votre place. Il est déjà assez ivre pour tomber dans le piège. Quand il se sera soulagé, il s'endormira certainement. Alors, je sortirai de sa couche, et vous pourrez vous étendre sans avoir de frayeur. »

Ainsi firent-elles toutes les deux, et dans l'obscurité de la chambre, le roi Marc prit Brangien — puis vaincu par l'alcool, il roula de côté et s'endormit comme une brute. Vite, Brangien s'en courut, et Iseut se glissa à côté de son mari. Et quand le matin fut revenu, on promena dans le château les longs draps tachés de sang pour que chacun pût savoir que le roi avait fait son office cette nuit-là.

Iseut est reine à présent, et le peuple la loue car on sait que son cœur est aussi tendre aux plus pauvres qu'elle est noble de corps, et qu'elle apporte la lumière en tous lieux où elle passe. Ne dirait-on, en effet, que de sa chevelure merveilleuse, c'est une sève nouvelle, c'est une douce chaleur qui se répand à l'entour, et qui baigne Tintagel des bienfaits de l'été ?

Oui, Iseut la blonde est reine.

Bien qu'elle doive supporter la compagnie du roi Marc, elle vit en joie cependant, car Tristan à loisir demeure toujours auprès d'elle : même la couche du jeune homme est dressée chaque nuit dans la chambre royale et Iseut, tous les soirs, peut se confier au sommeil en contemplant en souriant son visage en cachette.

Elle ne rêve que de lui.

Elle ne vit que par lui.

Toute sa joie est en lui.

Ce désir qui agite les deux jeunes amants, il déborde de leurs corps comme le vin de la cuve. Tristan a dix-huit ans. Iseut à peine en a quinze : ils ne peuvent se plier à aucune mesure, toute règle ne serait pour eux qu'un aiguillon, et comment résister à l'appel de ses sens ? Aussi, quel qu'en soit le danger, ils ne peuvent s'empêcher de trembler en se voyant. A toute heure, en tout lieu, on voit leurs lèvres frémir et leurs mains se frôler.

Ils se retrouvent la nuit, quand le roi est absent, dans le lit de la reine. Si ses femmes sont là, ils s'échappent du château et se retrouvent dans les champs, au détour d'un sentier, à l'abri d'une haie. Quel plaisir y trouvent-ils ! Tout alors les transporte — et l'odeur de la terre qui s'exhale sous leurs corps, et le chant de la mer qu'ils entendent au loin, et la lueur des étoiles qui veillent sur leur amour comme autant de témoins silencieux et complices.

Dans les midis du mois d'août, ils se retrouvent au contraire dans la tiédeur des fourrés. Ils descendent de cheval, ils s'approchent l'un de l'autre par les pans lumineux qui se croisent sous les arbres, et ils chancellent à mesure dans l'éblouissement renouvelé de la première fois qu'ils se sont rencontrés sur la nef.

Tristan monte vers Iseut.

Il enfouit sa figure dans ses cheveux odorants. Ils s'embrassent, se caressent, et se couchent aux fougères d'où jaillissent les oiseaux.

Leurs deux corps se mélangent.

Le sol tremble sous eux.

Et personne ne soupçonne leur manège amoureux. N'est-ce Tristan, en effet, qui a conquis la jeune femme et qui l'a amenée ? Qui penserait un instant qu'il puisse y avoir quelque chose qui se cache entre eux deux ? Le secret de ce vin qu'ils ont bu sur la mer, seule Brangien le connaît, et aussi Périnis, et Gorvenal l'écuyer. Mais

Gorvenal est dévoué, Périnis est fidèle, qui pourrait les trahir ?

Oui, qui pourrait les trahir si ce n'est la servante — mais la reine et Brangien ont grandi de concert, elles ont partagé les mêmes jeux, elles ont bu le même lait, elles sont plus que des sœurs, elles participent du même règne, du même cœur, d'une même âme !

15.

BRANGIEN MISE EN PERIL

Voici pourtant que le doute prend Iseut peu à peu. Si elle avait tort, après tout, de faire confiance à Brangien ?

« Que penser ? songeait-elle dans ses heures solitaires Elle m'a bien remplacée dans la couche du roi Marc. Qui m'assure qu'elle n'y a pas trouvé quelque plaisir, et que ce plaisir, à présent, elle ne le regrette pas amèrement ? Non, je n'ai pas le droit de le penser... Mais, si elle se lassait d'aventure de dresser chaque matin cette couche où elle a pénétré la première ? Qu'adviendrait-il de nous deux ? Qu'en serait-il de Tristan ? Devrait-il ainsi mourir par la faute d'une servante ? Et si elle allait raconter ce qui s'est passé sur la nef ? Et le soir du mariage ? Elle connaît toute ma vie. Elle peut nous perdre à son aise ! Et je monterais au bûcher pour une telle imprudence ? J'en suis sûre, maintenant, il faut que Brangien disparaisse. Je n'aurai plus aucune peur, je pourrai mener à ma guise mon amour de Tristan ! »

Aussi, un jour, comme Tristan et le roi étaient partis à la chasse, Iseut appela auprès d'elle un forestier de Tintagel.

« Je vais te confier, lui dit-elle, ma servante principale, que tu mèneras avec toi dans le bois le plus proche. Quand tu seras aux fourrés, tu devras la tuer à la pointe de l'épieu. Vise bien le cœur, ami ! Et n'oublie surtout pas de lui détacher la langue que tu viendras me montrer. Pour le prix du service, je te promets ta franchise et soixante besants d'or. »

Le forestier s'inclina et Iseut fit venir son amie sans attendre.

« J'ai grand mal à la tête, se plaignit-elle, toute dolente, et la lumière blesse mes yeux. Ce forestier qui est là va te conduire dans les bois. Il t'indiquera les endroits où cueillir les racines dont je me ferai un remède. »

Brangien partit aussitôt sans nourrir de défiance. Elle suivit le forestier et s'enfonça avec lui par les laies qui se traçaient au milieu des sous-bois. Quand ils furent parvenus au profond de la forêt, voilà pourtant que l'homme se retourna subitement et brandit son épieu au-dessus de sa tête.

« Que fais-tu ? lui dit-elle. Je suis la sœur de la reine !

— Mais... c'est la reine, lui dit-il, qui m'a chargé de cet ordre.

— La reine ? cria Brangien. Pourquoi m'en voudrait-elle ?

— Pour cela, je ne sais. Mais si elle l'a décidé, c'est que tu as dû accomplir grand forfait envers elle ?

— Un forfait ? dit Brangien. De quel forfait suis-je coupable ? »

Elle réfléchit un instant, puis fixa le forestier :

« Ecoute-moi, et ensuite, tu me tueras si tu veux. Quand nous avons embarqué pour gagner Tintagel, Iseut et moi, toutes les deux, nous emportions avec nous une chemise blanche comme la neige. Il advint qu'en la mer, Iseut la blonde déchira sa chemise une nuit — et pour la nuit de ses noces, elle ne put faire autrement que de m'emprunter la mienne. Oui, voilà bien le seul tort que je lui aie jamais fait. Et ce serait de ce don qu'elle voudrait se venger ?... Elle est ma reine, pourtant. C'est à elle de savoir. Puisqu'elle veut que je meure, dis-lui bien que je l'aime, au nom de Dieu et au mien. Que le Seigneur veille sur elle, qu'il protège son honneur, et son corps et sa vie, et lui tienne à pardon cette mort qu'elle ordonne ! A Jésus, pour cette heure, je recommande mon âme. Quant à mes membres, regarde : je n'essaie pas de résister, tu peux frapper quand tu veux. »

Et Brangien s'agenouilla sur le lit de feuilles rousses qui s'étendait sur le sol, la poitrine découverte, la figure renversée, prête au coup de l'épieu qui allait la frapper.

Iseut la blonde, cependant, attendait au château.

Elle attendait, grelottante, dans les salles froides et vides, et elle demeurait solitaire dans la chambre des femmes, au milieu des longues couches recouvertes de loutre.

Un rayon de soleil pénétrait dans la pièce, un rayon un peu pâle de l'automne arrivé, qui baignait la jeune femme et se perdait aux recoins qu'emplissait la pénombre.

La reine s'assit à la fin sur un coffre de bois, les deux mains et le giron dans le pan lumineux, la figure irisée des reflets impalpables où dansait la poussière — et elle attendait, pleine d'angoisse, le cœur lourd et amer, que le forestier fût de retour et réclamât son paiement.

Aussi, dès qu'il parut sur le seuil et qu'il lui eut déclaré : « Reine Iseut, me voici. J'ai accompli mon travail. Je viens chercher le salaire que nous avons entendu », elle éclata de fureur et partit d'un rire fou qui remplit toute la pièce.

« Allons donc ! cria-t-elle. Tu me fais de beaux contes ! Qui me prouve en ce moment que tu me dis vérité ?

— Vous m'aviez demandé de lui prendre sa langue. N'était-ce point notre gage ? » Et tirant de ses chausses une chair repoussante, le forestier la tendit du côté de la reine :

« Cette langue, la voici. Me croyez-vous, à présent ? »

La jeune femme recula, et elle murmurait, horrifiée :

« Oui... oui, je suis bien forcée de te croire. Brangien ! Brangien, que viens-je donc d'ordonner ? N'a-t-elle pas résisté ? Ne s'est-elle plainte de rien ?

— Non, reine, mais au moment de mourir, elle m'a parlé seulement d'une chemise blanche comme neige. Elle a dit que vous deviez certainement la haïr parce que, sur la mer, vous avez déchiré cette chemise merveilleuse, et que le soir de vos noces, elle vous a fait don de la sienne. C'était là, disait-elle, le seul crime qu'elle voyait, que l'on pût lui reprocher. Elle vous a pourtant rendu grâce pour tant et tant de bienfaits que vous lui avez prodigués, et elle a prié Dieu qu'il protège votre honneur puisqu'elle ne serait plus là, désormais, pour le faire en personne. Par ma bouche, elle vous mande et salut et amour. Reine, voici sa langue. Me donnez-vous ma franchise ?

— Ta franchise ? dit Iseut, tu es fou à lier ! Ah ! Tu vas le voir, en effet, quel sera ton paiement ! Je te ferai attacher par les pieds et les mains, on mettra quatre chevaux à tirer sur les liens, que tes os craquent et se rompent, et je ferai brûler ton cadavre sur la place du village ! »

Frémissante de rage, elle tournait dans la pièce en se tordant les mains de douleur, et ses yeux égarés noircissaient de colère.

« Assassin ! criait-elle. Rends-moi Brangien, ma servante ! Je n'avais pas d'autre amie. Elle était ma compagne. Douce sœur, si fidèle ! Nous avions grandi toutes les deux. Quand nous étions des enfants, nous jouions à la balle, nous jetions des copeaux dans le cours des ruisseaux, et nous courions côte à côte sur les rives de terre pour les suivre à la trace dans leur cours vagabond ! Ah ! Seigneur, ô mon Dieu ! Qui pourra me la rendre ? »

Le forestier s'inclina, et il dit à Iseut :

« Si vous le voulez réellement, je puis l'amener sur-le-champ.

— Toi ? Que dis-tu ? Ne me fais pas espérer !

— Brangien vit, lui dit l'homme. C'est la langue d'un chien que j'ai dû vous montrer. Reine, quand j'ai entendu ses paroles dans le sein de la forêt, je n'ai pas pu me résoudre à la tuer pour si peu. Je vous l'ai ramenée, et elle est saine et sauve. »

Il alla chercher la servante qui attendait dans la cour — et quand Iseut l'aperçut, elle se précipita dans ses bras, elle s'agenouilla devant elle et la supplia de vouloir lui pardonner tous ses torts. Mais Brangien s'agenouilla elle aussi sur la pierre, elle baisa la jeune femme plus de cent fois sur le visage — et toutes deux enlacées se pâmaient en riant, en pleurant tour à tour, et se juraient, désormais, de se garder l'une à l'autre un amour éternel.

16.

LA HARPE ET LA ROTE

L'automne tire à sa fin. On dirait que la lande est couverte de cuivre, et les bois à l'entour prennent des teintes de pourpre. Les oies sauvages sont parties, les bernaches pleurent dans les champs, cependant que la mer recommence à rugir.

Or, comme l'hiver arrivait, sur les flots aux teintes grises qui battaient en dessous des nuages livides, une nef aborda aux environs de Tintagel. Un Irlandais la montait, qui n'avait ni l'épieu, ni l'écu, ni la lance, mais portait sur le dos une harpe dont la hanche s'incrustait d'or et d'ivoire.

Ainsi se rendit-il à la cour du roi Marc, où il fut accueilli comme il convient aux barons. Il se trouva ce jour-là que Tristan chassait loin, sur le nord du Morois, une meute de loups qu'on venait de signaler. L'Irlandais, au château, salua d'abord Iseut qu'il avait connue tout enfant, puis le roi et la cour, et s'assit sur le siège qu'on lui avait avancé. Remarquant cette harpe qu'il portait de la sorte, le roi Marc le pria d'en jouer devant lui, et de chanter quelques lais de son île natale.

« Sire, ce sera volontiers. Mais j'y ai condition. Car je ne divertis personne, et c'est là mon usage, quand je me trouve d'aventure dans une terre étrangère, que je ne sache d'abord quel sera mon salaire.

— C'est très juste, dit Marc, et il ne put s'empêcher d'éclater de rire à ces mots. Allons ! Si tu joues aussi bien que tu le laisses deviner, je te donnerai à ton aise ce qu'il te plaira de vouloir. »

Le baron s'installa, et commença de harper une étrange chanson, où passaient tour à tour les frémissements de l'amour, la violence du désir et les cris de la haine ; une étrange mélopée que traversaient les remous qui agitent la mer quand s'annonce l'équinoxe, le frisson des forêts, les appels du héron et les pleurs des mésanges. C'était l'histoire de Diarmait qui s'enfuit avec Grainné, leurs amours malheureuses, la poursuite de Finn — et cependant que la reine se ployait sur elle-même, les yeux troubles de larmes, l'Irlandais chantait à voix basse l'insomnie de Diarmait, et la garde qu'il monte près de Grainné attentive :

Le cerf veille à l'Orient.
Il ne cesse de brâmer
Tout autour des buissons où reposent les corneilles.
La biche sans cornes est inquiète,
Elle gémit sur son faon,
Elle a déserté son repaire et parcourt les
[broussailles.
La vive linotte ne dort pas
Sur le faîte des arbres.
La forêt est profonde,
Et profonde la musique des fourrés et des chênes —
Même la grive ne dort pas
Et attend le retour du soleil englouti...

Alors, la voix mourut, puis les notes de la harpe, et il y eut dans la salle un silence plein de rêves. On entendait dans le loin le ressac de la mer, puis le cri s'étrangla d'une poule de bruyère, et par les hautes fenêtres, on aperçut la longue file d'un vol d'étourneaux noirs qui tourna un instant sur le fond du ciel gris.

« Sire, dit l'Irlandais, ne me suis-je acquitté ? C'est à vous, maintenant, de remplir notre pacte.

— En effet, dit le roi. Quel salaire désires-tu ?

— L'Irlande vit en tristesse depuis qu'Iseut est partie. Le soleil est bien pâle, qui nous a délaissés : ce n'en est plus que le reflet qui éclaire nos collines et nous vivons dans la nuit qui est tombée sur nos cœurs. Iseut la blonde est à nous. Mieux est-elle à Weisefort, que souveraine en ce château. Sire, ce sera mon salaire de la ramener avec moi.

— Es-tu fou ? » dit le roi en se dressant sur son siège.

Mais l'Irlandais, lui aussi, se dressa d'un seul bond, et il affrontait le roi Marc, les épaules en avant :

« Est-ce là verbe de roi ? Vous m'avez fait une promesse, je vous requiers à honneur de la tenir en ce moment. Ou vous n'aurez plus aucun droit de régner sur cette terre. Qui accepterait pour seigneur un félon et un traître ? Et je le prouverai par les armes, si vous relevez le défi. Acceptez-vous le combat ? »

Le roi Marc, à ce discours, ne trouva rien à répondre. Son neveu était loin, et il redoutait pour lui-même les sortilèges de l'Irlande. Il baissa la tête en silence et l'Irlandais s'en alla en compagnie de la reine, vers la nef qui mouillait dans une crique du rivage.

Ce fut peu après que Tristan s'en revint de la chasse. Dès qu'il sut la nouvelle, il se saisit de sa rote, il sauta à cheval et galopa aussitôt par les landes et les dunes, au pavillon de l'Irlandais qui attendait sur le roc que la marée remontât et que sa nef fût à flot.

Il s'arrêta devant lui, et bondissant de sa monture, se reçut sur le sable aux pieds mêmes d'Iseut.

« Ah ! Seigneur, dit Tristan, que la reine semble triste ! Tous ses membres sont las. Voulez-vous me laisser lui jouer de ma rote ? Je lui chanterai des virelais qui chasseront son chagrin.

— Fais-en donc à ton gré, si tu crois que tu peux consoler ma princesse ! »

Lors, Tristan s'installa et se mit à jouer. Et il tirait de l'instrument de tels airs aériens, de telles notes plaintives, de telles douces mélodies, qu'on y entendait les fauvettes, les eaux vives des fontaines, les cris brefs des blaireaux, le détal des renards, le murmure de la brise dans la tête des hêtres, et la rosée qui se forme à l'aurore sur les herbes. L'Irlandais écoutait à en âme ravir, et quand un marin lui cria : « La mer monte, seigneur ! », il ne bougea pas de sa place. De quart d'heure en quart d'heure, on s'en vint le prévenir : « Seigneur ! notre nef est à flot... — Seigneur, le jusant monte encore !... — Seigneur, il nous faut embarquer ! », jusqu'à ce que son pilote, à la fin, lui déclarât de guerre lasse : « La marée est trop haute, on ne peut plus mettre la planche qui mènerait au navire.

— Ah ! Qu'importe ? dit Tristan. J'ai ici mon cheval. Je vais prendre la reine et la porter à la nef. »

L'Irlandais le remercia et lui confia la jeune femme. Prenant la main de Tristan, Iseut monta devant lui sur sa selle de cuir fauve. Mais à peine y fut-elle qu'elle éclata d'un franc rire et que Tristan enleva sa monture par les dunes.

Ils coururent de la sorte sur le front de la mer, pour

s'enfoncer dès qu'ils purent, enlacés au galop, par les vallons et les champs qui remontaient du rivage.

Quand le soir arriva, ils étaient dans les bois. Le crépuscule déclinait sur les ifs aux aiguilles comme des barbes d'oiseaux, et ils descendirent de cheval dans le rond d'une clairière qui se creusait au milieu de branches nues de sorbiers. Les chevêches s'éveillaient, qui lançaient dans le silence leurs appels coléreux. Dans le ciel étoilé, se levaient Andromède et les cordes de la Lyre. Toute la terre communiait au travail souterrain qui se faisait dans ses veines ; des guirlandes de houx reluisaient dans la nuit, et s'étendant sur les mousses, ils passèrent toute la nuit à mener leur amour.

A la pointe du jour, comme la gelée recouvrait les labours dans les champs, Gorvenal les chercha et les trouva endormis sur les racines d'un chêne. Il les réveilla tendrement et leur dit que l'Irlandais avait mis à la voile. Les jeunes gens se levèrent, se défirent des aiguilles qui piquaient leurs vêtements, et revinrent sans un mot au château de Tintagel.

Tristan remit Iseut entre les mains de son oncle.

Mais dans l'obscurité de la pièce que ne dissipaient les lueurs indécises du jour, et que trouaient seuls les reflets de la tourbe qui fumait sur la plaque de l'âtre, il ne put s'empêcher de s'adresser au roi Marc :

« Par ma foi, lui dit-il, vous avez fait mauvaise garde. Pourquoi femme aimerait-elle qui la livre de la sorte pour un lai bien chanté ? Je l'ai cherchée en Irlande et vous l'ai donnée de mes mains. Vous l'avez reperdue, et je l'ai reconquise. Veillez mieux, d'autres fois, ou vous la perdrez à jamais ! »

17.

LE SONGE DE KARIADO

Allongé sur la grève, sur les galets de la plage où vient briser l'océan, Tristan attend, douloureux, qu'Iseut la blonde le rejoigne.

Son angoisse le déchire — et le désir de son âme, qui le fend d'amertume de revoir son amour. Sa blessure à la hanche le fait souffrir atrocement. Aucun baume n'y peut. Ni onguent, ni thériaque — ni les mires de la cour, ni les sorcières de Bretagne qu'on a fait venir à Carhaix : seule Iseut le sauvera, il ne peut en douter, comme elle l'a tiré autrefois du sein même de la mort après la plaie du Morholt ; comme elle l'a guéri des brûlures que lui avait faites le dragon, quand elle est venue le chercher dans les eaux du marais.

Comment la lune vivrait-elle sans l'éclat du soleil ? Comment les semences lèveraient-elles, si les rayons n'écartaient les ténèbres nocturnes et ne faisaient circuler les nouvelles sèves printanières ?

Et Tristan se plaignait : « Pourquoi donc l'ai-je quittée ? Comment vivre loin d'Iseut, si je n'ai son amour qui me guérit de mes maux ? »

L'a-t-elle abandonné ?

A-t-elle trahi ses serments ?

Que la mer est sauvage, qui se fracasse aux écueils, et

apporte avec elle les longs cris assourdis des noyés en naufrage !

Et Tristan attendait dans l'écume des vagues, étendu sur la couche où les peaux de loups et de martres se soulèvent et se gonflent sous l'effet des vents frais. Les images se pressent. Les souvenirs s'entrebattent. Le poison s'insinue dans les veines de Tristan, il fermente dans son corps et le boursoufle d'ulcères et de plaies variqueuses. Où est-il réellement ? Dans quel rêve se trouve-t-il ? Sont-ce mémoire ou délire, que les mots qu'il chuchote, et qui se perdent au hasard de la surface des flots ?

« Je ne peux vivre sans vous. Ah ! Iseut, mon amie, vous souvenez-vous qu'à la cour, nous ne pouvions vivre une journée sans nous être rejoints, et que chaque nuit que Dieu fait, je gagnais votre couche où vous m'espériez à émoi ? Souvenez-vous de l'hiver qui couvrait Tintagel ! Je partageais le même lit que le comte Kariado — et aussitôt que le comte s'était enfin endormi, je me relevais en silence pour aller vous rejoindre... Iseut, Iseut, avez-vous souvenance ? Avez-vous remembrance de ces peines et joies, de ces attentes fébriles qui vous faisaient frissonner, et on eût dit de nos corps comme des cordes de harpe que le moindre attouchement fait vibrer et sonner ? »

Or, une nuit de la sorte que Kariado reposait, Tristan sortit de sa chambre et foulant le tapis de neige qui s'était formé durant le jour, à la lumière de la lune qui brillait tellement claire que les murs et les arbres en semblaient de l'argent, il gagna la clôture qui entourait le jardin sous la chambre d'Iseut. Il écarta l'une des planches de la palissade de bois, et Brangien qui le guettait le saisit par la main et le conduisit dans la chambre où la reine l'attendait. Pour cacher leurs ébats, elle avait recouvert d'une corbeille pleine de cendres la flamme vive des chandelles qui brûlaient dans un coin, et elle s'était retirée afin de mieux les laisser au plaisir de l'amour.

Kariado, cependant, fut la proie d'un cauchemar où un énorme sanglier débouchait de la forêt. Il aiguisait ses boutoirs et ravageait le pays de sa course terrible. Puis il s'élançait, gueule ouverte, au-devant de Tintagel. Il en gravissait la colline, dépassait les épieux, il entrait au logis et se précipitait en grognant vers la chambre du roi. Il y entra d'un seul bond, se précipita sur le lit, en déchira les fourrures et souilla de l'écume qui bavait de sa gueule toute la couche de Marc qui restait immobile, impuissant au spectacle, et n'osait dans son coin ni rien dire ni rien faire.

Sous le poids du cauchemar, Kariado s'éveilla. Il tâtonna dans la paille à la quête de Tristan pour lui raconter son histoire et lui demander son avis. Hélas ! Il se fut vite aperçu que le lit était vide. Etonné de l'absence de son compagnon de sommeil, il alla à la porte et découvrit dans la neige les empreintes des pas. Devinant un mystère, il suivit cette piste, traversa le jardin et parvint au château, puis à la chambre d'Iseut où ne connaissant plus aucun frein, il entra en silence. Il y avança, tâtonnant le long des murs suintant d'humidité et de froid, et à force de chercher, il arriva près du lit où il faillit se heurter.

Il entrevit les amants qui y étaient allongés : ils étaient tous deux nus, enlacés l'un à l'autre — et Tristan, endormi dans les bras de la reine, reposait son beau chef sur un sein découvert, ses mèches noires mélangées aux cheveux d'or dénoués qui effleuraient son visage et tournaient sur ses lèvres.

Kariado vint trouver le lendemain le roi Marc. Son secret lui semblait toutefois si terrible qu'il n'eut pas le courage de lui révéler sa vision. Aussi se contenta-t-il de paroles assez vagues, mais dont il pensait qu'elles feraient peu à peu leur chemin.

« On raconte, dit-il, bien des choses au sujet de Tristan et d'Iseut. On me les a rapportées, et j'ai bondi sous le coup, car elles touchent à l'honneur de tous ceux qui vous servent. Je n'ignore pas que la reine est encore tellement jeune, et ce n'est pas à quinze ans qu'on connaît la prudence. Tout cela ne doit rien qu'à la légèreté de son âge. Mais les bruits voyagent vite, et c'est pourquoi je vous dis : prenez garde, seigneur ! On ne peut moquer sans péril la majesté d'un souverain. Il y va non seulement de la tranquillité de votre âme, mais aussi de la gloire qui est celle du royaume. »

Le roi Marc, à ces mots, fut transporté de fureur. Il est vrai que le comte n'avait fait qu'insinuer, mais il n'est de pire chose que de médire à demi, car le cœur y invente à loisir ses chimères, et la rage bouillonnait dans le cœur du souverain. Quoi ! Tristan, son neveu, le fils même de sa sœur — mais il devait se souvenir de la trahison de Blanchefleur —, Tristan voudrait le tromper, et en ferait la risée de ses vassaux et barons ? Quoi ! Iseut, fille de reine, pourrait donc le berner ? Et elle pourrait le berner, lui, le roi de Cornouailles, un homme mûr et puissant, avec une espèce de jeune fou qui savait juste chanter comme une grive en été ?

Une amère jalousie le dévora derechef.

Comme des ronces s'enfonçaient au plus profond de

son cœur. Elles le lacéraient dans sa chair, le griffaient de leurs épines, le faisaient ruisseler d'une lourde sueur qui lui brouillait le regard et lui gâtait la figure. Il épia nuit et jour chaque mot, chaque geste, chaque sourire de la reine pour y découvrir une trace de l'horrible secret. Ses mains tremblaient sur ses genoux. Des images lui passaient malgré lui dans les yeux, qu'il ne pouvait repousser, qui s'imposaient à toute heure, et qui augmentaient sa fureur de ce qu'elles lui faisaient entrevoir.

Quoi ! Iseut soupirant dans les bras de Tristan !

Quoi ! Iseut gémissant sous l'étreinte du jeune homme !

Sa raison s'égarait.

Il ne pouvait plus demeurer dans cet état de folie.

Il lui fallait savoir à tout prix — oui, il devait se former une vraie certitude, et tandis que l'hiver s'avançait sous la neige qui recouvre les germes pour les plonger dans la nuit où ils se composent peu à peu au mystère de la glèbe, il se tenait aux fenêtres d'où il voyait l'océan mugissant de janvier, et il se répétait à voix basse, entre ses lèvres serrées, cette obsédante pensée : « Savoir ! Savoir ! Comment puis-je savoir ? »

18.

FROCIN LE NAIN

N'y tenant plus à la fin, Marc trouva Kariado. « C'est de toi, lui dit-il, que me viennent mes tourments. Venimeuses, tes paroles ; encore plus venimeux, ce qu'elles refusaient de me dire ! Je n'attendrai pas plus longtemps. Enseigne-moi le moyen d'en finir de mes doutes. Si ce qu'on raconte n'est pas vrai, je saurai me venger de tous ceux qui me moquent quand je tourne le dos. Et si jamais leurs discours s'avéraient en effet, j'en tirerai une vengeance qui étonnera l'univers !

— Je sais bien, dit le comte, qui saurait vous aider. Vous l'avez sous la main. Consultez votre nain, demandez à Frocin de vous donner ses conseils. Il inventera telle ruse où les choses éclateront.

— Cette espèce de bossu ! se récria le roi Marc. Ce nabot tout difforme à la face ricanante ! Je ne demanderai certes rien à un tel conseiller !

— Et pourtant, dit le comte, sous l'escalier où il dort, vous savez que Frocin lit le cours des étoiles. Il connaît Andromède, la nacelle de Saint-Pierre et les chasses d'Orion dans les glaces de l'hiver. Il connaît le Bélier, le Scorpion et la Vierge. Il connaît le secret des croissances de la lune, le mystère de Vénus et le chemin clouté d'or du soleil dans le ciel. C'est bien lui qu'il vous faut, quand il s'agit de combattre la magie de la reine et le cœur de Tristan. Son âme est tortueuse. Il crie la nuit comme un chat. Il effraie toutes les femmes qu'il rencontre sur sa route — mais vous cherchez un moyen de surprendre un secret, et ne serait-ce de travers qu'on atteint un tel but ? »

Le roi Marc acquiesça et fit venir l'astrologue. Il lui expliqua ses tourments, et tandis qu'il parlait, le nabot se mouchait entre le pouce et l'index, il se balançait en grommelant sur ses jambes courtes et torses — mais quand le roi eut fini, il demeura un instant à plisser les paupières, puis il battit des mains de joie et grinça comme crécelle :

« Il n'y a rien de plus simple ! Il vous suffit de faire mettre dans le sol de votre chambre, de grandes lames aiguisées que nous cacherons en dessous d'un tapis de roseaux que nous cueillerons aux étangs. Personne ainsi ne saura que les lames sont là. Et si Tristan, en effet, tente de joindre la reine, il s'y blessera à coup sûr, et vous pourrez le confondre. »

Le roi rit du conseil, car il lui semblait bien donné. Quel magicien, ce bossu à l'épaule en avant, avec ses yeux globuleux et ses cheveux en tonsure qui le faisaient ressembler à un moine d'Enfer ! C'est à raison que l'on dit, que celui qui connaît les secrets des sept arts, et qui hante la nuit pour observer les planètes, est gorgé de malice par l'esprit de Noiron ! Le nabot se dandinait en grattant sa grosse tête, et le roi lui posa une main sur l'épaule.

« Je ne peux m'en charger, mais je te donne tout pouvoir. Va, occupe-toi de l'affaire, et comme tu l'as inventée, mène-la à ta guise. »

Le bossu convoqua sur-le-champ quatre serfs — qui pour descendre aux marais et y couper du plantain, des épis de renouées et des quenouilles de massettes qui font bourre comme duvet ; qui pour amener au château des fers de faux effilés qu'on planta tout autour des lits d'Iseut et du roi, en sorte que quiconque voudrait s'en approcher, s'y blesserait jusqu'au sang et s'y couperait veines et tendons.

Les deux mains sur les hanches, se gonflant le jabot de cette ruse cruelle, Frocin gloussait de contentement. C'était un vrai piège à loups qu'il venait de dresser : Tristan, se disait-il, s'y laisserait prendre à coup sûr, et il se félicitait de l'ouvrage qu'il avait commandé.

Dans la salle du conseil, le roi Marc, cependant, attendait impatient que la nuit s'annonçât. Il s'était enveloppé dans une cape de martre, et solitaire dans la pièce, tournant le dos aux fenêtres qui s'obscurcissaient peu à peu, il avait fini par s'asseoir sur un petit escabeau, et devant le feu qui brûlait dans la grande cheminée, il contemplait, silencieux, la danse vive des flammes, tourmenté, agité, et rempli d'anxiété à l'idée que le nain lui confirmât son malheur.

19.

LE ROI ARTHUR ET LES FAUX

Dieu a grande tendresse pour l'amour de Tristan. Il sait bien que le jeune homme n'a jamais voulu mal. Il sait bien que la reine est innocente de tout. Ils ont bu sur la mer, et accomplissent le destin qui leur est attribué. Ou plutôt que le destin, n'était-ce pas là la vraie grâce, et dans le vin merveilleux fait de plantes et de lune, n'ont-ils point communié au visage le plus grave de la Mère de ce monde ? Ah ! Faudrait-il donc, de cela, qu'on tentât de se venger ?

Ce qui est faute pour les hommes, ne l'est pas pour le Seigneur. Et lui qui, dans le ciel, réunit toutes les âmes pour leur révéler le visage qu'elles ont eu de tout temps, il ne peut juger comme nous — mais il sonde les cœurs et y découvre l'étoile que nous avons oubliée.

Oui, Dieu protège les amants.

Et comme la nuit froide d'hiver s'épandait sur la lande, comme elle estompait les taillis, les longs murs de pierre nue et les formes étranges des bouleaux défeuillés, comme elle tombait au château sur le haut de sa butte dans des bandes de nuages qui enrobent les toits et dérobent le chaume, une chevauchée s'annonça, qui sortit de la brume et gravit la colline pour quérir gîte et couvert.

Or, c'était Arthur qui l'emmenait, de retour d'un

voyage aux confins de son royaume où il était allé surveiller les barbares des frontières. Sur leurs chevaux de bataille, les estocs à la hanche et les épieux ballottant sur les flancs des montures, le suivaient sire Lancelot et Gauvain son neveu, et aussi Keu le sénéchal, et Mador de la Porte, et tant de bons chevaliers de la cohorte divine !

Bien qu'il fût étonné de cet arroi si soudain, le roi Marc les reçut comme il convenait à leur rang. Il fit dresser sans attendre de longues tables de bois, disposer des écuelles et de grands plats de terre cuite, il fit rouler dans la salle des barriques de bière et des futailles de chêne d'où coulait le vin d'Orient, et chacun but à son aise, le gilet délacé, les fines sangles de cuir dénouées sur le ventre — et on mangea du chevreuil conservé dans du sel, des cuissots de sanglier dont le fumet se répandait sous les poutres noircies, des saumons des rivières, et des perches bossues, et des tanches pêchées dans le fond de la vase ; on mangea des macreuses, des canards et des oies qu'on venait de plumer et qui ruisselaient aux chandelles de leur graisse fumante — et tout le monde parlait, et riait et criait, les vapeurs de l'alcool s'amassaient sous les poutres, et on tint de la sorte pendant toute la soirée.

Quand minuit arriva, Marc pourtant se leva pour aller se coucher. Il prit Iseut par la main, et la conduisant en personne à la chambre commune où le sol se cachait sous l'amas des roseaux, des iris et des joncs, il la mena à son lit de peur que, autrement, elle ne se heurtât et se blessât aux lames cachées des grandes faux.

Lorsqu'elle fut allongée, le roi Arthur et Gauvain, le sénéchal et Mador, et Tristan et Lancelot, et le comte Kariado, et les barons de Cornouailles s'en vinrent s'étendre à leur tour sur les lits de sangles dressés tout autour de la chambre, ou sur les longues paillasses qu'on avait réunies pour les moindres seigneurs.

On éteignit les chandelles, et vaincus par la bière, par l'alcool et le vin, tous les hommes s'endormirent du sommeil de l'ivresse.

Quand il fut sûr que chacun cuvait ainsi sa ribote, Tristan se releva et s'avança tout doucement vers la couche d'Iseut. Hélas ! Il ignorait la traîtrise de Frocin le bossu, et il eut tôt fait de se couper le pied droit sur une faux. Il bondit de douleur, et en faisant un écart, se heurta malgré lui à un autre fer aiguisé : une large blessure lui entailla toute la jambe, et le sang qui coulait dégouttait sur le sol à filets tièdes et vermeils.

Mais voyez, justement, comment Dieu intervint. Le roi Arthur s'éveilla, et à la clarté de la lune, il aperçut le jeune homme qui boitait dans lès joncs. Il se dressa sur sa couche et demanda à voix basse :

« Quelle est donc l'aventure qui vous est survenue ? Vous saignez comme une bête. Qui vous a fait cette blessure ?

— C'est le roi, dit Tristan, qui par ruse et mensonge, et afin que personne ne puisse gagner vers sa femme, a fait planter de longues faux dans la terre de cette chambre.

— Insensé ! dit Arthur. Tu vas être découvert ! Comment Marc douterait-il à la vue de ce sang ? Il saura sur-le-champ que tu allais vers Iseut. »

Il rejeta ses fourrures, descendit de sa couche, et sans faire aucun bruit, fit lever tous ses hommes en leur disant de jouer à faire mine de se battre. Ils se mirent tous aussitôt à courir par la chambre, ils gesticulaient et criaient, s'injuriaient, se frappaient — et ils passèrent sur les faux, s'y blessèrent cruellement, s'y entaillèrent les chevilles, et les pieds et les jambes.

Lorsque Marc à son tour se dressa sur son lit et qu'il fit rallumer les chandelles de la pièce, il découvrit le désordre qui régnait dans la salle, et les lits et les couches dispersés au hasard, ses invités qui saignaient comme des porcs à Noël, qui s'efforçaient de se faire des pansements à la hâte et se posaient des bandages en déchirant leurs chemises — et les murs et le sol, les longues lames de faux, les iris écrasés recouverts de ce sang qui jaillissait des blessures.

Alors Arthur lui cria :

« Court-il des loups dans ta chambre, que tu y fasses disposer de tels engins de traîtrise ? Je te croyais plus courtois, que de nous entraîner tous ensemble dans un tel guet-apens ! »

Le roi Marc se troubla. Quel malheur que de voir ces chevaliers estropiés ! Tandis qu'Iseut dérobait sa figure dans ses mains pour cacher le fou rire dont elle ne pouvait s'empêcher, il ploya le genou — et en chemise de lin blanc, dépeigné et la peau frissonnante de froid, dans les tiges brisées des roseaux et des joncs, il implora son pardon de l'élu du Seigneur.

20.

PREMIERE SEPARATION

Le roi Arthur s'en alla, et Marc demeura seul. Mais il gardait ses soupçons et la jalousie continuait ses ravages dans son cœur. Il épiait son neveu et sa femme sans relâche — et s'il lui arrivait quelquefois de surprendre dans un geste, ou d'entendre dans une phrase quelque chose d'équivoque, il ne découvrit jamais rien, car Brangien la fidèle avait percé son manège, et elle avait averti les amants de veiller.

Le nabot, cependant, n'avait pas lâché prise. Il n'avait pas été dupe de la ruse d'Arthur, et il savait que Tristan ne pouvait se passer de la présence de la reine. Il furetait à toute heure, il allait comme le chien qu'on a mis sur la trace d'une harde de cerfs, il interrogeait dans la nuit les constellations silencieuses — et quand on parlait par hasard des amants devant lui, Marc voyait l'astrologue, avec ses yeux de grenouille et sa bosse dans le dos, ricaner méchamment et se blottir dans un coin comme une grosse araignée qui attend, immobile, sur le bord de sa toile.

Marc vécut désormais dans une fièvre incessante ; et ce fut tant et si bien que sa résistance, à la fin, dut avouer sa défaite, et qu'il manda son neveu dans une entrevue seul à seul.

« J'ai décidé, lui dit-il, de t'éloigner de Tintagel. Ne

m'en demande pas la raison. Je ne saurais la donner, mais je sais que mon âme ne trouvera pas autrement le repos qui lui manque. Je t'ordonne de quitter ce château sur-le-champ, et je veux que tu ne sois si hardi d'en franchir à nouveau les fossés, que je ne t'y aie fait revenir par un bref de ma main. »

Le cœur lourd, le jeune homme s'éloigna de son oncle. Il quitta Tintagel à l'annonce de la nuit. Gorvenal l'écuyer lui tenait seul compagnie, et ils partirent tous les deux par les champs et les prés, les chenevières et les bois qui entouraient le village, et on vit peu à peu leurs silhouettes se perdre et se fondre dans l'ombre qui tombait sur les arbres.

Iseut la blonde ne dit rien. Elle devait feindre à la cour, cependant que l'angoisse lui fouillait les entrailles. Elle buvait et riait pour pouvoir donner le change, et tandis qu'elle buvait, et tandis qu'elle riait, elle pleurait en elle-même et se torturait en pensant : « Où est donc mon ami par les routes vagabondes ? Je n'en avais de plus sûr, où trouverai-je désormais le courage de survivre ? Comme il portait vaillamment son estoc et sa lance ! Comme il plongeait, insouciant, dans les vagues de la mer ! Comme il sautait en se jouant aux écueils où se brise le dur assaut de la vague ! » Elle chancelait sur son siège — et elle croyait entendre parfois la voix de Tristan murmurer : « Puis-je rester loin de vous, que mon cœur ne tressaille et que l'ombre ne me noie ? »

Et chacun des amants se lamentait dans son cœur — ils s'appelaient et se cherchaient par-delà cet espace qui les tenait éloignés, et leurs voix se répondaient au désir de leur âme.

Or Tristan ne put pas se résoudre à franchir les frontières du royaume. A la fin de la nuit, au débouché d'une forêt qui donnait sur les Galles, comme l'aurore se levait sur la tête des fougères et brillait sur le givre qui glaçait le versant d'une colline devant lui, il tourna soudain bride, et mystérieusement attiré par l'image de la reine, à mesure que le soleil remontait dans le ciel, il revint vers le bourg qui s'étendait sur le pied de la butte du château et y prit son logis dans la maison d'un peaussier.

Là, au milieu des fourrures qui encombraient toutes les pièces et dont l'odeur entêtante remplissait les narines, il avait dû s'aliter, torturé par la fièvre qui gagnait dans ses membres, plus blessé que naguère par l'épieu du Morholt. Gorvenal le veillait, le fidèle écuyer, qui lui faisait boire des bouillons que préparait tout exprès la compagne de leur hôte. Quand il n'était qu'un enfant, n'était-ce point Gorvenal qui lui avait appris en personne la place exacte de la flèche sur la corde de l'arc ? Quand Tristan attendait, allongé sur la plage, n'était-ce pas encore lui qui l'avait poussé à la mer, dans la barque sans voile ? Et maintenant, son enfant, le cher fils de son cœur, il tentait de l'apaiser et se tenait jour et nuit au chevet de sa couche.

Au château de Tintagel, enfermée dans les murs de granite gris et froid, Iseut la blonde, cependant, languissait elle aussi. Entourée des barons, entourée d'étrangers, à côté du roi Marc sur le trône ou à table, elle doit feindre la joie pour déjouer les soupçons. Et la nuit, épuisée, comme blottie dans les draps aussi loin qu'elle le peut de ce mari si pesant, elle doit rester immobile, les yeux secs et brûlants qui explorent la pénombre, elle doit dompter les frissons de son corps qui s'agite, et le tressaut de la fièvre qui lui secoue les épaules.

S'ils demeurent séparés, les amants en mourront. Ils s'éteindront, c'est certain, si on ne vient à leur aide. Les semaines se suivent, et tous deux dépérissent. Qui peut venir au secours d'Iseut la blonde et la belle ? Seule Brangien peut le faire, la servante et la sœur. Qui peut porter son confort à Tristan de Loonois ? Gorvenal l'écuyer, qui lui apprit le maniement de l'épée et de la lance.

C'est pourquoi, un beau jour, comme le printemps s'annonçait, comme pointaient les primevères sur le bord des talus, que les jonquilles se dressaient et s'apprêtaient à fleurir, Brangien sortit en secret du château de Tintagel. Gorvenal remontait la grande rue du village où les porcs reniflaient dans la boue du chemin. Des poules gloussaient dans la fange, et les moineaux se posaient sur le bord des toits de chaume. Gorvenal et Brangien se croisèrent au carrefour où se dressait le pilori qu'on réservait aux voleurs — et Brangien enseigna au vieux sage blanchi telle ruse que personne ne pouvait deviner.

21.

LE VERGER MERVEILLEUX

D'un côté des gros murs du château de Tintagel, sur l'épaule de la butte d'où dévalait la falaise au-dessus de la mer, s'étendait un verger protégé d'une enceinte d'épieux drus et serrés. Des pommiers y croissaient, qui croulaient de fleurs blanches au plus fort du printemps, et où brillaient aux feuillages les peaux d'or de leurs fruits quand l'été finissait et qu'on s'apprêtait aux vendanges.

Au milieu du jardin, comme s'il s'élançait du carré pour rejoindre le ciel et y faire trait d'union de la terre et de Dieu, se dressait un grand pin à la forte ramure, où chantaient les mésanges et les pinsons à barre blanche. Aux racines de l'arbre, jaillissait une source. L'eau chantante en tombait dans une auge de pierre, d'où partait une rigole qu'on avait faite d'écorce. Cette rigole traversait toute l'étendue du verger, et passant à travers le granite des murailles, s'enfonçait au château où elle divisait de son cours la longue chambre des femmes avant d'aller se jeter de l'autre côté des enceintes.

Après la rencontre de Brangien et du sage Gorvenal, Tristan se retrouva soudain libre de fièvre. Tous les soirs, dès ce moment, il escalada les épieux, pénétra dans le jardin où il jetait dans la source des copeaux qu'il gravait de la pointe d'un couteau. La fontaine était vive, les dernières neiges de l'hiver venaient juste de fondre, les bouts de bois et d'écorce dansaient d'abord dans la pierre au ruisselis de cette eau qui s'y jetait tellement pure — puis ils étaient emportés et tournoyant sur eux-mêmes, ils suivaient la rigole, ils entraient au château et passaient en flottant, surnageant et coulant, dans la chambre des femmes où Iseut, à genoux, attendait leur venue.

Dès qu'elle les avait aperçus, la jeune femme se relevait, et tandis que Brangien s'occupait à ce que Marc demeurât à l'écart, elle courait à la porte, descendait les trois marches qui menaient au verger, et légère et craintive, s'avançait par les troncs argentés des pommiers pour aller se jeter dans les bras de Tristan.

Ils se tenaient enlacés, et s'asseyant sur une souche, se serraient l'un à l'autre, confondant leur désir dans un seul rêve d'amour.

« Tristan, disait Iseut, sa tête blonde appuyée sur l'épaule du jeune homme, ne prétend-on de ce château qu'il disparaît deux fois l'an, et qu'il vogue au hasard de la mer et du ciel ? Ah ! Il s'est perdu, pour cette heure, ne sommes-nous dans cette île dont nous parlent les contes ? Dans cette île merveilleuse où les arbres ne cessent de se couvrir de grappes d'or et de fruits odorants, où les hommes reposent dans les bras alourdis de la femme qu'ils aiment, et ils sont immortels tant qu'ils sont protégés de cette douce parure ?

— Oui, vous avez raison, Iseut. Ce sont les Iles fortunées d'au-delà l'océan. Une reine les gouverne, qui est sans cesse entourée d'une multitude d'oiseaux. Un mur d'air les enclôt, le soleil s'y reflète, on dirait que les îles sont entourées de cristal — et voyez, mon amie, au plus profond de cette ombre, je reçois une lumière de vos longs cheveux blonds, en même temps que leur odeur de soleil et de miel.

— Ami, ne dirait-on pour de vrai, tant nous sommes unis, que nous avons perdu le monde, et le monde s'est éteint ?

— Quand je suis avec vous, que pourrait-il me manquer ? Si l'univers tout entier se tenait avec nous, je ne verrais que vous seule.

— Oui, ami, qui pourrait nous disjoindre ? Nous n'avons sens et vie que dans le cœur l'un de l'autre. Ni moi sans vous, ni vous sans moi. »

Les étoiles clignotaient sur la tête des pommiers.

La Grande Ourse roulait dans le sein de la nuit.

Les vents s'attiédissaient chaque jour un peu plus et se chargeaient des senteurs des bourgeons de peupliers, des violettes des prés, de la menthe et de la sauge qui croissaient dans l'enclos.

On entendait dans le loin, sur le pied de la falaise, le ressac de la mer — et comme la nuit s'avançait, de petites nappes de brouillard s'amassaient peu à peu sur le ras de la fontaine.

Tristan le noble dormait sur le sein de la reine, dans la prison si légère que lui formaient les mèches d'or qui croulaient sur sa face, qui se mêlaient à ses cils et l'embaumaient de parfums de cannelle et de poivre.

Hélas ! Des lueurs s'annonçaient du côté de l'océan, et le guetteur du château qui veillait aux palis, psalmodiait dans l'air frais des longues brises marines : « Seigneurs, réveillez-vous ! Voici que l'aube s'apprête. »

Iseut tremble d'angoisse. Le mur d'air s'est enfui... Son beau rêve se brise. Il lui faut réveiller son amant endormi : elle lui caresse la figure, elle dessine de son ongle le contour de ses lèvres, elle retire son épaule, elle lui sourit en même temps que les larmes embuent ses yeux verts de tilleul.

« Ami, réveillez-vous. Le guetteur a crié. Les chevaux se remuent. Les coqs chantent au village... Il est l'heure de partir. »

Comme des larmes se glissent au milieu de sa voix.

Elle ne peut pourtant dire autrement qu'elle le fait, et elle tend son courage à gémir de douleur. Tristan part, la tête basse. Et Iseut le regarde disparaître à sa vue, frissonnante de froid sur le bord de la source, toute pâle et menue dans les blanches lueurs où s'en vont les étoiles.

22.

LE ROI MARC DANS LE PIN

Les amants, toutefois, ne savent pas le danger qui guette et rôde autour d'eux. Ils ignorent que Frocin les poursuit de sa haine, qu'il n'a pas renoncé, et qu'il sort lui aussi chaque nuit de Tintagel pour marcher dans la lande, par les buissons d'aubépine et les fourrés de genêts. Il examine le ciel qui s'étend sur sa tête. Il interroge Vénus, et Orion, et le Chien. Palpitante de vie, Sirius sort peu à peu des écharpes de brume, et elle lance des feux tantôt verts, tantôt rouges. Le nabot connaît bien le chemin mystérieux de l'immense Voie lactée ; il observe la Lyre et le voile d'Andromède, il sait voir dans l'avenir, il pressent les secrets que les autres ignorent — et à force de chercher, de tracer des figures dans la poussière des sentiers, de jeter devant lui des baguettes de bois, de mâcher de la sauge, et d'épier nuit à nuit la croissance de la lune, et de calculer nuit à nuit quelle est la place qu'elle occupe par rapport à Pégase, au Bouvier et au Cygne, il comprend soudain tout, il ricane à voix basse, il s'enveloppe la tête de sa bure de gros chanvre, et clopinant sur ses pattes, s'en retourne au château où il vient voir le roi Marc.

« Faites semblant, lui dit-il, de partir à la chasse. Si vous écoutez mon conseil, vous saurez que Tristan ne s'est pas exilé, et vous verrez le manège que vous joue votre femme. »

Le roi blêmit à ces mots. Il exécute à la lettre ce que lui a dit le bossu. Il s'en va en forêt — mais quand la nuit est tombée, il abandonne ses veneurs, il prend Frocin sur son cheval et galope par la lande pour rentrer au château.

Le nabot l'y conduit vers le pin du verger.

« Sire, cachez-vous dans ses branches avec votre arc et vos flèches. Ils pourront vous servir. Et je gage qu'à cette heure, vous n'aurez longtemps à attendre. »

Le bossu s'éclipsa, et le roi se hissa dans la ramure du grand pin. C'était nuit de pleine lune, et on y voyait aussi clair que si on avait été dans le jour. Marc en eut contentement : rien ne peut lui échapper, il surprendra les amants dans leur sale félonie. Or, voici son neveu qui bondit par-dessus les épieux de l'enceinte. Tristan vient à la source et y jette les copeaux. Il venait de les lâcher, quand il distingua dans l'eau claire, frémissante des remous qui agitaient la fontaine, la tête du roi, réfléchie, qui sortait des feuillages. Hélas ! Il ne pouvait plus arrêter la course folle des écorces qui s'enfuyaient aux rigoles vers la chambre des femmes.

Et Iseut les a vues. Elle se lève aussitôt. Elle accourt au jardin. Mais comme elle va vers Tristan, elle aperçoit à son tour danser l'ombre de Marc dans l'eau pure de la source. Elle hésite, elle s'arrête, elle saisit le crissement d'une flèche qu'on encoche. Alors soudain, elle s'avance, elle arrive, résolue, et apostrophe son amant pour l'empêcher de parler :

« Sire Tristan, lui dit-elle, vous êtes fou de m'appeler à cette heure au verger ! Ne savez-vous que le roi est convaincu à grand tort que j'éprouve envers vous un amour déloyal ? Pourtant, Dieu le sait mieux que tous, et qu'il me frappe où je suis si je dis un mensonge, nul ne fut mon amant que celui qui me prit vierge et m'enseigna le premier les plaisirs de l'amour ! Oui, que je sois brûlée vive et qu'on répande mes cendres dans les souffles du vent, si je consens à trahir celui-là dont je parle ! Vous devez le savoir, tout mon cœur est fidèle, et celui qui le premier s'empara de mon corps, qui entra dans mes cuisses et me fit gémir d'aise, ce seul homme dont mon âme n'a cessé de soupirer, cet homme-là, sire Tristan, il n'existe en ce monde aucune force qui pourrait me forcer à le tromper. »

Elle rattrape son souffle et continue derechef :

« Si je suis reine à présent, c'est grâce à vous, je le sais. C'est pourquoi, cette nuit-ci, je suis venue vous trouver. Mais je ne le ferai jamais plus. Il est temps que je m'en aille. Si le roi l'apprenait; s'il n'était en forêt pour traquer le renard, il me ferait mettre à mort, vous le savez comme moi. Je ne peux pas demeurer. Je m'en vais sur-le-champ.

— A votre tour, maintenant, de m'écouter, Iseut. Je vous ai appelée, et vous êtes venue. Accueillez ma prière, il en va de ma vie. Vous savez comme le roi me soupçonne et m'en veut. Vous savez aussi bien comme c'est à grand tort. Comment donc le convaincre qu'il se trompe sur moi ? Vous pouvez seule l'apaiser et calmer son courroux.

— Vous ne savez pas ce que vous dites ! dit Iseut en chancelant. Marc vous croit son rival — et j'interviendrais auprès de lui ? Vous rendez-vous seulement compte du danger que j'encours ? Si quelqu'un, par hasard, m'a vue venir au verger, on me fera brûler vive — et qui prendra ma défense ? Regardez comme je tremble ! J'ai déjà trop demeuré !

— Pour l'amour de Dieu qui naquit dans le sein

d'une vierge, si vous ne voulez me secourir, il est au moins un service dont je puis vous quérir ! Le roi me hait à tel point que je ne peux rien en attendre. Mais j'ai dû mettre en gagerie mon cheval et mes armes. Faites-moi rendre le tout : je m'enfuirai sur-le-champ, et me mettrai au service d'un seigneur étranger. Pour l'amour de Dieu, Iseut, permettez-moi de m'acquitter et de reprendre mes armes !

— Vous tenez à me perdre, dit Iseut, plaintive. Même cette chose, pensez-y, si j'en parle au roi Marc, il croira découvrir que je suis votre complice. Non, pardonnez-moi, Tristan, je ne peux point vous aider. Je suis encore tellement jeune ! Je ne mettrai certes pas mon existence en péril. »

Iseut s'est éloignée.

Elle traverse le verger, elle revient au château, et Tristan reste seul en dessous du grand pin où son oncle a reposé l'arc de frêne et les flèches. Il se penche sur une borne d'où se hissent les barons sur le dos de leur monture quand ils sont équipés et s'apprêtent à partir. A voix haute et dolente, pour que Marc puisse l'entendre, il se plaint et se lamente, et invoque le sort :

« Quel malheur imprévu, de finir démuni ! Qu'elle m'a donc malmené, la rancune du roi ! Et la reine, à présent, qui ne veut pas m'écouter ! Je suis seul, désormais, je vais tenter l'aventure par-delà l'océan. »

Tristan sort la tête basse, il escalade le palis, il se laisse retomber du côté de la falaise, et disparaît dans la nuit. Le roi Marc, au feuillage, se sent plein de pitié ! Qu'il a mal jugé son neveu ! Qu'a-t-il pensé de la reine ? Ah ! Comme les larmes lui viennent et se pressent à ses yeux ! Qu'il en veut à Frocin qui l'a trompé de la sorte ! Il déteste le nain — il s'en vengera, c'est certain !

« J'ai été fou de le croire, se dit-il à mi-voix. Si je lui mets la main dessus, je me le jure à moi-même sur le nom de Jésus, il mourra dans le feu, et on n'en parlera plus. Me défaire de Tristan qui a défendu mon royaume, qui a tué le Morholt, qui a conquis la reine blonde, quel est donc ce délire qui m'a poussé malgré moi ? Mon rempart naturel, et je l'ai chassé de ma cour ! Mon épée invincible, et je l'ai éloignée ! Maudit soit le bossu ! Beau neveu, je vous rends désormais ma confiance, je vous rends cette foi que je n'aurais jamais dû vous enlever. »

Or Frocin, à ce moment, était sorti du château, et assis dans les herbes sur la pente de la butte, examinait les étoiles répandues dans le ciel. Quand il vit tout à coup la figure qu'elles formaient, il blêmit affreusement et étouffa de colère. Il comprit le danger que le roi méditait, et sans attendre une minute, il dévala la colline sur ses jambes ridicules, il coupa dans la lande et s'enfuit au plus vite en brinquebalant par les routes.

23.

LE PARDON DU ROI

Dès qu'il est descendu de sa cachette dans le pin, Marc s'est défait de son arc, puis il s'est dirigé vers la chambre d'Iseut. Comme il sortait de la pénombre, comme il entrait subitement dans la clarté des chandelles, la jeune femme, surprise, ne put s'empêcher de reculer avec un cri de frayeur.

« D'où venez-vous ainsi, seigneur, lui dit-elle d'une voix blanche, à errer dans la nuit sans que barons ou valets ne vous fassent une escorte ? Je vous croyais à la chasse, à traquer les bêtes fauves.

— J'en reviens à l'instant. Quelque chose me tourmente, dont je voulais vous parler. Iseut, je vais vous poser une question. Répondez-y bien franchement, vous en verrez l'importance.

— Ah ! Sire, vous ai-je donc jamais menti ? En périrais-je à l'instant, je vous dirai vérité sans en déguiser un seul mot.

— Vous savez qu'à Tristan, j'ai interdit de revenir sans mon ordre au château. Je voudrais que vous me disiez si vous l'avez jamais revu ?

— Hélas ! Vous ne me croirez sans doute pas, mais j'ai juré ma franchise, et je ne tenterai pas de mentir. Oui, j'ai vu Tristan, en effet. Je lui ai parlé tout à l'heure. Je sais bien que vous croyez que je l'aime d'amour, que je suis une catin et vous trompe sans vergogne. Je ne sais quel est le conte qu'on vous a dit sur nous deux, mais ce sont calomnies, j'en prends le ciel à témoin. Faites-moi rompre les os si vous en avez volonté — mais j'en fais le serment, nous nous sommes rencontrés en dessous du grand pin, dans le verger suspendu sur le dos de la falaise, et Tristan m'a prié de vous réconcilier avec lui. Moi, je n'ai pas voulu l'écouter, et je lui ai dit au contraire que je ne voulais plus le revoir. Voilà la vérité, il n'y en a pas d'autre, seigneur. »

Or le roi savait bien que c'était de la sorte que s'était déroulé le rendez-vous mystérieux. Ce fut à peine s'il laissa, dans sa joie de jaloux, Iseut finir son discours. Mais dès qu'elle eut terminé, il la prit dans ses bras, l'étreignit contre lui et la baisa sur sa face tellement claire et si franche. Qu'elle était belle, la reine ! Quel désir il avait de cette fille si fraîche, aux grands yeux écartés, tellement vive et si jeune qu'il se sentait comme en faute à l'éclat de sa beauté !

Il mêle ses pleurs à ses larmes. Il l'adjure de se taire. Il lui conte sa ruse, et comme il sait en effet qu'elle ne lui a rien déguisé.

« Vous étiez dans le pin ! défaille-t-elle à ces mots. Si j'avais pu le savoir, je serais morte de peur !

— Au contraire, lui dit-il. Quand je vous ai entendus, et Tristan et vous-même, c'est une grande pitié qui m'est montée dans le cœur. J'ai jugé ma conduite. Je vous jure qu'à l'avenir, je ne vous soupçonnerai plus. Que maudit soit le nain qui m'avait fait douter de vous ! »

Le roi Marc est ému. Il est plein de remords. Il fait le serment à Iseut qu'il n'aura plus désormais de défiance envers elle, et que Tristan peut revenir quand il veut à la cour :

« Je connais maintenant ce que je dois décider. Je vais rappeler mon neveu. Vous verrez, il sera au château dès demain. »

Lorsque Iseut entendit ces paroles du roi Marc, elle ne put dérober le bonheur qu'elle en eut, elle éclata de rire à grande joie de la bonne nouvelle. Et le roi encore plus — oui, le roi rit à pleine gorge, de penser que sa peine était enfin terminée.

24.

LES BARONS FELONS

Depuis la nuit du grand pin, le roi Marc a chassé tout soupçon de son cœur, son neveu a repris sa place à Tintagel — et Tristan et Iseut peuvent aller à leur guise. Leur printemps est revenu comme il est revenu pour la terre, et leurs âmes reverdissent comme les acacias sont en fleurs, comme l'aubépine à la lande s'est entourée d'un nuage de petites corolles blanches, comme les pommiers du verger, et ceux qui croissent dans les champs, se sont couronnés au-dessus de leurs troncs noirs et crochus de grands dômes frémissants, roses et blancs sous la brise.

Une nouvelle vigueur envahit les jeunes gens.

Tristan a dix-neuf ans. Iseut en a maintenant seize. Voici presque une année qu'elle est partie de l'Irlande. Les épreuves l'ont mûrie, mais la sève qui monte lui affole le corps — comme Tristan qui aspire l'air marin aux falaises, cet air vif et salé qui lui fait circuler un sang neuf dans les veines.

La terre chante à nouveau.

Les martinets tournent fous tout autour des jardins. Les coucous aux longues ailes font frémir les forêts des deux notes qu'ils lancent ; et quand tombe la lumière à l'orée de la nuit, on voit s'abattre par bandes les sansonnets verts et bleus dans les joncs des marais.

Serait-ce là trop de joie ? Et Tristan et Iseut sont-ils trop accordés à la ronde des étoiles, à l'éclatement des bourgeons, à l'effort des sillons d'où commencent à poindre l'orge, l'épeautre et le seigle ? Une force inconnue leur travaille les membres et les jette sans cesse dans les bras l'un de l'autre. A qui prête attention, comment donc céleraient-ils que l'amour les unit ? Rendez-vous trop nombreux, entretiens à voix basse et regards trop fréquents, est-il amour qui ne finisse par se découvrir un beau jour ?

Les barons de la cour ne sont pas si aveugles. Ils murmurent entre eux. Leur honneur est lié à celui du roi Marc. Si le roi ne veut voir, ils devinent quant à eux le manège des amants — et à travers leur souverain, ils ont bien le sentiment que c'est eux qu'on bafoue. Ils se souviennent que déjà, ils avaient forcé leur suzerain pour éviter que le royaume ne revînt à Tristan. Mais c'est Tristan qui a quéri la reine blonde en Irlande — et c'est cette reine qu'ils avaient réclamée à grands cris, c'est cette reine aujourd'hui qui se joue du roi Marc et se donne au jeune homme.

Les barons tiennent conseil.

Cette affaire doit finir.

Trois d'entre eux sont chargés d'espionner les amants, qu'on en ait le cœur net et qu'on décide d'une conduite. Or, les trois barons désignés sont parmi les plus hauts : Guenelon, Godoïne, et le duc Denoalen, qui ont tous des châteaux, des domaines immenses et des hirdes de lances qu'ils peuvent lever à leur gré. Ils se mettent à l'affût, ils épient les amants comme ils suivraient les empreintes d'une bête en forêt.

Sous la ramure du jardin, ils découvrent la reine enlacée à Tristan : les voici allongés dans l'ombrage d'un frêne, un lilas pousse plus loin, et la jeune femme gémit d'aise, ses cheveux emmêlés dans les fleurs de jacinthes. Ils les surprennent plusieurs fois à mener leur plaisir dans le lit du roi Marc : ils se sont dévêtus, ils sont là, étendus, les seins nus de la reine que caresse Tristan, ils se baisent et soupirent, et se mêlent l'un à l'autre en haletant de bonheur. Car, lorsque le roi siffle ses chiens et part chasser dans les bois à la tête de sa cour, Tristan dit à son oncle : « Je m'en viens, sire roi, je vous rejoins tout à l'heure » — mais il reste au château, il écoute la meute s'éloigner de la butte, puis il court vers Iseut, la soulève comme une plume, et ce fardeau dans les bras, il s'abat sur le lit et n'en sort de sitôt.

Les félons brûlent de haine. Ils sont sûrs de leur fait. Ils ont juré sur les saints que le roi doit chasser son neveu de la cour. Si jamais il refuse, ils quitteront Tintagel, ils se retireront dans leurs fiefs, ils iront s'il le faut jusqu'à livrer la bataille.

Aussi, à la fin du printemps, ils vont trouver le roi Marc et le prennent à l'écart.

« Sire, Tristan aime la reine. Tout le monde le sait et se moque de toi.

— Quiconque vit en ce lieu s'en est déjà rendu compte, et s'étonne de te voir d'une telle complaisance.

— Croirais-tu que nous puissions continuer à servir qui consent au forfait et protège les coupables ? »

Le roi soupire et se tait. Ses soupçons se réveillent. Les barons lui prétendent la même chose que Frocin, et il se souvient des avis que lui donnait Kariado. La jalousie le reprend. La colère monte en lui.

Mais les barons continuent :

« Que feras-tu, maintenant ? Si tu ne chasses pas ton neveu, nous quitterons Tintagel, et ce sera guerre ouverte que tu devras supporter.

— Seigneurs, répondit Marc, pourquoi parler ainsi ?

Vous êtes tous mes féaux, et au lieu de menacer, ce sont aide et conseil que vous devez me prodiguer. Voyez, je mets de côté tout orgueil. Que dois-je faire, selon vous, pour savoir vérité ?

— Sire, rappelez Frocin le bossu. Nous ignorons pourquoi il s'est enfui de la cour, mais il est au courant des secrets interdits, et qui d'autre que lui saurait mieux nous aider ? »

Les félons sont sortis, ils se sont mis sur-le-champ à la recherche du nain, et ils finissent par le trouver dans le sein de la forêt où il vit dans les branches et se nourrit comme il peut de glands, d'herbes et de baies. Ils le ramènent avec eux au château de Tintagel, ils l'habillent de drap neuf et le roi lui explique quelle affaire le tourmente. L'astrologue se réjouit. Tiendrait-il sa vengeance ? Il se frotte les mains, il sautille sur ses pieds et s'exclame de sa voix éraillée par les vents :

« Vous vous en faites de peu ! Le mystère est facile. Ne vous a-t-on jamais dit que la Voie lactée est le chemin de la lune au soleil ? »

Les barons sont muets. Le roi songe à part lui : « Que le diable l'emporte ! Je n'y comprends pas un seul mot. » Le nabot rit de plus belle, quel rire odieux que le sien ! Il se brosse la panse, puis enfonce son doigt dans le bliaut du roi Marc.

« Ordonne donc à Tristan, lui dit-il en gloussant, de porter dès demain une lettre cachetée que tu écriras à Arthur. La conséquence en est sûre. Il voudra voir sa maîtresse pour en prendre déduit. Ainsi, dès que le soir sera là, nous sortirons tous de ta chambre pour lui laisser la voie libre. Si tu ne surprends pas le coupable, tu pourras me tuer. Mais je n'ai aucune crainte. Je suis sûr du spectacle. »

Ainsi donc fit le roi, qui manda à Tristan de gagner Caërlion, et d'y porter à Arthur une lettre scellée.

Le jeune homme s'inclina :

« Je m'y rendrai dès l'aurore, à l'éveil des mésanges.

— C'est cela, dit le roi. Dors d'abord cette nuit, tu as besoin de repos. »

Or, le nain, pendant ce temps, avait fait diligence. Il descendit vers le bourg, se rendit au fourneau où l'on faisait la boulange, et y acheta quatre sacs de fleur blanche de farine. Il revint au château en les charriant sur sa bosse et les déposant dans un coin de la chambre royale, les déroba sous un tas de manteaux de bure noire.

25.

LA SURPRISE DES AMANTS

Quand la nuit fut venue, toute la cour se coucha. On n'entendit bientôt plus, dans la chambre voisine, que les ronflements des dormeurs, et Tristan crut que chacun s'était enfin endormi. Comme il se redressait sur un coude, il vit Frocin, cependant, ses gros sacs sous le bras, qui répandait sa farine entre le lit de la reine et la couche du héros, comme un grand tapis blanc qu'il éparpillait à mesure.

Le jeune homme réfléchit, et finit par comprendre. « Il veut faire apparaître les empreintes de mes pas, si je dois me lever et aller vers Iseut. Mais le piège est trop gros, je saurai l'éviter. »

Il se recoucha sur ces mots et attendit patiemment. Quand il fut la mi-nuit, le roi Marc ressortit en cachette de son lit, il se retira de la chambre en compagnie du nabot et rejoignit au-dehors les barons à la guette.

Il fait noir dans la pièce.

Il n'y a pas de lumière. Point de cierge ni de lampe. Tristan se lève aussitôt. Il joint les pieds sur son lit, il calcule son élan, il bondit d'une détente, et retombe à côté d'Iseut la blonde qui l'attend. Hélas ! L'aube même, dans les bois, comme il était acculé et que Tristan s'avançait son couteau à la main, un sanglier solitaire avait blessé le jeune homme d'un grand coup de boutoir. Il lui avait ouvert toute la jambe et Tristan, par malheur, avait ôté son bandage pour que la plaie puisse sécher. Dans l'effort qu'il fournit, la blessure s'ouvre et saigne. Le sang marque les draps. Mais il pense tant au plaisir de la reine gémissante, que Tristan ne sent rien et ne s'en rend même pas compte.

Là-dehors, néanmoins, le bossu les épie. Dans la lueur de la lune, il voit bien les amants se presser dans le lit et faire la bête à deux dos. Il en tremble de joie. Les félons le rejoignent ; il appelle le roi :

« Si tu ne les prends pas sur le fait, tu pourras me faire pendre ! »

Lors le roi s'en revient à la tête de l'escorte. Tristan l'entend s'approcher. Il se dresse, cœur battant, et bondit prestement pour rejoindre sa couche. Mais tandis qu'il resaute, le sang coule de sa jambe et des myriades d'étoiles s'éparpillent et éclosent dans le blanc de la fleur.

Marc pénètre en courant dans la chambre commune.

Le nabot l'accompagne, cahotant sur ses jambes. Il brandit une chandelle, et les figures des barons y apparaissent comme gargouilles qui sortiraient de la nuit. La reine feint de dormir. Personne d'autre dans la chambre — que la reine étendue, les mains jointes sur son sein, et Tristan sur sa couche qui se tourne et se retourne comme s'il faisait un cauchemar.

On n'entend au-dehors que le cri d'une effraie.

La lune luit sur les arbres.

Tout paraît immobile.

Mais on allume les cierges, toute la chambre s'illumine, et sur la fleur de farine paraît le sang répandu, encore tiède et vermeil.

Sur les draps de la reine, les traces rouges de sang —

et sur la jambe de Tristan, la blessure tout ouverte d'où le sang, goutte à goutte, va tomber au mollet.

« Ne l'avais-je point dit ?... Ne l'avais-je point dit ? » crie Frocin, en dansant, de sa voix nasillarde.

Les barons se saisissent de Tristan sur sa couche. Ils le forcent à se lever en lui tordant les poignets. Ils insultent la reine qui s'est dressée sur son lit. Ils les ligotent tous les deux et les font se tenir au milieu de la salle, dans les lueurs tremblotantes des chandelles et des cierges.

« Cette fois-ci, point de ruse ! dit le roi à Tristan. Je vous ai pris sur le fait. Vous mourrez dès demain.

— Au nom de Dieu qui souffrit et mourut pour nos âmes, je vous en fais la requête, laissez-moi m'expliquer ! » crie Tristan à son oncle.

Mais les barons s'interposent :

« Qu'y a-t-il à redire ? Regardez la blessure ! Et le sang répandu !

— Je vous le jure, sire roi, je n'ai cure de moi ! Ni n'ai rien contre vous. Quel que soi mon destin, vous le déciderez à votre aise. Mais pitié pour la reine ! Si quelqu'un ose prétendre qu'elle n'est pas innocente, je lui lance un défi, je demande le combat, nous nous affronterons en champ clos — et on verra qui le Seigneur désignera comme champion ! »

Les barons, à ce discours, le font tomber à genoux. Ils se raillent de lui, ils lui décochent des coups de pied, et le nabot rit tellement que des larmes lui viennent et lui roulent sur les joues de ses paupières tout enflées. Ah ! si Tristan avait su qu'on lui refuserait le duel, il se serait défendu ! Mais il avait en Dieu si belle foi, qu'il était sûr de prouver l'innocence de la reine — et que son épieu, son couteau, et son épée à deux mains porteraient témoignage de la pureté de son cœur. Oui, s'il avait pu deviner ce qui allait advenir, il aurait tué les félons. Qui l'en aurait empêché ? Il était invincible, et tout le monde le savait. O Seigneur qui trônez tout en haut dans le ciel, n'eût-ce été bonne justice ? Quelle erreur il a faite, de les avoir épargnés !

Cependant, dans la ville, le bruit court que Tristan est prisonnier du roi Marc. La rumeur se répand qu'on l'a surpris dans la nuit. Les petits et les grands, les vilains, les bourgeois, les orfèvres du bourg et les teinturiers qui délaissent leurs baquets de garance, les dinandiers et les peaussiers, les tanneurs qui empestent le renard et la loutre, les charbonniers des forêts, les chevaliers sans domaine, les pêcheurs au visage buriné par le sel, et les femmes, surtout, oui, les femmes surtout dont il a sauvé les enfants, tous s'alarment. s'agitent et sillonnent dans l'aube qui se lève sur la mer les ruelles du village dans une grande affliction.

« Que fait-on à Tristan, qui est si généreux ? Maudit soit le nabot ! Et les barons avec eux, qui détruisent nos récoltes et ne savent même pas nous défendre quand vient l'heure du danger ! Vit-on jamais plus belle reine que notre Iseut l'Irlandaise ? Et voilà, à présent, qu'ils sont tous deux au pouvoir de ces monstres qui veulent les livrer à la mort ! »

Une fermière est montée sur la pierre où se dresse le pilori du village. Elle serre sa fille tout contre elle, elle la serre sur les hardes qui lui couvrent le corps, et elle crie à la foule :

« Quand le Morholt est venu, quel est l'homme de la cour qui a osé l'affronter ? Est-ce que ce sont les barons qui se sont battus, par hasard ?

— Non ! Non ! Seul Tristan a osé ! » crie la foule unanime.

Le tumulte grandit.

La colère gronde et se gonfle.

Tout le peuple s'émeut, il escalade la colline pour gagner le château. Il vient battre bientôt sur l'enceinte d'épieux. Le roi Marc perd la tête. Il étouffe de rage. Il n'y a personne près de lui pour plaider la clémence.

Le soleil apparaît sur les flots scintillants.

Les ténèbres s'en vont.

Marc est seul au château, dans la salle du conseil, sous les poutres noircies qui soutiennent le plafond d'où s'échappe de la paille entre les lattes de bois. Seul le nain avec lui, et les félons qui l'entourent, et ses serfs personnels qui s'affairent en tremblant dans la lumière qui se lève. Périnis et Brangien sont réfugiés dans la chambre. Ils se tiennent près d'Iseut, et Gorvenal s'est caché dans un coin de l'écurie, sous les stalles des chevaux qui le dérobent à la vue.

Alors Marc ordonna qu'on déblayât une place à l'entrée du village, qu'on y assemblât des épines et qu'on creusât une fosse où on pourrait les jeter. Il exigea qu'on cherchât des sarments et des bûches pour les mêler aux racines et aux fleurs blanches et noires qu'on avait entassées. Puis il y fit mettre le feu, et au pied de la butte, la fumée commença de monter au-dessus des flammes claires qui dansaient au milieu des vapeurs.

26.

LE SAUT DE LA CHAPELLE

Le roi Marc est sorti de l'enceinte du château. Il descend la colline, tout le peuple à sa traîne qui se lamente et qui pleure. Il arrive au brasier — le regarde, joyeux, et d'une voix bien timbrée, il expose les raisons de ce qu'il a décidé. Les cris fusent aussitôt :

« Ayez pitié de la reine ! Nous vous le demandons à genoux. Sire, ayez pitié de Tristan ! Il faut d'abord les juger. Ce serait un crime, autrement ! »

A entendre la foule, Marc ne peut se contenir.

« On dit bien sans se tromper, qu'il est fou celui-là qui écoute la racaille ! Par le Dieu tout-puissant, je peux en perdre s'il le faut tout ce que j'ai sous le soleil, mais je brûlerai mon neveu, et je rirai de le voir se racornir dans les flammes ! »

Ainsi parle le roi — mais il y a royauté supérieure à la sienne, la royauté du Seigneur qui gouverne le ciel. Et Dieu aime les amants. La miséricorde et l'amour lui emplissent le cœur. Il ne peut pas consentir à la mort du jeune homme. Il a bien entendu la clameur douloureuse des petites gens qui gémissent sur le couple en péril. Sur le chemin de Tristan, pour descendre au château, il se dresse une chapelle au sommet d'un éperon. Elle domine la mer, et son chœur est fondé sur une masse de granite. Au-delà, la falaise, et le gouffre qui tombe en dévalant vers les vagues.

Comme il passe devant, Tristan dit à ses gardes :

« Voici l'église de Dieu, que le Seigneur a bénie. Ne me laisserez-vous la quittance de m'y recueillir un instant ? Je voudrais prier Dieu de m'accorder le pardon, et d'accueillir tout à l'heure mon âme à son côté. Regardez la chapelle : seul son porche donne dedans. Je ne peux pas m'échapper, vous ne courez aucun risque. »

Les archers se consultent. Ils se disent qu'en effet, il n'y a pas de danger. Ils délient le jeune homme et il passe le porche. Dès qu'il a pénétré sous les arches de pierre, il ne perd pas un instant, il traverse le chœur et s'en vient à l'abside où s'entrouvre un vitrail.

Ce vitrail, il le tire et bondit au-dehors.

Il s'élance dans le vide.

Le Seigneur l'accompagne et surveille la prouesse. Comme Tristan a sauté, le vent monte de la mer, il se mêle au manteau, le soulève et le gonfle, et dépose le jeune homme sur une large corniche. Tristan saute aussitôt sur la plage en dessous, où il s'enfuit à toutes jambes tout au long du rivage.

Il entend dans le loin les craquements du bûcher dont la fumée monte au bourg.

Il ne perd pas un instant, il bondit comme un faon, il trébuche aux galets, se reprend et repart, il abandonne le front de mer et remonte à la lande qui s'étend sous le ciel.

Dès qu'il apprend que Tristan s'est enfui de la sorte, Gorvenal se redresse dans le foin de l'écurie. Il a pris son épée, et l'épée de Tristan. Il connaît assez Marc pour savoir que le roi peut le faire rechercher, et se résoudre à le brûler à la place de son maître. Il enfourche un cheval, il saisit un coursier qui attend, harnaché, par sa bride de cuir, et jaillissant de l'écurie, il s'élance dans la cour, il débouche du château et s'échappe au galop du côté de la mer.

Tristan l'a aperçu. Il lui fait de grands gestes, et Gorvenal le rejoint, hors d'haleine, dépeigné par le vent de sa course.

« Me voici, dit Tristan. Je suis sauf, tu le vois. Et pourtant que m'importe ? Si Iseut doit mourir, je perds tout avec elle. Je ne veux pas lui survivre, et on la conduit au bûcher !

— Au nom de Dieu, Tristan, reprenez vos esprits ! Voyez-vous devant nous ce fourré si touffu ? Il domine le chemin qui traverse les genêts. Nous allons nous y mettre. Bien des gens passent ici, et nous saurons les nouvelles. C'est alors que nous pourrons décider de la conduite que nous devons adopter.

— Hélas ! lui dit Tristan. Quelle vengeance puis-je avoir ? Je n'ai même pas mon épée.

— J'y ai pensé, au contraire. Je l'ai apportée, la voici.

— Avec elle à la main, je ne crains rien ni personne. Marchons donc au bûcher !

— Ne te hâte pas à ce point ! Dieu sans doute te réserve une vengeance bien plus sûre. Les barons, en ce moment, sont autour du roi Marc. Tu en tueras dix ou vingt — mais tu tomberas à la fin, car leur nombre est trop grand. Tu n'auras rien empêché, et Iseut brûlera vive. Non, attends encore un peu, et tu verras quel parti nous saurons en tirer. »

Tristan baisse la tête. Ses mains tremblent de rage, il se sent le cœur lourd, mais il écoute l'écuyer, il se cache au buisson surplombant le chemin qui se creuse au milieu des fourrés de genêts et des touffes de bruyère.

27.

ISEUT AUX LEPREUX

Dans la chambre royale, par les couches défaites, et les coffres ouverts, et la fleur de farine à présent piétinée par les allées et venues, Iseut pleurait de douleur. On l'avait revêtue de ses atours les plus beaux, car Marc voulait que ce fût une leçon pour le peuple, de la voir humiliée dans sa gloire de souveraine.

« Ah ! chétive et captive ! se plaignait-elle à voix haute, on a emmené mon seigneur, et je n'ai pas pu l'embrasser ! Sur quelle mer en allé, vogue-t-il en ce moment, vers quelle île fortunée — et je suis absente de lui ? Hélas ! Je vis encore ! Me voici garrottée comme une esclave qu'on ravit, et mes liens me serrent tant que j'en ai les doigts bleus. Tristan, quel malheur que je n'aie pu vous faire don de ma vie ! Vous eussiez été sauf, avais-je d'autre souci ? »

L'heure de tierce arrivait. Par une lucarne qui s'ouvrait dans le mur du château, on voyait un pan de ciel, et la clarté du soleil pénétrait dans la chambre, qui enrobait la jeune femme comme d'un nimbe léger. Les larmes coulaient sur ses joues, et elle gémissait encore : « Que maudit soit le sort où je suis engagée ! Mieux voudrais-je être morte, que de savoir mon ami qu'on emmène au bûcher ! C'était à moi de lui montrer son chemin dans la nuit ! », quand une serve se faufile au milieu des gardiens. Elle se penche sur la reine et lui dit à l'oreille :

« Ne pleurez plus, noble reine ! Tristan le preux s'est enfui. Il a échappé au roi Marc ! »

Alors Iseut se redresse. Ses yeux verts étincellent.

« Tu es sûre de la chose ?

— Tout le peuple en crie de joie, nous louons le Seigneur. »

La jeune femme, à ces mots, ne peut pas se retenir. Une joie sauvage, à son tour, se débonde dans son cœur. Elle renverse la tête et exulte en criant :

« Si Tristan est vivant, que m'importe qu'on me tue, qu'on m'enchaîne ou me libère ! Inutile de gémir ! Tristan va à sa guise : il vaudrait mieux pour tout le monde qu'on me respecte à présent ! Ah ! Barons et félons, et toi aussi, sale bossu, vous pouvez craindre et trembler ! Le courroux de mon seigneur est pareil à l'orage ! Il éclate soudain, qui pourrait résister ? Oui ! Si Tristan est vivant, vous mourrez de sa main ! Il vous forcera à l'épieu comme des bêtes sauvages, il décollera votre tête et la plantera à la pointe de sa lance de frêne. Bénie soit la nouvelle ! Quel branle vous danserez quand vous serez en enfer ! »

Or, lorsqu'on apprit au roi Marc l'aventure de Tristan, il blêmit de colère, la fureur l'envahit — et comme il contemplait le bûcher enflammé devant lui, et les ronces qui craquaient, et les tourbillons de fumée qui s'envolaient sur les prés, une joie mauvaise le remplit : le meilleur du spectacle lui restait à venir, de voir la reine au brasier, de voir le feu s'élancer dans les fins cheveux d'or, de la contempler qui se tordrait comme un ver à l'hameçon, et qui hurlerait à la mort comme un chien sous la lune.

Il ordonna de l'emmener, et là-haut, sur la butte, Iseut sortit du château. Elle descendit la colline, et à mesure qu'elle venait, le désordre grandit de la voir ainsi liée, malmenée par les serfs qui la tiraient comme une bête.

Toute la foule l'entoure.

On se lamente sur son sort.

On maudit le nabot, le mauvais astrologue, on maudit les félons, on maudit le roi Marc qui demeure insensible !

Le visage de la reine est inondé de ses larmes.

De ses yeux éperdus, elle aperçoit les grandes flammes qui crépitent vers le ciel. Et chacun de se dire : « Qu'elle est belle pourtant ! Même maintenant, à cette heure, elle est plus belle que jamais ! »

Et c'était vrai, en effet. Car elle portait un bliaut de brocart brodé d'or, un étroit bliaut gris qui lui moulait bras et jambes, qui s'ajustait sur son sein et au rond de ses hanches. Ses cheveux lui tombaient, dénoués, jusqu'aux pieds. D'or aussi était le fil qu'on avait tressé dans leur masse, et qui cerclait son front pur comme d'un rai de soleil.

Un fil d'or qui courait dans les longs cheveux d'or.

Un bliaut brodé d'or.

Cheveux d'or et fil d'or, femme d'or et reine d'or !

Et tout le monde disait :

« Il faut être Judas pour ne pas s'émouvoir ! Qui n'aurait pitié d'elle à la voir tellement jeune ? Ses joues brillent de larmes. Regardez ses grands yeux éperdus de terreur ! »

Mais le roi ne dit rien. Il la voit s'avancer, il regarde

le bûcher, et il se réjouit en grondant du destin qui s'annonce.

Dans la paroisse Saint-Samson, il vivait en ce temps une bande de lépreux. Ils se terraient d'habitude au hameau de Lancien, et cachaient leurs ulcères, leurs figures ravagées, leurs moignons pourrissants qu'ils entouraient de torchons, du côté d'une tourbière où l'on s'enfonçait jusqu'aux genoux. Attirés par le bruit qu'on avait fait sur Iseut, ils se pressaient au spectacle, et chacun s'écartait de ces monstres hideux, de ces cadavres vivants qui allaient en riant, qui clopinaient et boitaient, brandissaient leurs bâtons et agitaient leurs béquilles et leurs cliquettes de bois. Leurs yeux coulaient d'humeurs blanches, des crevasses se formaient à la place de leur nez, ils ouvraient dans leurs gueules de grosses lèvres fendues qui partaient en morceaux tuméfiés et rongés — et le pire de tous, sans conteste, était leur chef Ivain : ses paupières se gonflaient, sa mâchoire pourrissait et on voyait à sa main les os nus de ses doigts.

A la vue du spectacle de la reine enchaînée, de la cour silencieuse et du peuple en émoi, les lépreux ricanaient, ils riaient de male joie, les immondes pourceaux ! Puis Ivain s'avança. Il se planta comme il put devant le siège du roi, il fit claquer ses osselets et dit à Marc en raillant de sa bouche édentée :

« Tu n'y as pas pensé, à ce que je vois ! Mauvais conseil que celui que prodigue la colère ! Tu veux punir ta jeune femme en la jetant au bûcher ? Mais le châtiment sera bref, est-ce là se venger ? Réfléchis un peu plus ! Elle sera vite consumée, et on dispersera son tas de cendres aux quatre vents de la mer. C'est bien pauvre punition ! Si tu voulais m'écouter, je saurais t'indiquer une épreuve bien pire. Tu peux m'en croire, je te jure, elle préférerait en mourir, bien plutôt que de vivre comme je t'en offre l'idée. Qu'en dis-tu, noble roi ? Ne veux-tu la faire vivre dans la lèpre et la honte ? »

Le roi dresse l'oreille. Il examine le lépreux et un sourire incertain se dessine sur ses lèvres.

« Si tu peux m'expliquer comment tu comptes la faire vivre — et la faire vivre à raillerie, et à honte et opprobre — je t'en saurai gré, sois-en sûr. Qui m'enseignera tel supplice, je lui accorderai quant à moi une amitié sans partage.

— Alors, écoute bien. Je vais te parler sans détour, et tu verras qu'il n'y a pas de punition plus terrible. Regarde donc dans mon dos : j'ai plus de cent compagnons, et tu peux constater qu'il n'y en a pas de plus laids. Fais-nous don de la reine. Nous en ferons la putain qui nous manque à grand deuil, nous la monterons tout à tour et la foutrons joyeusement — y a-t-il dame en ce royaume qui ait connu pareille fin ? Voici des mois et des ans que nous n'avons eu de catin pour pouvoir la fourrer. Tu peux m'en croire sur parole ! Nous sommes tous possédés d'une telle fringale de jouir, qu'il n'y a pas de femme sous le ciel qui pourrait supporter les assauts que nous mènerons. Non, il n'y en a pas une sous le ciel qui supporterait plus d'un jour de faire l'amour avec nous ! Et pourtant, ce ne sera pas pour Iseut une journée, mais des semaines, et des mois, et des années tout entières — et elle pourrira comme nous, elle verra sa chair s'en aller par morceaux de son crâne, et son sexe couler dans un sang de charogne. Avec toi, c'était doux ! Elle menait une belle vie, elle portait l'écarlate, et du vair et du gris, et des fourrures d'hermine blanche. Ne vois-tu comme nous sommes ? Nous avons tant de gangrène que nos loques s'y mêlent et nous collent à la peau. Quand elle verra nos bordels, dans la puanteur des marais où nous devons nous cacher ; quand elle devra se coucher dans la vase molle et gluante, se déshabiller devant nous et écarter large les cuisses pour qu'on trouve son trou ; quand elle devra se jeter sur la viande avariée qu'on nous laisse dans les bois, et mâcher les vers blancs qui se tordent dedans — par Dieu le Père tout-puissant, elle regrettera le brasier qui l'aurait délivrée ! »

Le roi a écouté le discours du lépreux. Il se tient immobile, tout soucieux et pensif. Puis il éclate de rire : « Bien parlé, par ma foi ! C'est le Seigneur en personne qui a dû t'inspirer. Va. Prends Iseut avec toi, et mène-la au bordel. »

Il se saisit de la reine et la donne à Ivain. Les lépreux se rassemblent. Toute la foule s'émeut. Chacun pleure et s'afflige. Mais Ivain se rigole et s'essuie la chassie qui suinte de son œil. A la tête de sa bande, il emmène la reine et s'éloigne du bûcher, du côté de la lande, par les chemins sablonneux qui s'enfoncent sous les haies.

Toute la troupe en guenilles se pressait sur Iseut et poussait de grands cris en pensant que bientôt, elle jouirait de son ventre. C'était à qui s'approcherait, la toucherait de la main, lui caresserait les cheveux. Tous étaient agités du désir de sa motte ; des ardeurs les brûlaient dans le fond de leur ventre, leurs regards s'allumaient, leurs yeux dégoulinants leur roulaient aux orbites, et ils se disputaient déjà en poussant de grands cris pour savoir qui d'entre eux la prendrait le premier — et dans quel ordre, à la suite, ils se mettraient à jouir d'elle tout le jour et la nuit.

Et criant, béquillant, glapissant et hurlant, les voilà qui s'engagent sur le chemin qui passait en dessous du fourré où Tristan se cachait à côté de Gorvenal.

Dès qu'il les a aperçus, Tristan pique son cheval. Il jaillit du buisson, il dévale le talus et galope vers Ivain.

« En voici assez, ribaud ! lui crie-t-il cependant qu'il arrive comme la foudre. Lâche la reine sur-le-champ, ou je te tranche la tête ! »

Mais Ivain se redresse et dégrafe son manteau :

« Eh ! Vous l'avez entendu, le hardi paladin ? Allons donc, camarades, aux béquilles et potences ! »

Tous les ladres s'arrêtent. Ils enlèvent leurs chapes, ils brandissent leurs bâtons, et vacillant sur leurs pieds, titubant, menaçants, ils avancent vers Tristan et l'injurient à pleine gorge. Mais Tristan est trop noble pour accepter le défi. Souillera-t-il son épée du sang noir et vicié de ces créatures de l'enfer ? Non ! Il empoigne une branche d'un chêne vert qui est là, il se précipite vers Ivain et lui assène un tel coup que le sang en jaillit, un sang noir et épais qui lui coule jusqu'aux pieds.

Le jeune homme se penche sur l'encolure de son cheval. Il arrive à Iseut, la saisit par la taille et l'enlève sur sa selle. Gorvenal suit son maître. Ils quittent la lande et le bocage et s'en vont au galop vers la forêt du Morois.

Que la reine est heureuse ! Elle a oublié ses souffrances.

Le crépuscule se répand sur les branches des hêtres, et les têtes des cormiers où pépient les oiseaux.

Puis la nuit est tombée.

Gorvenal s'est couché aux racines d'un chêne. Iseut la blonde et Tristan ont choisi un endroit tapissé de feuillages. Ils s'allongent côte à côte. Ils se pressent et s'embrassent. Des brindilles s'accrochent au bliaut de la reine, elles parsèment ses cheveux qui reluisent dans la nuit, et sous la garde des arbres, des hulottes rêveuses qui surveillent les bois, à la lueur des étoiles qui s'éparpillent dans le ciel, les amants se confient les secrets de leur cœur, et s'endorment peu à peu dans les bras l'un de l'autre. Ils se sentent aussi sûrs que s'ils étaient protégés par les murs d'un château. Car ils savent que les bêtes, et les plantes et les pierres qui se dressent aux fourrés, ils savent bien que la lune, les rameaux verdissants et les sources d'eau vive, ils savent bien que les cerfs, les renards à queue rousse, les sittelles qui se tiennent tête en bas sur les branches, tout leur est amical au mystère de ces bois, et concourt à défendre le salut de leur amour.

28.

LE SECRET DU ROI MARC

Cependant que Tristan et Iseut mènent leur joie dans le bel été qui s'annonce, le roi Marc demeure seul au château de Tintagel. Il est seul et sans aide devant l'assemblée des barons, et de Frocin l'astrologue, le nain noir et bossu.

Il n'y a personne qui le plaigne.

Il a voulu son destin. A quoi bon le verger, si les fruits qu'on y cueille sont amers à la bouche ? A quoi bon l'océan qu'on aperçoit par les fenêtres, quand le chant de la houle lui rappelle que la reine est venue de la mer ? A quoi bon les glaïeuls qu'on répand sur le sol, puisque son pied les foule seul, que sa femme est absente, et qu'aucun lai n'est capable d'apaiser sa tristesse ?

Ce n'est pas tant, par ailleurs, que la reine lui manque : mais tout le monde sait à sa cour qu'elle se donne à Tristan, et il lui semble sans cesse qu'on chuchote aussitôt qu'il s'éloigne d'un groupe, et que si on n'ose le montrer, il n'y a dame ni comte qui ne se moque de lui dès qu'il tourne le dos.

Or, une étrange aventure lui survint en ce temps. Un beau soir, en effet, où on avait festoyé, comme le nain était ivre, qu'il y avait perdu sa grosse tête, qu'il gesticulait sans arrêt et déparlait comme une pie, les barons le pressèrent de révéler son secret. Car, s'il n'y avait de secret, comment donc expliquer que, lui qui était si difforme et portait une telle bosse, avec ses jambes en tonneau et ses pieds ridicules, comment donc expliquer qu'il pût être à ce point le familier du roi Marc, et qu'il fût même son intime comme personne d'autre ne l'était ?

« Mon secret ? Mon secret ? » bégaya le nabot en écartant les narines, et il se déformait toute la bouche, en y enfonçant ses index pour la tirer sur les coins. « Ce n'est pas mon secret, c'est celui du roi Marc. Du roi Marc... », redit-il en riant comme un simple, et il louchait des prunelles pour lorgner sur son nez — car il s'en voyait deux tout à coup et n'entendait pas ce prodige. « Je ne l'ai, jusqu'ici, jamais dit à personne. Je l'ai gardé jalousement. Mais je vois que vous voulez... » Il rota copieusement et se moucha dans ses doigts. « Je vois bien que vous voulez le connaître, vous aussi. Et pourtant, je ne peux pas vous le confier de la sorte. Par Dieu non, je ne peux pas ! Mais il y a un moyen. Attendez ! Attendez ! Je ne trahirai pas mon serment, ce ne serait pas digne de moi, un savant comme je suis ! Nous allons nous rendre tous ensemble au gué Aventureux. Vous savez qu'il y a là une forte aubépine. Elle doit être tout en fleur, et ses racines se suspendent au-dessus d'un grand trou. Eh bien, écoutez-moi. Je mettrai ma tête dans le trou, et vous m'entendrez du dehors. Seulement, c'est bien clair, je parlerai à la plante — pas à vous, mes seigneurs ! Et ce que je dirai aux racines, ce que je conterai à la terre, ce sera justement le secret du roi Marc. Le secret du roi Marc ! » répéta-t-il en se tapant d'une main sur la panse.

Sitôt dit, sitôt fait. On s'en va de Tintagel, on traverse la lande à la lueur de la lune, on gagne le Gué d'Aventure et Frocin s'agenouille sur le pied de l'aubépine. Mais le nain est trop court, et sa tête est trop grosse. C'est un rond de citrouille : elle ne peut pénétrer dans le trou qui se creuse à l'aplomb de la fleur. Qu'à cela ne tienne, pourtant ! Les barons élargissent le fossé sans attendre, on y pousse l'astrologue, on ne peut s'empêcher de se dire en riant : « Quel curieux astrologue, que celui qui regarde dans la terre, et non le ciel ! »

Le nabot, cependant, son gros cul aux étoiles, disparaissait en dessous des fleurs blanches qui se dressaient à côté de l'eau vive. Comme un chien de chasse qui se pousse du museau au terrier, il a enfoncé son gros crâne au plus noir de la fosse. Sa voix monte étouffée, mais on comprend parfaitement les paroles qu'il prononce :

« Ecoute-moi, aubépine, c'est à toi que je parle, et non certes aux barons qui se tiennent dans mon dos. Je m'en vais te confier le secret du roi Marc — ce secret qu'il conserve avec tant de jalousie, et que personne au royaume n'a jamais deviné. Ce secret, le voici. Le roi Marc, notre roi — le roi Marc, sous ses cheveux, et qu'il cache tellement bien sous l'épaisseur de ses boucles, le roi Marc, écoutez !... les oreilles du roi Marc sont des oreilles de cheval ! »

Les barons en frémirent. Tous savaient que la mort, quand elle frappe à la porte au milieu de la nuit, elle est montée sur un cheval qui incline les oreilles. Et soudain, à la lune, de l'autre côté du ruisseau, il leur semblait deviner les silhouettes blêmes des chevaux qui galopent dans les landes et emportent en Enfer les âmes noires des défunts. Ils s'enfuirent aussitôt, et regagnèrent le château où chacun se cacha sous la couverture de son lit.

A quelques jours, toutefois, comme on sortait de souper d'un ragoût de sanglier et de coqs à la broche, les félons s'approchèrent sournoisement du roi Marc qui tendait dans ses mains un grand arc d'aubour.

Godoïne se pencha sur l'épaule du roi :

« Nous savons, lui dit-il, ce que tu tentes de cacher. Tu peux toujours faire accroire ce que tu veux aux manants, nous savons à présent ce que nous devons en penser.

— Tu es fou, ma parole ! Quelle étrange pépie t'est montée à la tête ?

— Inutile de jouer. Nous connaissons ton secret. Voudrais-tu par hasard que je le dise à voix haute ?

— Tais-toi donc ! » crie le roi. Il repose son arc et se retourne lentement. « Je me rends compte que le nain a parlé, le maudit ! Il était le seul à connaître mes oreilles de cheval. Mais il va le payer ! Il a beau savoir d'habitude quel peut être le destin, il s'est trompé, cette fois-ci ! »

Le roi tire son épée. Il traverse la salle, il se campe dans le dos du bossu qui n'y pense, il lève son branc à deux bras et l'abat d'un seul coup. La tête vole dans la pièce, puis elle roule sur le sol. Le corps s'affaisse sur les dalles, et le sang coule à flots de son cou tranché net. Les barons sont muets. Ils sont frappés de terreur. Marc essuie son épée, la remet au fourreau, va s'asseoir sans un mot sur son siège de bois.

On entend au-dehors le miaulement d'une chevêche.

L'adversaire de Tristan, le cancer de la reine, l'amoureux des nuits noires — le bossu, le tordu, le hideux conseiller, il est mort d'avoir dit le secret du roi Marc !

29.

LES REGRETS DE LA REINE

Iseut était en mer pour rejoindre Tristan, sur la mer de Bretagne que fendait le navire, pour sauver son ami qui l'attendait sur la grève, agonisant de la plaie qui noircissait à son flanc.

Il agonisait de la plaie suppurante d'humeurs, et il savait que la reine pouvait seule le sauver, qu'il n'y en avait d'autre sur terre à connaître les baumes, et les secrets de magie qui l'arrêteraient sur le seuil de la mort qui venait.

Iseut la blonde se tenait à la proue de la nef. Elle bondissait avec elle sur la crête des vagues et semblait la guider dans l'immensité de la houle.

De longues larmes d'argent lui coulaient sur les joues.

Que la nef était lente !

Qu'elle est faible, la bise qui tend les voiles du navire !

Iseut sait que Tristan l'attend en désespoir. Elle sait bien qu'il mourra, si elle n'arrive bientôt.

Le regard de la reine se brouillait malgré elle. Les vagues blanches d'écume lui semblaient se confondre jusqu'au bout de l'horizon, où le corps de la mer rejoignait les nuages dont le ciel s'encombrait. Elle tendait les bras devant elle, dans un geste inutile et pourtant nécessaire, vers la forme de Tristan qui gisait allongé de l'autre côté de l'océan. Ses cheveux blonds se dénouaient, et se mêlant dans le vent, lui flottaient aux épaules dans des mèches vagabondes. Sa robe claquait sous la bise qui balayait le pontage. Elle se lamentait, éperdue, à voir passer jours et nuits qui se succédaient sur la nef dans leur lent balancement.

« Tristan ! suppliait-elle, je suis en route vers vous ! Ayez le cœur de m'attendre ! J'ai tout abandonné, j'ai tout quitté pour vous ! Non, je n'ai pas hésité dès que j'ai su que vous étiez en si grand danger de mort. Tristan ! Tristan ! Rappelez-vous le Morois, quand nous nous étions de même sorte débarrassés de la cour, et que nous vivions l'un pour l'autre au seul nom de l'amour ! Vous souvenez-vous de ce temps que nous avons vécu dans la joie ? Rien ne nous était à douleur, puisque nous étions réunis ! »

Ainsi pleure la reine — et dans la plainte des vagues, il lui semble que la voix de Tristan lui répond :

« Et pourtant, vous rappelez-vous, Iseut, comme nous y avons dû y mener une vie âpre et dure ?

— Mais quelle est l'âpreté que ne surmonte l'amour ?

— Vous souvenez-vous de la hutte que j'avais faite de mes mains ?

— Je ne peux pas l'oublier. C'était le lendemain de la fuite, vous vous étiez enfoncé dans le sein de la forêt pour y poursuivre un chevreuil.

— Oui, je me souviens, moi aussi. Dès que j'ai été sous le vent, j'ai aperçu l'animal. Il me semble encore que j'y suis, que j'ajuste mon arc, que je décoche ma flèche : la bête crie, et bondit, et retombe dans l'herbe. »

Iseut voit dans un songe son amant qui s'avance, le chevreuil aux épaules qu'il dépose devant elle. Gorvenal le fait cuire cependant que Tristan leur prépare un abri. Il tranche de son épée dans les rameaux et les branches, il construit la cabane à l'appui d'un gros chêne et Iseut jonche le sol d'herbes drues et épaisses.

Ils s'assoient côte à côte.

Ils entendent au loin hurler les bêtes des bois. Et le cri du blaireau dans le soir qui s'étend, et le râle des vieux cerfs qui appellent leur femelle. Au-dessus d'eux, les étoiles. Sur leur tête, le ciel, qui est le toit du Seigneur. Et Iseut a Tristan pour unique refuge, et Tristan a Iseut pour seul gîte et seule grâce.

« Oui, j'étais bien lasse, en effet », dit la reine à voix basse (et elle ne se rendait même pas compte qu'elle ne parlait à personne qu'aux nuages qui filaient au-dessus du navire, et à la danse des vagues où craquait la carène), « j'étais bien lasse, ce soir, et je me suis étendue, je me suis blottie contre toi — ai-je jamais mieux dormi, tant est grande et puissante la merveille de l'amour ? »

La jeune femme s'est perdue dans les lentes images que déroule son rêve. Elle revoit comme Tristan, allongé auprès d'elle, enroulait ses cheveux tout autour de ses doigts, ou en faisait une résille où jouait le soleil. En elle était sa joie, en elle était sa vie. Ils ne pouvaient plus se disjoindre. Le désir les jetait à toute heure l'un vers l'autre. La passion leur faisait oublier toutes les peines et ils se confiaient aux fougères, et aux hêtres moussus, et aux oiseaux des forêts qui chantaient aux sorbiers...

Quand le merle à bec jaune se mettait à siffler, Tristan dressait l'oreille ; il écoutait la nouvelle qu'on lui transmettait de la sorte, puis il renversait sa figure et déversait à son tour sa mélodie dans les bois.

Ainsi souvent parlait-il au pivert qui hennit, au roitelet à la huppe d'un beau jaune éclatant, au bouvreuil si timide qui se cache dans les branches, à l'épeiche noire et blanche qui tourne autour des troncs d'arbres...

« Nous nous levions le matin, se murmure la reine, quand la rosée se formait et mouillait nos vêtements. Nous parcourions la forêt par les sentes lumineuses. Les biches craintives détalaient au milieu des fourrés. Les sangliers trottinaient du côté de leur bauge. Les écureuils à queue rousse dégringolaient devant nous, le coucou se plaignait quant la nuit s'étendait — et le vent qui soufflait dans les feuilles des trembles, nous l'entendions tous les jours, et le bruit de la mer qui battait dans le loin, sur le pied des falaises, de l'autre côté de la forêt. Moi, je cueillais la journée la consoude et les mauves, la mélisse et la menthe qui croissaient aux clairières, et les fleurs si fragiles que faisait le bouillon blanc. Ah ! C'est bien vrai, en effet, nous avions faim, quelquefois. Nous devions nous priver. Il nous arrivait de nous enfuir quand un garde approchait. Mais nous avions telle ferveur que nous en oubliions tous les maux ! Une flamme de feu transperçait notre cœur. Seigneur, Dieu tout-puissant ! Je sais que, sans Tristan, je ne pourrai plus vivre longtemps ! »

Alors Iseut, égarée, regardait autour d'elle. C'étaient les voiles de la nef, les gémissements des haubans, c'était la froide lumière qui tombait des nuages, c'était l'eau des embruns qui jaillissaient sur ses pieds, qui lui semblaient irréels — et la mémoire du Morois qui lui disait vérité. Elle se griffait les joues des deux mains pour tenter de s'éveiller. Elle secouait sa figure, elle fermait les paupières : hélas ! c'était bien sur la mer qu'elle était engagée, elle voguait vers Tristan qui agonisait en Bretagne, les vagues pleuraient dans son âme, et les beaux jours en allés s'évanouissaient peu à peu dans la voix de Tristan qui semblait s'éloigner, qui s'éteignait à la fin, et qui était recouverte par le battement monotone de l'océan sur la coque.

30.

LES AMANTS AU MOROIS

Or, un jour que Tristan et la reine parcouraient des taillis que personne n'avait encore visités, ils tombèrent d'aventure sur la retraite d'Ogrin, un ancien chevalier qui faisait pénitence et s'était retiré comme ermite au Morois. Il se tenait appuyé sur un bâton de cormier et, dès qu'il vit les amants, il les interpella tellement bien qu'ils ne purent s'écarter :

« Etes-vous fous, tous les deux ? Vous êtes au ban du royaume. Récompense est promise à qui saura vous livrer. Quel orgueil vous démange, qui vous pousse à défier la loi des hommes et de Dieu ? Et pourtant, au pécheur qui a vraie repentance, Dieu pardonne sa faute, s'il proclame sa foi et se confesse sincèrement.

— Vous ignorez tout de nous deux, lui réplique Tristan. A votre tour d'écouter : si la reine m'aime ainsi, vous n'en savez la raison. C'est par le vin que nous bûmes. Dieu l'a-t-il empêché ? Je ne peux la quitter, ni elle ne peut, elle non plus.

— Comment sauver des âmes mortes ? dit Ogrin rudement. Car ils sont vraiment morts, ceux qui vivent au péché et n'en ont pas de repentir. On ne peut absoudre qui refuse d'éprouver de remords. »

Et l'ermite les sermonne, il cite les Saintes Ecritures et exhorte le couple à se séparer sur-le-champ.

« Que vas-tu faire, imbécile ? rudoie-t-il le jeune homme. Tu as perdu ton bon sens !

— Quel bon sens ? dit Tristan. Je ne sais qu'une seule chose. J'aime Iseut à merveille, et je n'ai pas d'autre choix. Je préfère vivre avec elle comme un vagant sur la route, que de régner solitaire sur le plus beau des royaumes.

— Frère, il a dit vrai, intervient la jeune femme. Il ne m'aime, ni je lui, fors l'effet du breuvage que nous prîmes en mer. Y pouvons-nous quelque chose ? L'avons-nous recherché ? Dieu témoigne que nous sommes innocents devant lui ! »

Mais Tristan se détourne, il entoure de son bras les épaules de la reine.

« Viens-t'en donc, lui dit-il. Je ne me repens certes pas. »

Et tous deux enlacés, ils regagnent les bois qui se referment sur eux.

Ecoutez maintenant ce qu'il advint encore d'eux. Tristan avait un chien qui s'appelait Husdent. Aucun comte ni roi n'en avait de pareil. Il était vif et rapide, et ardent et léger comme bien peu de limiers. Or, depuis que son maître avait disparu du château, il refusait de manger, dédaignait sa pâtée, grattait le sol de ses ongles et geignait sans arrêt. Emerveillés du spectacle, des barons vinrent à Marc demander qu'on le déliât.

« Détachez-le, lui dirent-ils, que nous en ayons le cœur net. Ou ce chien pleure Tristan, ou il est enragé. Il n'y a moyen de savoir qu'en lui rendant liberté. S'il est pris par la rage, il sautera au hasard, il tentera de nous mordre, et on le verra tournoyer, gueule ouverte et la langue qui pendra dans le vent.»

On délia donc le limier — mais les barons et les comtes, les écuyers et les dames, et même Marc en personne se bousculèrent et grimpèrent sur les bancs et les tables, de peur que le brachet ne les mordît à grand mal. Mais Husdent avait le cœur à tout autre aventure! Aussitôt qu'il fut libre, il s'élança comme une flèche et courut à la chambre où dormait jadis son maître : il aboie et il gronde, il renifle le sol, il gémit et il pleure. Puis il jappe soudain et redresse la tête : il a enfin retrouvé la trace de Tristan. Il la suit ventre à terre, il s'enfuit du château, il parcourt la falaise, il s'engouffre d'un trait dans la chapelle suspendue, la traverse en courant — et comme Tristan avant lui, il saute sans hésiter à travers le vitrail.

Il dégringole dans l'abîme.

Voyez! Il a trouvé la corniche! Il remonte la plage. Le museau contre terre, il ne cesse d'aboyer. Il s'en vient à la lande, redescend le chemin, se dirige au Morois — il est entré en pleine course sous la voûte des arbres qui se dressent au-dessus des taillis de la lande.

Le voici aux sous-bois à donner de la gueule, et la forêt retentit de ses longs aboiements. Tristan, sous le couvert, Gorvenal et Iseut en entendent les appels qui se multiplient par les troncs. Ils reconnaissent sa voix. Une angoisse les étreint. Ne serait-ce le roi Marc qui a ainsi lancé le chien, et le suit à la piste pour découvrir les fuyards? La reine et l'écuyer s'enfoncent dans un fourré, Tristan debout, au contraire, qui apprête son arc. Ils vendront leur vie, c'est certain! Mais quand Husdent jaillit au détour d'un gros chêne et aperçut son seigneur, il bondit jusqu'à lui, il lui dansa tout autour, il remua tête et queue et se roula dans les feuilles pour offrir la peau tendre de son ventre aux caresses.

« Quel malheur, dit Tristan, que ce chien soit venu ! Si nous voulons le garder, il nous trahira malgré lui. Je crois bien qu'il vaut mieux nous en défaire sur-le-champ. »

Mais Husdent, à grande joie, léchait les mains de la reine, et celle-ci n'avait le cœur de le laisser mettre à mort.

« Ne peut-on le dresser, supplia-t-elle le jeune homme, et lui enseigner à chasser dans les bois sans crier ? Ce serait une grande joie, si tu pouvais lui apprendre à forcer le gibier, à poursuivre les cerfs et à courre daims et biches en sautant en silence ! »

Que Tristan pouvait-il refuser à Iseut ? Il acquiesce à son vœu et se met au dressage. Et à force de patience, et d'essais et d'exemples, il ne s'était passé plus d'un mois sans que le brachet sût déjà traquer à la muette. Il a appris à bondir sans donner de la voix, et s'il prend un chevreuil au profond de la forêt, il le cache en dessous d'un tapis de branchages ; s'il rejoint en revanche le gibier dans la lande, il l'enfouit sous une couche d'herbes vertes et drues et revient chercher son maître qu'il mène à la cachette.

Ainsi passent les jours, les semaines et les mois.

Tristan vécut très longtemps de la sorte en forêt, et Gorvenal, et Iseut, qui se fiaient à sa force et ne se souciaient de leur sort, puisqu'il était leur gardien. Qui, d'ailleurs, eût osé pénétrer dans le Morois ? Pas un homme du roi Marc n'eût tenté l'aventure. Car personne n'a souci d'affronter le héros, et chacun sait par avance qu'il perdrait le combat — qu'il disparaîtrait de ce monde, et qu'on ne retrouverait que son corps, à la morte saison, suspendu par une corde à la branche d'un arbre, les orbites creusées par le bec des oiseaux, virant de-ci de-là aux caprices des vents.

Et pourtant les amants ne se nourrissent que de gibier que l'écuyer cuit le soir sur des feux de bois sec. Ils boivent l'eau des ruisseaux qui serpentent dans les herbes, de leurs mains réunies dont ils forment une coupe. Ils n'ont ni pain ni vin : où pourraient-ils en trouver ? Qu'y peuvent-ils s'ils deviennent peu à peu noirs et hâves ? Leurs habits se haillonnent, ils se déchirent aux branchages, les épines les griffent, et la robe d'Iseut perd chaque jour ses couleurs, elle ressemble aux grosses bures des vachères du roi Marc.

Mais les amants sont heureux comme jamais ils ne furent — sauf peut-être sur la nef. Ils ne se quittent jamais. Toute misère s'abolit dans leur présence réciproque : telle est la force de l'amour qui les ravit de leurs sens.

Qui douterait que le Seigneur ne les eût en sa garde ?

31.

LA MORT GUENELON

Rien ne peut arrêter la danse lente des saisons. Les feuilles des arbres s'inclinent, elles se détachent des branches et retombent en silence sur les mousses qui tapissent les rochers et les sentes.

La fougère rougeoie.

On entend bramer le cerf, cependant que la pluie enveloppe les bouleaux et ruisselle sur leurs troncs dans des larmes d'argent. Le vent s'emporte : il est froid — et les feuilles d'or et de rouille s'en vont en tournoyant dans ses brusques bourrasques.

Les longs vols d'oies sauvages ont croisé dans le ciel.

Les bernaches pleurent dans le soir, et on entend, assourdi, le grondement monotone de la mer aux écueils.

Oui, qu'elle est loin, à présent, la splendeur de l'été !

Même l'automne est passé et l'hiver est venu.

On avait dû s'en aller de la hutte au grand chêne, qui menaçait de s'écrouler sous le poids de la neige. Avec Gorvenal et Husdent, les amants s'encoignaient sous le creux d'un rocher où on entrait en rampant. Ils tendaient les mains vers un feu dont la fumée qui roulait sous la voûte de pierre leur gonflait les paupières et leur piquait les prunelles. Quelquefois, le matin, quand ils s'éveillaient en tremblant, des aiguilles de gel hérissaient les feuilles mortes qui leur servaient de litières.

Husdent chassait la journée dans la neige où se marquaient les empreintes des daims. Gorvenal fabriquait des gluaux pour piéger les oiseaux transis de froid qui étaient demeurés.

Le houx sombre brillait au milieu des taillis.

Il fallait souvent, pour boire, casser d'abord la glace qui gelait les ruisseaux. Les moineaux se traînaient, engourdis, sur le sol — et des nappes de brume enrobaient les troncs d'arbres, comme autant de fantômes qui eussent lancé leurs branches nues dans des gestes de peur.

La lumière était froide, les jours blêmes et courts, et par les nuits sans étoiles, cependant que le poil de Husdent se dressait et qu'il grondait, allongé, en retroussant les babines, les amants écoutaient de dessous leur rocher les longues plaintes des loups qui couraient dans la lande, et les rires fous des grandes chouettes qui chassaient aux futaies.

Quand revint le temps clair, que les eaux vives chantèrent de nouveau dans les bois, que le sol reverdit, que des bourgeons délicats apparurent sur les branches des coudriers et des aulnes, le premier soin de Tristan fut de bâtir une loge où Iseut pût dormir à l'abri de la pluie.

La nature s'éveillait. Du sein même de la terre, remontait un sang neuf qui courait dans les veines des robiniers et des ronces, des hérons silencieux sur le bord des marais et des rocs de pierre grise que couvraient les fougères.

Or, c'est au temps que les loirs se décident à descendre de leurs nids dans les arbres et que les grives s'égosillent dans les cachettes de gui où elles se sont abattues, que l'un des trois félons se mit en tête un matin de partir à la chasse : il sortit de Tintagel avec sa meute de chiens et se dirigea, insouciant, du côté de la forêt. Gorvenal, à ce moment, avait poussé son cheval sur les bords d'un ruisseau. Quand il entendit les abois qui venaient de la lande, il enfourcha sa monture, et de sentiers en sentiers, gagna l'orée des bois où il vit Guénelon galoper dans la plaine, filant le train aux limiers qui pressaient un vieux cerf. Puis la bête tira vers l'abri du Morois, et s'enfonça à main droite sous le couvert des ramées. Gorvenal se saisit sans attendre de ses armes, et se cacha sous les branches d'un grand chêne séculaire. Les chiens passèrent près de lui, bondissant sur la piste, cependant que Guénelon labourait sa monture de ses éperons acérés. Lui cinglant l'encolure, dans l'excitation de la chasse qui gonflait ses pommettes, il accourait au galop sur les traces de sa meute, et venait droit se jeter sur le piège tendu.

Les chiens étaient disparus, et on entendait leurs abois s'éloigner aux fourrés, quand Guénelon arriva à hauteur de l'écuyer. Gorvenal s'élança, et jaillissant des feuillages, prit le traître à surprise et le tailla en morceaux. Dès qu'il fut abattu, il lui trancha le chef au couteau pour le pendre à sa selle, et laissant le cadavre qui gisait sous le chêne, s'en revint dans les bois, cette tête sanglante qui ballottait sur sa cuisse, vers la hutte où Tristan et Iseut reposaient.

Oui, ils dormaient encore ensemble, il n'était pas l'heure de tierce, et Tristan étreignait la jeune femme contre lui. Quand Gorvenal pénétra dans la clairière lumineuse où se dressait la cabane, il descendit de cheval et décrocha de l'arçon la tête coupée du félon. Il la brandit par les cheveux et la tendit devant lui comme un trophée de victoire, avant de la poser par le cou sur un grand rocher plat. S'affairant en silence, il ramassa sur le sol une longue perche fourchue et alla la ficher à l'intérieur de la hutte. Il reprit alors le chef et l'empalant d'un coup sec sur la fourche de bois, l'accrocha de la sorte au milieu de la loge avec ses paupières demi-closes et le sang, lentement, qui tombait goutte à goutte de la veine jugulaire.

Une pie, cependant, traversa la clairière.

Elle se posa sur un hêtre, tourna la tête en tous sens et elle se mit à jaser comme si elle avait été prise de la danse de Saint-Gui. A ce bruit infernal, Tristan se réveilla. Dans la brume du sommeil, son regard se fixa sur la face sanglante qui semblait l'observer du milieu de la pénombre. Il bondit de sa couche et ramassant son épée, s'apprêta à se battre. Gorvenal lui cria :

« Rassure-toi donc, Tristan ! C'est la tête de Guénelon, mais regarde-la un peu mieux : je l'ai déjà séparée de son corps de ribaud. Si je t'ai apporté cette face de rat, c'était seulement dans l'idée que ton cœur se réchauffe, et que tu te saches vengé de ses sales félonies ! »

A entendre ces mots, Tristan se réjouit fort. De ses trois ennemis jurés, en voici déjà un de moins. Or, comme Iseut elle aussi se levait du lit d'herbes, elle aperçut à son tour la figure grimaçante qui se dressait dans la hutte — et quand elle sut le bon tour qu'avait fait l'écuyer, elle tira sur les tresses qui pendaient de la fourche, et éclata d'un beau rire, d'un franc rire haut et clair, à regarder cette tête qui balançait en saignant.

32.

LES AMANTS SOUS LA HUTTE

Voici presque deux ans que Tristan et Iseut se sont enfuis au Morois. Voici presque deux ans qu'ils ne mangent pour légumes que des glands et des faines, qu'ils se donnent à dessert des myrtilles en été, des mûres noires dans les ronces quand s'avance l'automne, qu'ils se nourrissent du gibier que Tristan tire à l'arc.

Leurs visages se tannent.

Leurs figures sont creusées, leur peau brune de hâle à vivre ainsi de plein air, affrontant le soleil, et la neige et la pluie.

Voici presque deux ans : un hiver, un été — un hiver à nouveau, et le printemps revenu sous les Pâques sonnées.

Cinquante jours sont passés.

On a fêté la Pentecôte, et les langues de feu qui dansaient au-dessus de la tête des apôtres. Les paysans dans les champs ont commencé fenaison. Peu de nues dans le ciel, et les herbes soupirent de la douce chaleur.

A la fraîche, un matin, comme la rosée scintillait sur les feuilles des arbres, Tristan se réveilla et sortit de l'abri où Gorvenal et Iseut continuaient à dormir.

Il voulait inspecter l'arc d'aubour merveilleux qu'il avait inventé. On l'appelait Qui-ne-faut, et caché aux fourrés, il tuait toujours à coup sûr le chevreuil ou le daim qui avait heurté le rameau où il était attaché.

Tristan donc s'en alla, et l'épée au côté, le limier qui courait et sautait à sa jambe, il s'enfonça dans les bois, tout au long d'une sente qui serpentait au milieu des taillis reluisant de l'humidité de la nuit.

Le temps passa lentement.

Toute la forêt s'éveillait. Des rouges-gorges sifflaient dans les branches des trembles, des fauvettes s'abattaient sur les grappes de sorbiers, et on entendit un moment une alouette filer d'un seul trait dans le ciel, comme si elle s'était enivrée de l'infini de l'air bleu.

Des festons de lierre brun se tendaient par endroits. Tristan coupait au milieu des fougères qui montaient aussi haut que l'épieu qu'il portait à l'épaule, et on suivait son passage aux remous qui se creusaient dans la masse palpitante aux rayons du soleil.

La chaleur augmentait.

Pas un seul souffle d'air.

Même les feuilles de bouleaux demeuraient immobiles : seul Tristan avançait par ravines et ruisseaux, par gaulis et broussailles, et déjà la sueur lui couvrait la figure, lui mouillait bras et mains et ruisselait dans son dos.

Une laie paresseuse s'en revient vers sa souille.

Il aperçoit un vieux cerf dans le sein des futaies. Son immense ramure se déploie sous les branches, et il reste immobile, l'empaumure relevée, à écouter dans un songe ce que dit la forêt.

On entend un ruisseau qui s'écoule en chantant dans les mousses des pierres et les herbes flottantes.

Tristan arrive enfin à l'endroit de son arc. Aucune bête n'y est prise. Il s'arrête pourtant, siffle Husdent à ses pieds, et demeure où il est, remué malgré lui d'une vague tristesse, comme un serrement de son cœur dont il ignore la raison.

Le soleil resplendit sur la tête des arbres.

La forêt, écrasée de l'ébranlement de chaleur.

Lors Tristan s'en retourne et revient vers la hutte. Des taons gris passent parfois sous les feuilles muettes. Une libellule fugitive se dirige au ruisseau. Le limier suit Tristan et renifle en se plaignant les tapis d'herbe drue.

Tristan marche lentement, la poitrine oppressée, par les sentes qui vont au hasard des repousses.

Quand il débouche à la hutte, Iseut l'attend sur le seuil. Elle se blottit aussitôt dans le creux de ses bras. Qu'elle a changé, la jeune femme ! Plus belle encore, certainement, de ses traits émaciés qui lui font ressortir la profondeur du regard.

« Je suis allé lever l'arc, dit Tristan d'une voix sourde, mais aucun daim ne s'y est pris. J'aurais dû repartir et chercher du gibier — mais les bois, tout à coup, m'ont paru tellement calmes, que je ne me suis plus senti de courage à poursuivre mon but.

— La chaleur est si lourde ! Je me sens moi-même lasse.

— Tu as raison, Iseut. Nous allons nous étendre et tenter de dormir. »

La loge est recouverte de branchages frais coupés. Elle est tendue de feuillages et son sol jonché d'herbes. Iseut s'étend la première, et Tristan auprès d'elle. Il lui passe le bras droit en dessous de la nuque, et il pose l'autre main sur le corps de la reine. Iseut penche la tête. Ses cheveux se répandent sur la joue de Tristan. Sans pourtant se rejoindre, leurs deux bouches se frôlent, et leurs souffles se mêlent, qui leur courent sur les lèvres.

Iseut dort en chemise, et Tristan est en braies. Il a reposé, en se couchant, son épée entre eux deux — et ainsi ils s'endorment, accablés de fatigue.

Pas un signe de vent.

Aucune herbe ne bouge.

Aucune feuille ne frissonne. Les oiseaux se sont tus. Gorvenal est au loin, qui est parti à cheval durant l'absence de son maître.

Dans la loge tapissée de rameaux, de liseron et de fleurs d'acacias, un rayon de soleil se faufile par une fente qui lézarde le toit : il découpe la pénombre de son pan lumineux, et il tombe sur Iseut dont il illumine le visage.

Un forestier du roi Marc allait seul au Morois. Or voici qu'il tomba sur l'empreinte de Tristan, et la suivant à la trace comme brachet une bête, il parvint à la hutte où dormaient les amants. Il les vit enlacés et il s'enfuit à toutes jambes. Sans même faire une halte, il courut au château où il savait que le roi devait tenir son conseil.

Lorsque Marc l'aperçut, il l'interpella en riant :

« Ne dirait-on que l'Enfer est déchaîné derrière toi ? Tu es rouge et bouffi, et aussi hors d'haleine que si tu revenais de chasse à courre ! »

L'homme le prit à l'écart, et lui confia à l'oreille :

« Si j'ai couru tout d'un trait, c'est que je voulais vous apprendre que je viens de surprendre la retraite de Tristan.

— En quel lieu était-il ?

— A l'abri d'une hutte, dans la forêt du Morois.

— Et Iseut avec lui ?

— Sire, la reine était dans ses bras. Vous avez promis récompense à qui saurait les livrer. Si vous ne les punissez pas à cette heure, êtes-vous digne de régner ?

— En effet, dit le roi. Mais j'aurai ma vengeance. Va, pars d'abord le premier. Je ne veux pas que les barons aient soupçon de l'affaire. Tu connais la Croix-Rouge, au carrefour des chemins qui traversent la lande au-dessus du Mal Pas ? Il y a là un cimetière. Tu ne peux pas te tromper. Je t'y retrouve tout à l'heure. »

Le forestier quitte le roi. Il traverse le bourg, il s'engage dans la lande et coupant à travers les fleurs jaunes des ajoncs, il rejoint la Croix-Rouge où il attend son seigneur. Tout son cœur est en fête : il sait bien que le roi Marc lui donnera tellement d'or qu'il pourra vivre désormais sans se soucier de l'avenir.

33.

LA MEPRISE DU ROI MARC

A la Croix-Rouge, le roi Marc a retrouvé le forestier. « Va devant, lui dit-il. J'ai grand-hâte de voir où se cache la putain. »

L'ombre noire des grands arbres les enveloppe bientôt. Le roi suit en silence son espion qui le mène. Grande joie dans son cœur : il a pris son épée, et il est prêt à se battre.

Mais voici que l'espion s'est soudain arrêté.

« Sire, nous approchons du refuge. Voyez-vous dans les branches cette hutte, là-bas, à côté de ce chêne ? Traversez le fourré, et vous trouverez votre femme dans les bras de Tristan. »

Marc descend de cheval et s'élance à ces mots. Il a défait son manteau et tiré son épée. L'homme attache sa monture à une branche de pommier cependant que le roi, le visage convulsé par la haine et la rage, a bondi dans la hutte où reposent les amants. Il brandit son épée, il est prêt à l'abattre quand il doit constater que la reine est vêtue d'une chemise en haillons, que Tristan est en braies, et que l'épée du jeune homme est posée entre eux deux.

Une angoisse le prend.

« Est-ce possible ? se dit-il. Ne serais-je en ce moment le jouet d'un mirage ? Non, mes yeux ne me mentent pas. Il y a si longtemps, cependant, que ces deux-là vivent ensemble ! S'ils s'aimaient réellement de cet amour fou que j'ai cru, n'aurais-je dû les trouver dénudés devant moi ? Y aurait-il cette épée qui les sépare de la sorte ? »

Marc est là, qui hésite. Il ne sait que penser. Il voulait leur mort à l'instant : mais comment les tuer s'ils les voit innocents ? Quel bonheur, ce jour-là, qu'Iseut ait été tellement lasse qu'elle ne s'est pas dévêtue ! Quel bonheur, ce jour-là, que le jeune homme en se couchant ait posé par hasard son épée sur son flanc ! Mais Dieu veille les amants : il les tient dans son cœur et les protège du destin. Le roi Marc réfléchit. Que doit-il décider ? Il se gratte la joue et fait crisser sous ses ongles son poil dur encore ras. « Je ne peux pas les frapper... Non, je ne peux pas les tüer en une telle occasion. Si jamais je le faisais, qu'en penseraient tout mon peuple, et Arthur mon suzerain ? J'en souffrirais toute la honte, et eux seraient des martyrs. Je dois les épargner. Pourtant, je ne veux pas qu'ils ignorent que je les ai découverts. Et que j'ai eu pitié d'eux, et qu'ils m'en rendent merci. Je vois briller une émeraude sur le doigt de ma femme. Je lui en avais fait le cadeau : je m'en vais la reprendre et la remplacer par l'anneau que je porte moi-même. »

Le roi ôte son gant. Il contemple le couple, il observe le soleil qui descend dans la hutte et qui brûle la face amaigrie de la reine. Il se penche sur Iseut, il lui retire tout doucement son émeraude royale et la remplace par l'anneau qu'il enlève de son doigt. De ses gants d'hermine blanche, il bouche le trou qui se creuse dans le toit de la hutte, et plonge d'un coup la cabane dans une chaude pénombre. Il s'empare enfin de l'épée qui sépare les amants, cette épée merveilleuse qui a tué le

Morholt, et la remplace par la sienne, qu'il dépose sans bruit entre Tristan et Iseut. Puis il sort de la hutte et retrouve son cheval qu'il délie du pommier. Il renvoie le forestier, et solitaire dans les bois, le cœur lourd et amer, s'en retourne lentement au château de Tintagel.

Cependant que le roi s'en allait de la sorte, et tandis qu'elle dormait dans un grand abandon à celui qu'elle aime tant (et elle n'a rien entendu, elle ne s'est rendu compte de rien), voici qu'Iseut fut saisie d'une vision dans ses rêves : elle se trouvait au milieu d'une lande déserte qui ondulait sans un arbre jusqu'au bout de l'horizon, et elle se tenait là, immobile, tourmentée, accablée, pleine d'angoisse et d'attente, sous une tente de soie où elle se sentait étouffer. Puis deux lions surgissaient de la lande sans fin, l'un venant de l'orient, le second du couchant, deux grands lions affamés qui avançaient peu à peu dans un étrange silence. Dès qu'ils sont face à face, ils se mettent à rugir, ils se précipitent l'un sur l'autre, ils s'emmêlent et se roulent et se déchirent les flancs de leurs griffes aiguës. Iseut hurle de peur. Elle se blottit dans un coin. Qui aura pitié d'elle ? Mais les lions se relèvent, ils la prennent par la main... et la reine ne peut pas s'empêcher de crier, elle se dresse sur les herbes, la figure en sueur, la tête pleine du cauchemar — et les gants d'hermine blanche tombent du toit sur ses genoux. Alerté par ce cri, Tristan saute sur ses pieds. Il devient écarlate, son sang cogne dans ses veines, il ramasse son épée et la brandit sur sa tête quand il en voit la pomme d'or et se rend soudain compte que c'est l'épée de son oncle.

« Tristan, vois ! dit Iseut : ce sont les gants du roi Marc !

— C'est l'épée du roi Marc que je tiens dans ma main !

— Ma bague a disparu ! C'est l'anneau du roi Marc que je porte à mon doigt ! Nous avons été découverts !

— En effet, dit Tristan. Le roi nous a surpris. Il a emporté mon épée qui me rend invincible... Il a dû prendre peur, car il était sans escorte, et s'il nous a épargnés, c'est pour mieux nous trahir. Il va bientôt revenir avec ses hommes et ses chiens et il nous traquera dans les bois comme s'il courait le chevreuil. Iseut, amie, nous devons nous enfuir !

— Nous enfuir ? dit Iseut. Abandonner le Morois ?

— Dieu le sait, en effet, nous y avons eu notre joie ! Nous sommes pâles et maigres — mais nous nous sommes aimés, et les bêtes des bois ont été nos compagnes. Mais nous n'avons pas d'autre issue. Il faut fuir sans attendre. Si le roi nous surprend, il nous pendra tous les deux devant les gens de sa cour — ou il fera de nouveau sonner du cor sur ses terres, nous brûlerons au bûcher, et on jettera notre cendre dans les vents de la mer. »

Iseut baisse la tête et se met à pleurer. C'est Tristan qui a raison, elle ne peut pas en douter. Elle ramasse dans la hutte les quelques hardes qui lui restent. On rappelle Gorvenal, on siffle Husdent qui chassait loin de là sous le couvert. Et tous quatre s'enfuient de la forêt du Morois, ils traversent les bois, et les champs et les landes ; ils remontent le long des rivages désertiques, et ils marchent tant et tant qu'ils parviennent à la fin dans les terres du roi de Galles.

34.

LA SECONDE SAINT-JEAN D'ETE

Voici presque trois ans que Tristan et Iseut ont bu du boire d'amour la veille de la Saint-Jean, comme les feux s'allumaient dans le sein de la nuit et que les garçons et les filles y dansaient en riant. Et Tristan, tout ce temps, n'a pu vivre éloigné de la lumière de la reine. S'il en était séparé, c'était sa vie qui le quittait. Qui lui aurait donné force, si ce n'avaient été les rayons de ses longs cheveux d'or ?

Voici presque trois ans qu'ils ne peuvent se déprendre, voici presque trois ans que l'amour les emporte — et que quoi qu'il arrive, quelque épreuve qu'ils subissent, ils y trouvent leur joie, et le cœur d'affronter la misère et la peine.

L'un et l'autre ne cessent de se dire et redire : « Encore ! Encore ! », tant l'amour les emmène et leur fait tout oublier. Ils sont hâves et maigres. Leurs beaux corps ont souffert. Mais c'est l'âme d'Iseut qui frémit sur ses lèvres, et malgré la dureté de sa vie vagabonde, malgré les loques qui la couvrent et ne cachent qu'à moitié ses beaux membres durcis par la glace et les bises, sous le hâle de sa peau où resplendissent ses yeux verts, par la blondeur de ses cheveux qu'elle abandonne à leur poids et qui roulent sur son dos comme une nappe de soleil, elle demeure la reine, la magicienne dont la vue suffit seule à chaque fois à affoler le désir qui sommeille en Tristan : elle demeure la jeune femme inondée de lumière qui dissipe les ténèbres des exils et des peurs.

Elle est l'âme de Tristan.

Et le cœur de Tristan.

Et la vie de Tristan.

Et l'un et l'autre, réunis, ne cessent de répéter : « Encore ! Encore ! Nous ne pouvons nous disjoindre ! Je n'ai de sens qu'en Tristan — je n'ai de sens qu'en Iseut ! »

Pourtant, ce vin d'amour qu'ils ont bu sur la mer, et que la mère d'Iseut avait fait à la clarté de la lune, elle l'avait concocté pour une durée de trois ans.

C'est après la Pentecôte que les amants avaient fui.

Et après la Pentecôte, les jours clairs de juin — et la Saint-Jean qui revient, et le terme avec elle.

Or, au matin de la fête, ignorant de son sort, Tristan s'était éveillé dès le point de l'aurore. Son arc d'aubour à la main et Husdent qui courait sur la trace de ses pas, il était parti dans les bois pour chasser cerf ou daim. Il en a blessé un, mais la bête s'est enfuie ; il la traque tout le jour et s'obstine jusqu'au soir. Le crépuscule est tombé. La nuit d'été, si légère, se répand aux collines qui surplombent la mer. Disposées dans le ciel, les étoiles apparaissent. On aperçoit la Grande Ourse, et dans la ligne du timon, la Couronne et le Bouvier qui clignotent à côté de la constellation du Serpent. Tout au loin, dans les bourgs, aux versants des collines, on distingue les hautes flammes des bûchers qui s'élancent et Tristan peut entendre, selon les sautes du vent, les rumeurs étouffées des chansons et des rires.

Le jeune homme s'arrête.

Une angoisse diffuse l'a saisi malgré lui. Il s'appuie sur son arc, et dans les touffes de genêt qui lui grimpent aux mollets, il demeure immobile, tête basse et pensif, dans la clarté de la lune qui le baigne d'argent.

Husdent gémit à ses pieds, allongé sur la terre.

Une mouette s'en va, un point blanc qui s'efface dans la profondeur de la nuit.

Et Tristan songe, oppressé : « Que d'épreuves subies ! Que de peines acceptées ! Je m'en souviens parfaitement : voici trois ans, jour pour jour, que nous n'avons eu de répit. Qu'ai-je offert à Iseut ? Au lieu de vivre en château dans une chambre à courtine, je la fais dormir sous des huttes que transperce le vent. Au lieu de se parer de fourrures, d'écarlate et de soie, elle s'habille de lambeaux qu'elle recoud sans arrêt. C'est à cause de moi qu'elle a suivi ce chemin. Je prie Dieu tout-puissant qui a créé l'univers, qu'il me donne le courage de renoncer à la reine si mon oncle veut bien la reprendre auprès de lui. Oui, elle est tout de même sa femme devant l'Eglise de Rome, et il l'a épousée selon les rites voulus... »

Ainsi Tristan s'affligeait, solitaire dans la nuit — et Iseut à l'attendre sur le seuil de la hutte, accroupie à côté d'un feu de branches qui brûlait en jetant des lueurs dans la clairière à l'entour, Iseut la blonde se plaignait en balançant sur elle-même :

« Malheureuse que je suis, qu'est devenue ma jeunesse ? J'ai bientôt dix-neuf ans, je suis à l'été de mon âge, et me voici dans les bois comme si j'étais une serve. Je suis reine, pourtant. Mais j'en ai perdu la splendeur par la faute du poison que nous bûmes en mer. Comme il nous a mis dans la peine, celui qui nous a apporté le breuvage amoureux ! On ne pouvait sans doute pas nous causer plus de mal ! »

Tristan vient à Iseut par les troncs noirs et muets. Il penche le front en marchant, il soupire et se sent le cœur lourd de menaces. Quand il débouche des taillis, de longues larmes ruissellent sur les joues de la reine. Alors Tristan n'y tient plus, il s'assied auprès d'elle et se met à parler en fixant le feu devant lui :

« Je sais bien, soupire-t-il, que nous perdons notre vie. Nous gaspillons la jeunesse que nous a donnée Dieu. Si j'en avais le pouvoir, s'il y en avait un dans ce monde qui nous prît en pitié et intervînt auprès de Marc pour obtenir son pardon — fût-ce au prix d'un serment où je jurerais que jamais, fût-ce en actes, en désir, ou seulement en paroles, nous ne nourrîmes de liaison qui lui fût à vergogne — je suis sûr que nous pourrions revenir à la cour. Y a-t-il un baron qui oserait m'affronter son épée à la main ? Si j'offrais le combat, qui serait assez fou pour prétendre en public que nous nous sommes aimés d'une façon déloyale ? Certes, s'il n'y allait que de moi, je ne voudrais pas vous quitter. Mais comment éviter de vous malmener en exil ? Que puis-je donc vous donner, si ce n'est la douleur, et la honte et l'errance ? Conseillez-moi, Iseut ! Que pouvons-nous faire en ce pas ?

— Rendons grâce à Jésus, répondit la jeune femme, quand vous renoncez à pécher ! Tristan, souvenez-vous de l'ermite, rappelez-vous frère Ogrin que nous avons rencontré quand nous vivions au Morois. Il vous avait invité à la vertu de pénitence.

— Voulez-vous que nous partions et allions le trouver ?

— Il nous donnerait ses avis, dont nous aurions le

besoin. Il est si bon, souviens-toi, il nous indiquerait le salut ! »

Et tandis que les feux s'éteignaient aux collines, que les chansons se taisaient, que les rires s'apaisaient dans le repos dans la nuit que ne trouaient plus, quelquefois, que le froissement d'une feuille ou la plainte d'une effraie, Tristan restait assis, muet auprès d'Iseut, et tous deux se regardaient dans les flammes tremblantes sans avoir le courage d'ajouter un seul mot : et les pleurs se pressaient en dessous de leurs paupières, dans des traces silencieuses qui coulaient sur leurs joues, étoilées de points d'or que séchait le vent tiède.

35.

OGRIN

Après avoir éveillé Gorvenal qui dormait, Tristan a fait monter la jeune reine sur son cheval. Il a pris le frein de la monture pour pouvoir la conduire, et à côté de l'écuyer qui dodelinait de la tête et d'Iseut qui se tenait des deux mains au pommeau, il a traversé toute la nuit les longs bois silencieux, jüsqu'à ce que l'aube revienne et blanchisse dans les arbres.

Ils firent halte au matin, avalèrent des galettes arrosées d'un peu d'eau — puis ils partirent de nouveau, et de fourrés en bocages, de sous-bois en taillis, ils rentrèrent au Morois et gagnèrent la clairière où se dressaient la cabane et la chapelle de l'ermite.

Ogrin lisait assis dans le creux d'une souche.

Quand il entendit les sabots qui claquaient sur la sente, la foulée de Husdent et le pas de Tristan qui écartait de l'épieu les épines des ronces, il se leva aussitôt, et alla au-devant d'eux pour accueillir les amants :

« Pauvres proscrits qui errez par les routes sans but, comme l'amour vous poursuit de misère en misère ! Votre folie a duré, qui vous a fait perdre la tête ! Croyez-m'en, maintenant. Il est temps de changer et de demander confession.

— Ecoutez-moi, frère Ogrin, répondit le jeune homme. Si nous avons mené si longtemps cette vie misérable, c'était là notre sort, et nous n'y avions pas de pouvoir. Il y a trois ans, jour pour jour, que nous n'avons cessé de souffrir. Mais si nous pouvions aujourd'hui nous concilier votre appui, je rendrais sa femme au roi Marc et je m'en irais vivre au loin, en Allemagne ou en Frise, ou peut-être en Bretagne, à la belle aventure, comme il sied à quelqu'un qui se sert de l'épée. »

A peine a-t-il fini, qu'Iseut se laisse tomber aux genoux de l'ermite. Sa figure est creusée des fatigues du voyage, ses yeux brillent de la fièvre qui consume son corps, et elle implore en ployant sa nuque blonde vers Ogrin :

« Jamais plus, de ma vie, je ne commettrai de folie. Et pourtant, comprenez ! Je n'ai point de repentir — car il n'y a de repentir que s'il y a eu faute d'abord. Le Seigneur m'est témoin que si Tristan m'a enlevée, ce n'était pas en amant, mais seulement en ami qui veillait sur mon sort. Je n'ai commis de péché — non, je n'ai eu avec lui que des relations innocentes, et nous sommes demeurés étrangers l'un à l'autre. »

Frère Ogrin la croit-il ? Fait-il mine, simplement ? Il l'écoute cependant, et il pleure avec elle.

« Ah ! Seigneur, s'écrie-t-il, vous qui avez fait cette terre en divisant la lumière des ténèbres épaisses, et la terre d'avec l'eau, et en ordonnant à toute chose d'exister à sa loi, je vous rends grâce de la joie qui inonde mon âme ! »

Il a joint ses deux mains, et adresse vers le ciel une prière silencieuse. Puis il se penche vers Iseut, il la fait relever et s'asseoir sur une souche, et déclare aux amants :

« Quand homme et femme pèchent ensemble, qu'ils se couchent au même lit et font la bête à deux dos, s'ils se quittent ensuite et qu'ils font pénitence, s'ils éprouvent dans leur cœur un sincère repentir, aussi grave et odieuse qu'ait pu être leur faute, Dieu leur en fait la remise et la raie sur le livre des Vivants et des Morts... »

Il se tait un instant, il regarde le couple, lui sourit tendrement, et poursuit par ces mots :

« Oui, le Seigneur vous pardonne, mais il arrive quelquefois que les hommes sur la terre ne comprennent pas ses desseins. C'est pourquoi, il me semble, pour atténuer votre honte et éviter le scandale, il est utile en ce moment de mentir quelque peu. Voici bien, sire Tristan, la conduite qu'il faut suivre. Ecrivez au roi Marc et dites-lui que la reine est toute prête à revenir. Qu'il se souvienne néanmoins qu'il l'avait condamnée à brûler au bûcher. C'est à cause de toi qu'elle avait quitté son pays et qu'elle était venue vivre au château de Tintagel. Tu ne pouvais pas la laisser dans une telle occasion. Ecris donc au roi Marc que tu t'es trouvé obligé de voler à son aide, et que tu n'as dû la cacher dans le sein du Morois que pour t'acquitter de ta dette et sauvegarder ton honneur.

— Vous parlez d'or, frère Ogrin, et je veux en effet que cette lettre soit écrite. Mais, vous savez qui je suis : je manie la lance et l'épieu, je défie les abîmes, je sais parler aux oiseaux et chanter comme mésange — mais je n'ai su de ma vie comment tenir une plume.

— J'écrirai, si tu le veux, cette lettre pour toi.

— Oui, et vous direz encore dedans, car je me méfie du roi Marc et je veux être prudent, vous lui direz de dicter telle réponse qu'il voudra, et qu'afin qu'il ne sache où je suis en ce moment, de faire porter sa missive à la Croix-Rouge dans la lande. »

Ogrin se met au travail.

Dès qu'il a terminé, Tristan prend le message. Quand

le soleil s'est couché, il s'en va du Morois, il traverse les champs, il traverse le bourg qui s'étend sous la butte et qui dort à la lune, il parvient aux palis qu'il escalade sans bruit, il se hisse à la fenêtre de la chambre royale et y dépose la lettre sur la barre de pierre grise qui lui sert d'entablure.

Alors, il appelle le roi Marc à voix basse par son nom. Celui-ci se réveille.

« Qui est-il, demande-t-il, celui qui vient à cette heure ?

— Sire, je suis Tristan que naguère on disait ton neveu. Je t'apporte un message. Je l'ai mis là, sur la pierre. J'en attends la réponse. »

Tristan saute en arrière, il s'enfuit à toutes jambes, tire d'un trait au Morois où il retrouve frère Ogrin qui priait le Seigneur, et Iseut toute en larmes qui attendait son retour dans la longue amertume qui lui montait dans le cœur.

Le roi Marc, cependant, a mandé son chapelain. Il lui remet la missive, et en écoute la lecture. Que doit-il en penser ? Que faut-il y répondre ? Il se souvient certainement de la fleur de farine, mais il sait que Frocin a trahi son secret : quelle certitude a-t-il donc que Frocin, par magie, n'avait pas arrangé ce qu'il a pourtant vu ? « Ce que j'ai vu..., se dit-il. Ce que j'ai vraiment vu, c'est Tristan et Iseut qui dormaient au Morois. J'y ai découvert à ma honte qu'ils n'étaient pas adultères, maudits soient les barons qui les avaient accusés ! »

Comme la nuit s'avançait, Tristan est reparti pour gagner la Croix-Rouge. Des feux blêmes y dansent sur les tombes du cimetière, mais il n'y prête pas d'attention, et dans les bras de la croix qui se tendent sur le ciel, il a trouvé la réponse que lui a faite le roi Marc.

Il s'en empare aussitôt et revient chez Ogrin. Celui-ci la délie et la parcourt sans attendre.

« Tristan, bénis le ciel ! Ton oncle a accepté de reprendre sa femme. Il viendra la chercher sur le Gué d'Aventure, à l'endroit où fleurit l'aubépine de ta mère.

— Une joie, as-tu dit ? Hélas ! Quel malheur ressent-il, celui qui perd son amour ! Comment vivrai-je désormais, loin d'Iseut mon âme ?

— Me faut-il, dit Iseut, me séparer de Tristan ?

— Loin de vous, mon amie, que le monde sera vide !

— Quand je suis avec vous, que peut-il me manquer ? Mieux voudrais-je mourir, que de vivre à la cour, à côté du roi Marc ! »

Et Iseut se lamentait, elle tordait ses mains de douleur, elle pleurait dans la nuit, accroupie au foyer de la hutte d'Ogrin — et elle tendait vers Tristan, dans un geste inutile de regret et d'amour, ses deux bras amaigris où tremblaient les lueurs frémissantes des braises.

Tristan s'approcha d'elle, et doucement lui posa une main dans les cheveux :

« Vous le savez bien, Iseut, je ne vous quitte pas réellement. Je dois vous rendre à mon oncle, mais toujours je veillerai, et j'accourrai aussitôt que vous me ferez demander.

— Laisse-moi Husdent, Tristan. Je voudrais le garder, et chaque fois que ma douleur sera trop difficile, en jouant avec lui qui a connu notre sort, je me souviendrai de nos joies et de l'accord de nos vies.

— Je te le donne de grand cœur. Garde-le, mon amie.

— Quant à moi, dit Iseut, j'ai un anneau d'or et de

jaspe. Je te le donne à mon tour. Si jamais messager dit venir de ta part, je le tiendrai à mensonge s'il ne porte cet anneau. Mais s'il peut le montrer, quoi qu'il puisse advenir, aucun roi ni seigneur ne pourra m'interdire de me rendre à ton vœu. Je le jure sur mon âme, ni château, ni soldats, ni murailles, ni remparts, il ne pourra rien exister qui m'empêcherait d'obéir de sitôt à l'appel. »

Ils se baisent sur les lèvres et s'embrassent étroitement ; ils se serrent l'un à l'autre ; ils attendent, enlacés, leurs deux souffles mêlés, que la nuit se termine et s'annonce l'aurore où ils devront se disjoindre.

36.

LA REQUETE DES FELONS

Iseut est revenue à la cour du roi Marc.

Elle habite à nouveau le château de Tintagel, et les paysans la vénèrent, les bourgeois se réjouissent, toutes les femmes s'agenouillent quand elle passe devant elles, puisqu'elle a ramené la lumière avec elle — et que la terre, de nouveau, chante les louanges de Dieu.

Avant de quitter son ami sur le Gué d'Aventure, elle lui a pourtant demandé de ne pas s'éloigner. Elle ne peut s'empêcher d'avoir peur du roi Marc, de redouter les barons et les comtes qui l'entourent, et elle veut être certaine que Tristan demeure près pour lui venir en secours si elle en a le besoin. Car si le peuple l'adore, les barons la détestent, et elle se sent entourée de dangers et d'ennemis.

Quelle bonne idée elle a eue, de retenir son amant et de se prémunir de la sorte contre tous les périls !

Les félons, en effet, n'ont jamais désarmé. Ils n'ont pas pardonné à Tristan ni Iseut. Ils recherchent vengeance et sont sûrs de l'avoir : un peu de patience suffira, ils trouveront bien le moyen de revenir à la charge !

Or, il ne s'était pas passé plus d'un mois depuis le retour de la reine, que le roi fut en chasse en compagnie des deux traîtres. Comme ils étaient aux essarts qu'avaient faits des vilains, dans une lande à l'écart où on avait brûlé de la friche, le roi Marc se tenait au milieu des brûlis, et on entendait dans le loin les abois de ses chiens.

Alors, les deux félons chevauchèrent vers le roi, et tandis qu'il suivait du regard ses limiers, ils l'entourèrent de concert et l'apostrophèrent à éclat :

« Sire, qui saurait s'y retrouver, demanda Godoïne, dans la conduite que vous avez cru être en droit d'adopter ? Quand nous avons découvert la forfaiture de Tristan, vous avez condamné sans recourir au jugement. Aujourd'hui que la reine est revenue parmi nous, vous l'avez accueillie de la même façon, vous lui avez pardonné sans même l'ombre d'une preuve. Condamnée sans jugement, disculpée sans jugement, qui pourrait y trouver une parcelle de justice ? »

Denoalen ajouta :

« Quel baron de ce pays ne vous blâme en secret ?

— Si vous y tenez à ce point, nous sommes prêts à admettre qu'Iseut la blonde n'a jamais bafoué votre nom. Oui, nous sommes prêts à l'entendre et à nous taire à l'avenir.

— Mais à une seule condition, que tout le monde approuvera.

— C'est qu'elle en fasse le serment par le Dieu tout-puissant.

— Vous savez comme le ciel n'admet point les parjures.

— Tout ce qu'on a raconté, tous les soupçons qu'on a eus, qu'elle accepte d'en dire sur les saintes reliques qu'il n'y avait là que mensonges, et qu'elle n'a jamais connu d'homme, hormis toi, seigneur Marc.

— Tu te dois de la faire affronter cette épreuve.

Exige-la au plus tôt. Ou tu n'auras jamais plus de paix franche au royaume.

— Tandis qu'après le serment, tout le monde la croira.

— Si le serment réussit... Et si jamais elle refuse, ce sera aussi clair. Il ne te restera plus, dès ce moment, qu'à l'exiler de chez toi, qu'elle s'en aille rejoindre son amant dans les bois.

— Mais bien sûr, sire roi, nous ne préjugeons pas de l'épreuve.

— Loin de nous cette pensée !

— Nous en attendons le résultat. N'est-ce point là la justice, et peux-tu l'empêcher ?

— Que l'Enfer vous dévore ! leur dit Marc en fureur. Vous osez, de nouveau, soupçonner votre reine ? Quel est le but que vous cherchez ? Que je la chasse de ma cour, que je la renvoie en Irlande ? Dites-le-moi aussi net. Combien de fois mon neveu a proposé le duel ? Quel est celui d'entre vous qui a relevé le défi ? Vous trembliez devant lui ! Qui a tué le Morholt quand il réclamait son tribut ? Qui a sauvé mon royaume ? Qui a tué le dragon dont la reine était le prix ? Qui me l'a ramenée pour que j'en fasse ma femme ? Tristan était mon rempart et le héros de mon peuple. Et pourtant, c'est pour vous que je m'en suis séparé. Je vous ai écoutés. J'ai suivi vos avis. Je l'ai exilé loin de moi. Et voici qu'à présent, il vous faut encore plus ! Après Tristan mon neveu, c'est au tour de ma femme ! Je comprends bien votre jeu. Vous ne cherchez pas la justice. Non, c'est à moi, en vérité, c'est à moi que vous tentez de porter une blessure. Mais vous n'aurez rien à gagner à ourdir tels complots ! Et craignez bien plutôt que je ne rappelle auprès de moi celui que vous avez réussi à faire chasser de ma cour ! »

Quand ils entendirent cette menace, les félons s'effrayèrent.

« Nous n'avons songé, dit l'un d'eux, qu'à défendre ton honneur. Si tu le prends de la sorte, nous ferions mieux de nous taire !

— Tu serais fou, lui dit l'autre, de rappeler ton neveu ! Il ne songerait qu'à nous tuer, quand avons essayé de te conseiller pour le mieux.

— De bons conseils, j'en fais foi ! enchaîna le premier.

— Par souci de ta gloire ! ajouta le second. Sire, nous n'avions cure que de toi !

— Filez donc ventre à terre ! leur cria le roi Marc. Je vous ai trop écoutés, il est fini, ce temps-là !

— Sire roi, je vous jure...

— Hors mes terres, je vous dis ! Vous m'avez fait trop de mal, vous n'aurez plus mon pardon !

— A ton aise, après tout ! s'écria Godoïne. Tu ne veux pas nous entendre ? Nous partons sur-le-champ.

— Mais n'oublie pas que nos châteaux sont parmi les plus forts...

— Ni qu'ils sont installés sur des buttes de pierre — et qu'au pied du rocher, de larges fossés les protègent, où nous avons détourné l'eau voisine des rivières. Attaque-les à plaisir, si l'envie t'en démange ! Nous t'y attendons de pied ferme, et nous verrons bien si tu oses nous défier au repaire ! »

Les deux barons tournèrent bride. Ils s'éloignèrent du roi Marc, et piquant leurs montures, traversèrent au galop les essarts et les friches et disparurent dans le loin pour gagner leurs châteaux.

37.

L'ENGAGEMENT DE LA REINE

Iseut la blonde demeurait au château de Tintagel. Elle était seule dans la salle avec Brangien sa servante, occupée à filer de longues fibres de lin. Souvent ses mains s'arrêtaient, et à côté de Brangien qui respectait son silence, elle restait sans rien dire, immobile et pensive, toute dolente au milieu de la pièce d'apparat, car elle pensait à Tristan — à Tristan disjoint d'elle dont son âme a besoin, à la joie de Tristan où elle puisait son bonheur, au corps dur de Tristan, à son corps plein de vie, à ses mains pleines de force où communiait son désir. Elle est triste, attentive à cette espèce de douleur qui lui ronge le cœur, et sa plainte muette lui remplit la pensée : « Ah ! Tristan, songe-t-elle, quel besoin j'ai de toi ! Où es-tu en ce moment ? Où erres-tu au hasard ? Quel est le sens de ma vie, si nous sommes séparés ? »

Mais voici que le roi est de retour sans prévenir. Il descend de cheval sans se défaire de l'épée, il pénètre tout armé dans la salle d'où l'on voit l'immensité de la mer, et il se dirige vers Iseut, la figure convulsée, soulevé de fureur, tourmenté par la rage qui lui déforme les traits. Dès que la reine l'aperçoit, elle se sent défaillir. « Tristan est découvert ! se dit-elle aussitôt. Mon mari l'a surpris et l'a fait prisonnier ! » Le sang lui monte au visage. L'angoisse l'étouffe, et la peur. Son cœur se glace dans son sein. Elle blêmit malgré elle. Un grand noir la saisit. Elle recherche un appui qu'elle ne trouve auprès d'elle, elle vacille, elle chancelle, ses genoux se dérobent, elle s'effondre soudain sur les dalles de pierre bleue.

Le roi s'agenouille auprès d'elle et la presse dans ses bras. Avec l'aide de Brangien, il la relève tout doucement : on lui tape dans les mains, on lui fait respirer des graines de poivre d'Orient, Marc l'embrasse et l'étreint, et tant et tant en fait-il qu'elle reprend connaissance.

« Qu'avez-vous, bien-aimée ? » demande-t-il à voix basse.

Iseut penche la tête, et dans ses yeux noyés de brume passent encore des reflets de l'effroi qu'elle a eu. Elle répond à effort :

« J'ai eu grande frayeur !

— Il n'y a pas de raison ?

— Vous étiez en colère ! Et même maintenant, je le vois, vous êtes encore courroucé.

— A cause des deux félons qui vous poursuivent sans cesse. Vous les connaissez mieux que moi : Denoalen, Godoïne. Je les ai chassés de ma terre, ils se sont retirés, et nous allons à la guerre.

— Comment, sire ! dit Iseut. Vous les avez exilés ?

— J'aurais dû le faire bien plus tôt. »

Iseut doit se tourner pour cacher son sourire. Elle ne peut laisser voir son bonheur au roi Marc, mais elle pense en elle-même : « Loué soit Dieu dans le ciel, quand mon seigneur s'est fâché contre ceux qui m'en veulent ! Je prie Dieu qu'ils expient, et qu'ils paient leur traîtrise ! »

Mais elle sait qu'il ne faut se cacher trop longtemps.

Elle se retourna vers le roi, et le vit qui marchait de long en large dans la salle.

— Je m'aperçois, lui dit-elle, que vous ne m'avez tout dévoilé. Qu'y a-t-il d'autre, seigneur ?

— Je songeais que ces traîtres sont munis de châteaux que je ne peux prendre d'assaut. Ils ne nourrissent aucune peur de faire la guerre contre moi.

— Pourquoi les avez-vous, alors, chassés d'ici ?

— Ils soupçonnaient ton honneur, et j'ai refusé de les entendre.

— Et quel mal disaient-ils de la sorte de moi ?

— Ils prétendaient que tu ne t'es pas réellement disculpée.

— Au sujet de Tristan ?

— Oui, au sujet de Tristan. Ils déclaraient que tu devais affronter l'escondit. Qu'il fallait te soumettre à l'épreuve des reliques, et au serment devant Dieu que tu es innocente.

— Ils n'en veulent pas plus ? » dit la reine amèrement. Elle avait pâli sous son hâle, et sa bouche frémissait d'impatience et d'angoisse. « Sont-ils sûrs, seulement, que le témoignage de Dieu leur serait suffisant ?

— Ils prétendent à en être convaincus définitivement, et que l'épreuve est légère à qui se sait sans défaut. »

Iseut la blonde rejeta la figure en arrière. Ses yeux verts étincelaient, et elle dit d'une voix brève :

« Si c'est tout ce qu'ils veulent, je suis prête à le faire... »

Marc cessa à ces mots de parcourir la grande salle. Un espoir l'envahit, mais le doute en même temps, et il demanda, incrédule :

« Ne te vantes-tu pas ? Tu remplirais leur requête ?

— Certainement, dit Iseut. Dès maintenant, s'il le faut.

— C'est bien court comme délai ! »

Alors Iseut éclata. Son regard de tilleul s'assombrit brusquement ; elle tendit la tête en avant, et tremblante de rage, la parole saccadée, elle jeta à la face de son époux ahuri :

« Par tous les noms du Seigneur, j'en ai assez des ragots, et des perfidies de toutes parts, et des accusations sans fondement ! C'est pourquoi, à mon tour, je requiers le jugement ! Mais un jugement solennel, encore plus solennel qu'on ne vous l'a demandé ! Ecoutez bien, seigneur Marc, je ne reviendrai pas en arrière, et je veux qu'on en fasse comme j'exige de vous. Car je suis sûre de mon fait et ne changerai de décision. Ce serment qu'on attend, que je n'ai été ni ne suis adultère et menteuse, en aucune occasion et d'aucune manière, je le prononcerai en effet. Mais ce ne sera qu'en présence du roi Arthur et de sa suite. Je demande que soient là sire Gauvain son neveu, Perceval et Lancelot, et tous ceux qui l'escortent, qui ont leur place marquée à la Table de Dieu et représentent l'Esprit sur cette terre ici-bas. Je les requiers de venir à quinze jours d'aujourd'hui. Nous nous retrouverons tous ensemble sur le Gué d'Aventure — et que maudit soit alors quiconque oserait mettre en doute le serment que je ferai ! Sera-ce là une épreuve qui contentera les barons ? »

Le roi Marc se réjouit :

« Il n'y en a pas de meilleure. Si Arthur est garant, tous sauront que sous le ciel, pas une femme ne vit qui soit plus innocente ! »

Il s'en va, apaisé, cependant que la reine fait un signe à Brangien : « Appelle-moi Périnis, je dois le voir sur-le-champ. » La servante sort en courant — et Iseut, solitaire, à côté des fenêtres d'où l'on voit l'océan, ne peut pas s'empêcher d'un sourire de triomphe.

38.

PERINIS CHEZ ARTHUR

Marc a fait proclamer la nouvelle du serment à travers son royaume. Il a mandé les félons, qui sont revenus à la cour sur la foi du message : ils en gabent à l'avance, tant ils sont sûrs de leur fait.

Les jours passent un à un.

On observe la reine pour déceler sur sa face quelque trace d'inquiétude — mais Iseut est sereine, elle converse tranquillement avec tous les seigneurs qui se pressent à la cour, et plus d'un relève même qu'elle n'a peut-être jamais encore semblé plus belle qu'aujourd'hui, le corps mince et arqué, les sourcils épilés, cette petite flamme de défi qui lui danse souvent tout au fond des prunelles.

C'est que Brangien est la seule à savoir au château quel a été l'entretien de Périnis et d'Iseut. L'amour rend avisé, et la jeune femme est rusée. Tandis qu'elle attendait que son page arrivât, elle réfléchissait en songeant que ce qu'elle s'était engagée à jurer devant Dieu, il lui fallait bien s'arranger de telle sorte que le Seigneur lui accordât son concours. Mais elle savait aussi bien que le Seigneur, jusqu'ici, avait toujours protégé les projets des amants, et elle trouva un tel tour, qu'elle avait certitude qu'on ne pourrait le déjouer.

Quand Périnis l'eut rejointe, elle lui dit donc simplement :

« Trouve Tristan dans les bois, et dis-lui de venir à l'aurore de l'épreuve. Il en connaît très bien l'endroit. Ce sera la Blanche-Lande, près du Gué d'Aventure, de l'autre côté du Mal Pas que traverse une passerelle. Il y a là une motte, en dessous de la Croix-Rouge. Qu'il se tienne sur la butte et y attende mon passage. Mais qu'il ne vienne surtout pas comme il est d'habitude. Je le veux déguisé sous les habits d'un lépreux. Que son visage ne soit plus que des plaies et des bosses. Qu'il n'oublie pas de se munir d'une sébile de bois : il en demandera humblement des aumônes aux passants — et qu'il s'appuie de l'autre main sur une haute béquille. Tout le monde le prendra de la sorte pour un ladre. On ne pourra pas le reconnaître, et je lui dirai sur le moment ce qui sera nécessaire. »

Périnis s'en alla sans attendre du château. Si on ignorait à la cour où Tristan se cachait, tout le peuple au contraire le savait parfaitement : il vivait chez Orri, un forestier du Morois, et couchait dans le cellier qui s'enfonçait dans la terre, par-derrière la maison en rondins du manant. Périnis relevait du service de la reine : on ne lui fit pas de secret, et traversant au galop les moissons et les landes, il pénétra dans les bois et trouva le jeune homme qui mangeait dans son trou un cuissot de chevreuil. Il lui transmit son message, et Tristan s'inclina et lui dit à son tour :

« Rassure Iseut, Périnis, et dis-lui de ma part que j'observerai point à point ce qu'elle m'a demandé. Qu'elle n'en ait aucune crainte. Je ne peux pas deviner le dessein qu'elle nourrit, mais s'il n'est que de moi, j'obéirai à la lettre à ce qu'elle m'a ordonné. Tu peux aller, maintenant. Pense aussi à lui dire que je porte à mon doigt son anneau d'or et de jaspe. Chaque jour et chaque heure, chaque minute qui s'envole et me sépare encore d'elle, nous sommes tout de même réunis par nos pensées qui se retrouvent, et la mémoire que nous avons de notre vie d'autrefois.

— Je n'y manquerai certes pas, répondit Périnis. Mais je dois à présent aller quérir le roi Arthur, et gagner Caërlion de la part de la reine. »

Accompagné de Tristan, il sortit du cellier, puis il bondit sur son cheval et le lançant au galop, s'emporta comme le vent pour s'acquitter de sa tâche. Il parcourut d'un seul trait les chenevières et les champs où l'on commençait à bâtir de hautes meules de foin. Il sautait d'un seul bond les murets de pierre nue qui se dressaient dans les herbes pour couper les vents de mer, il escaladait les collines, il traversait au galop les eaux claires des rivières, des compagnies de perdrix s'éparpillaient sous sa course — et sans boire ni manger, comme couché sur le cou du cheval emballé dont la crinière s'emmêlait et flottait devant lui, il ne pensait qu'à Arthur et au mandement de la reine.

Il arriva le lendemain au château de Caërlion. Pénétrant dans l'enceinte, il abandonna sa monture entre les mains d'un valet, et gravissant en courant les grosses marches de pierre qui menaient à la salle où se tenait le conseil, il y découvrit soudainement une scène merveilleuse.

Sous les poutres de bois toutes noircies de fumée, au milieu de la pièce qu'éclairait le soleil, il aperçut en effet la fameuse Table Ronde. Elle tournait sur elle-même comme la terre dans le ciel, et Arthur, et Girflet, et Mador et Gauvain, tous les chevaliers qui y siègent dans un cercle parfait, ils tournaient avec elle dans une gravité silencieuse, comme autant de planètes qui auraient roulé dans le vide et qui formaient une ronde qui passait et repassait dans la lumière du soleil.

Dès qu'Arthur l'aperçut, il se leva néanmoins, et la Table cessa aussitôt son mouvement. Quand elle fut immobile, les chevaliers se levèrent, et Arthur demanda au jeune homme hors d'haleine :

« Que viens-tu nous porter, pour sembler si pressé ?

— Sire, c'est à la requête d'Iseut que j'ai gagné Caërlion.

— Le Dieu des anges la sauve ! Qui ignore à quel point elle est chère à mon cœur ? Mais pourquoi t'envoie-t-elle ? Quel est donc son message ?

— Elle a dû s'engager à jurer en public son innocence au roi Marc. Or, elle n'a personne sur cette terre qui lui soit à témoin. C'est pourquoi elle vous mande de lui servir de garant, et quand elle sera près du Gué, qu'elle attestera le Seigneur sur les saintes reliques, c'est de vous qu'elle demande ses sauvegarde et sûreté. »

Les chevaliers, à ces mots, se mirent tous à crier. Gauvain clamait à tue-tête qu'il était impossible de se fier au roi Marc, que c'était une linotte, qu'il allait à droite et à gauche, que ce n'était qu'une toupie sous les mains des barons, cependant que Girflet promettait sur son chef que s'il rencontrait par bonheur les félons sur sa route, il les transpercerait sur-le-champ de sa lance de frêne. Quand les clameurs s'apaisèrent, ce fut au roi de parler.

« Tu peux dire à Iseut que pas un seul d'entre nous ne manquera à l'appel. Nous serons ses témoins, et malheur à celui qui voudrait l'insulter ! »

Tout le monde acquiesça, et comme Périnis repartait, Arthur tint à honneur de l'escorter au début. Tout au bout de la lande, il quitta le jeune page — mais il ne le laissa pas s'en aller sans lui avoir d'abord dit : « Ne tarde pas en chemin, et salue la reine de ma part, et pour tous mes amis. Qu'elle se souvienne de ce jour où je m'étais arrêté au château de Tintagel. Le roi Marc avait mis de grandes faux dans la chambre. Oui, qu'elle se rappelle ce jour-là — et comme Tristan se blessa en voulant la rejoindre. Quand je m'en suis rendu compte, nous nous sommes tous relevés pour nous blesser, nous aussi, et sauver son honneur. Qu'Iseut la blonde soit tranquille ! Je serai son garant. Je ne doute pas un instant que le Seigneur l'absoudra. »

39.

LE PASSAGE DU MAL PAS

Quand le jour fut venu où on avait fixé le serment, on dressa dès le matin des tentes de soie sur la lande et on planta des bannières qui se déroulaient dans la brise, où ondulaient des dragons et des aigles d'or et de pourpre.

Comme Iseut l'a voulu, dès qu'il s'est réveillé, Tristan s'est revêtu d'une laine dure et rêche. Il porte cotte de bure et vieilles bottes rapiécées qui lui bâillent aux orteils. Sa grand cape est toute noire de la suie qu'il y a mise, et en s'étendant du brou de noix, il s'est fait sur le nez, sur les joues et les mains, de grandes plaques brunâtres comme de la chair qui pourrit. Il s'empare d'une sébile, il s'appuie d'un côté sur une béquille de bois, et il s'en va de la sorte, clopinant sur la sente et sonnant de la cliquette comme le font les lépreux.

Au-dessus du marais, sur la motte de terre que la reine lui a dit, il s'installe à son aise, il attache son bourdon par une corde à son cou, et il tend sa sébile en geignant et pleurant à tous ceux qui passent là pour assister à la fête.

Tant de chariots ont roulé que le terrain, peu à peu, a tourné à la fange, et qu'on ne peut passer le Mal Pas hors des lits de fagots qu'on dispose sur la boue. Pour quiconque s'en écarte, il s'enlise aussitôt. Combien de chevaliers qui s'effondrent d'avoir pris mauvaise route, et s'enduisent de la vase qui jaillit autour d'eux !

Tristan danse de joie quand il voit le spectacle.

« A quoi donc jouez-vous ? leur crie-t-il en riant. Ne m'oubliez pas, chevalier ! Dieu vous vienne à secours !... Hou ! Hou ! Voyez-le, qu'il est laid !... Vous avez face de carême, et je crois, par ma foi, que je suis de nous deux le meilleur à regarder ! »

Puis Arthur se présente à la tête de sa troupe. Ils traversent le gué, ils remontent au milieu des roseaux et des joncs et ils entrent dans la lande où leurs tentes les attendent. Des cris de joie les accueillent cependant que le roi Marc gagne la berge à son tour. Dès qu'il l'a aperçu, le lépreux s'est levé. Il fait tinter sa crécelle, et béquillant, boitillant, il s'avance vers lui et fait semblant d'avoir peine à donner de sa voix rauque.

Son haleine lui siffle en passant par le nez :

« Par pitié, sire roi ! se met-il à pleurer. Pour l'amour du Seigneur, faites-moi une aumône !

— Attrape donc cette capuche, lui répond le roi Marc. Tu la mettras sur ta tête. Mais, d'où viens-tu de la sorte ? Depuis quand as-tu dû abandonner notre monde ?

— Depuis trois ans, sans mentir, quand le sort m'a surpris et que je n'ai pu l'éviter. Tant que j'étais bien portant, je jouissais d'une amie qui illuminait tout autour d'elle. Et pourtant, c'est par elle que j'ai eu ces ulcères, et cette ardeur qui me brûle sans arrêt dans les membres.

— Raconte-moi, dit le roi, de quelle manière ton amie t'a passé maladie ?

— Son mari était lépreux. J'ai été pris à mon tour en faisant l'amour avec elle. Dieu maudisse le cocu ! Je n'en connais qu'une sur la terre qui égale mon amie.

— C'est bien peu que d'une seule ! Et de qui s'agit-il ?

— De la reine, votre femme. Et d'ailleurs, elles s'habillent de la même façon. »

A ces mots, le roi Marc se mit à rire de ce fou. Il dégage son cheval et descend au Mal Pas. Il s'engage aux houseaux quand surviennent les félons qui voudraient le rejoindre. Comme ils voient la route prise, ils se tournent vers Tristan et s'enquièrent auprès de lui s'il n'y a d'autre passage.

« Certainement, dit le ladre. Regardez cette tourbière qui s'étend par là-bas. Allez-y hardiment. C'est la bonne direction : plusieurs y ont passé, qui ont gagné la Blanche Lande. »

Les deux barons se dirigent aussitôt au marais. Ils vont droit dans la vase. Ils s'y enlisent et s'enfoncent jusqu'à l'aube de la selle. Puis ils tombent de cheval et s'étalent dans la boue.

« Ah ! Seigneurs ! dit Tristan, que vous est-il arrivé ? Quelle misère, cette fange ! Otez donc vos manteaux ! Piquez droit devant vous. Et nagez, s'il le faut ! Croyez-moi, je l'ai vu de mes yeux tout pourris, d'autres que vous sont passés par ce chemin tout à l'heure ! »

Comme il danse de joie ! Comme il agite sa sébile ! Il la brandit devant lui, il en frappe sa courroie, il fait sonner sa cliquette à en affoler les sarcelles qui demeurent aux roseaux.

Mais voici que survient Iseut la blonde, enfin.

Elle arrive sur la berge.

Elle aperçoit les barons qui pataugent dans la vase, et Tristan sur sa butte qui s'agite en dansant. Elle comprend sur-le-champ, elle éclate de rire et malgré ce qu'elle sait qu'elle est en devoir d'accomplir, elle s'amuse comme jamais elle ne l'avait encore fait.

Puis elle descend de son cheval et s'approche avec lui du côté du Mal Pas. Quand elle est devant le gué, elle s'occupe du palefroi et noue sur ses arçons les courroies d'étriers. Elle glisse la bride sous la selle, elle retire le poitrail qui protège l'animal et lui lève le frein. Elle tient sa robe d'une main, et de l'autre une cravache. Elle en donne au cheval un grand coup sur la croupe, et la bête s'élance, elle traverse le gué dans les flots de boue noire.

Iseut la blonde reste seule.

Elle est là, sur la rive, toute droite et tendue, au-dessus du bourbier qui débute à ses pieds.

De l'autre côté, les barons, les rois Marc et Arthur la contemplent en silence.

Personne n'ose parler.

On n'entend que les oiseaux qui pépient dans la lande, et les cris des macreuses qui s'élèvent du marais. Et Iseut immobile sur le ciel du mois d'août, ses cheveux déployés qui lui tombent jusqu'aux hanches — qu'elle a tressés tout autour de sa nuque et de son front de fils d'or qui se perdent dans leur masse odorante — elle regarde la scène en souriant à demi.

Regardez-la, la jeune femme ! Elle ne porte pour couronne qu'un simple et long cercle d'or. La tête penchée sur l'épaule, comme cambrée sur elle-même, cette espèce de sourire qui lui joue sur les lèvres, les paupières demi-closes pour regarder les barons qui l'attendent vêtus de soie de l'autre côté de la vase, elle paraît si certaine et si sûre de son droit !

Alors, comme dans un geste de rêve, Iseut se retourna vers la motte de terre, et s'adressant au lépreux, elle lui dit à voix haute — tellement haute et si claire que tout le monde put l'entendre :

« Descends donc de ta butte. J'ai à faire avec toi.

— Avec moi, noble reine ? Je suis tout à vos ordres. Mais quel désir, pour de vrai, pouvez-vous me vouloir ?

— Tel désir que tu sais, ou que tu aurais dû deviner. Ecoute. Tu me vois habillée de fourrures et de traînes. Si je tente de passer sur ce pont de fagots, je vais salir mes vêtements. Serait-ce bon pour une reine ? Et n'est-ce point beau métier que je t'offre en ce moment, que de m'aider à ne subir aucune tache ni souillure ? Viens-t'en bas, près de moi. Tu me serviras de monture, et je passerai sans encombre cette passerelle de fascines.

— Mais enfin, noble reine, dit Tristan en geignant, y avez-vous réfléchi ? Ne me requérez pas à service. Je ne suis qu'un lépreux, je me gratte et je gèle, je suis atteint d'un tel mal qu'il ne me quitte jamais.

— Craindrais-tu par hasard que j'attrape ton mal ? Il n'y a pas de danger. Si je devais en souffrir, je l'aurais de déjà, et ne le dirais à personne. Dépêche-toi d'obéir, que je te monte dessus.

— J'obéis, noble reine. Mais il était à mon cœur de vous dire vérité.

— Tu l'as dite, à présent, et je l'ai entendue. Nous nous sommes compris. Tourne-toi où tu es. Courbe le dos en avant : tu me serviras d'étalon, c'est à califourchon sur ton corps que je passerai le marais. »

A ces mots de la reine, Tristan ne veut répondre. Dans le noir de fumée qui lui couvre la face, il se contente de sourire — et elle sourit à son tour en se détournant à demi, pour que personne ne voie cet éclat fugitif qui traverse ses yeux. Puis Tristan se retourne et elle monte dessus. Rois et comtes les regardent et suspendent leur souffle. Elle serre bien fort ses deux cuisses sur la taille du lépreux, elle s'accroche à son cou, et comme si elle voulait se maintenir, elle lui passe une main dans l'échancrure du bliaut, elle lui serre comme à rage la douce peau de son sein.

Tristan vient à pas lents sur la passerelle qui frémit.

Il fait mine de glisser.

Il chancelle et se rattrape.

Iseut glisse sur son dos. Elle serre les cuisses encore plus, et elle a une grande joie de sentir dans ses jambes remuer et bouger tout le corps de Tristan.

Il n'y a personne sur la rive qui devine ce qui se passe. On se dit au contraire : « Regardez notre reine qui chevauche un boiteux ! Il va tomber des fascines... Non ! Il s'est retenu juste à temps ! Allons donc au-devant, pour l'aider à sortir. » Et chacun d'accourir vers le bout de la passerelle où le lépreux touche enfin, son fardeau avec lui.

Iseut saute sur la berge.

Tristan a rabattu son capuchon sur sa face. Il demande une aumône. On s'apprête à donner, mais Iseut s'interpose : « Ne serait-ce un honneur, demande-t-elle en raillant, que de porter une reine comme il vient de le faire ? Inutile d'insister : il n'aura d'autre paiement que le plaisir qu'il a eu de me tenir sur son dos. »

Les deux rois, à ces mots, laissent partir un grand rire. Les barons s'ébaubissent. Iseut monte à la lande. Le lépreux s'en retourne en claquant de sa béquille — mais si personne que la reine n'y fait vraiment attention, ne dirait-on qu'il s'agit comme d'un rythme de danse ?

40.

LE SERMENT DEVANT DIEU

Quand l'aurore s'était levée, on avait entendu le tonnerre qui grondait, dispersant le brouillard qui traînait sur les joncs. Mais maintenant que la reine a passé le Mal Pas, le soleil au zénith illumine la lande. Il n'y a d'ombre que celle des pavillons et des tentes. Les bannières, dégonflées, pendent le long de leurs mâts.

Tout le monde sue de chaleur.

Même la soie semble lourde sur les tentes royales. Et tandis que la reine pénètre au camp des bandes d'or et des draps d'écarlate, elle resplendit de lumière dans son bliaut fait d'azur et son mantel à longue traîne.

Tout le monde s'en écarte avec grande déférence. Qui oserait l'approcher ? Qui douterait, à la voir, qu'il n'y ait dans son cœur aucune trace de souillure ?

Devant la tente d'Arthur, au milieu des colchiques et des mauves qui croissent à côté du chemin, des valets ont tendu un tapis de brocart. Toutes les reliques du royaume y ont été déposées. On a retiré leurs ossements et leurs saintes dépouilles de tous les phylactères, des trésors des églises, des écrins et des châsses, des croix d'or ou d'argent qu'il est possible de trouver dans le pays de Cornouailles.

On a rangé soigneusement tous ces os au soleil : des centaines d'ossements nus qui rappellent à chacun que la vie est fumée — et à l'éclat du soleil, les phalanges et les côtes, les petites esquilles, les morceaux de tibias qu'on a pieusement recueillis, semblent secs de lumière, et les quelques bouts de chair brune qui s'y attachent encore, font penser à de la viande boucanée et séchée.

Iseut vient au tapis.

Elle s'arrête devant — qui ne serait étonné, et ne sentirait dans son âme une crainte instinctive, de comparer sa beauté à cet amas terrifiant dans sa muette blancheur ?

Tous s'assoient par rangées des deux côtés de la scène. Sire Gauvain reste seul à veiller les reliques.

Arthur et Marc, de concert, s'avancent alors vers Iseut, et chacun de son côté lui saisit une main. Le silence est total. Arthur regarde les gens d'armes qui se sont rassemblés, il regarde les barons et les comtes du royaume, il regarde le roi Marc d'un étrange regard, et lui parle en ces termes :

« Cher parent, sire roi, nous voici réunis pour le serment de ta femme. Je n'y assiste aujourd'hui qu'à la requête d'Iseut. Ecoute bien mes paroles : tu ne sais pas voir le mensonge et on te tourne la tête comme un jeu de toupie. La noble Iseut, néanmoins, a décidé de jurer sur ces saintes reliques. Je ferai pendre à l'avenir ceux qui oseront l'accuser : c'est un crime qui appelle le châtiment de la mort. Tu vas savoir à présent qui sont les vrais coupables, de Tristan et de la reine, ou de ceux qui te conseillent et te poussent comme ils font. Allez donc, reine Iseut, vous pouvez proclamer que vous n'avez éprouvé, de votre vie tout entière, d'amour vil et coupable. »

Le roi Arthur a fini, et fait un pas en arrière.

Le roi Marc fait de même.

Face à face à Gauvain qui se tient immobile, son

épée retournée dont la pointe se dirige vers le ciel sans nuages, la reine blonde demeure seule. Alors, elle lève lentement la main droite, et regardant le soleil sans ciller des paupières, toute sa tête éclatant de l'or fin des cheveux, sans un seul frémissement, sans hésiter une seconde, elle se met à parler à voix haute et distincte, pour que tout le monde puisse entendre les paroles qu'elle prononce :

« Que Dieu me vienne en aide, qui m'a toujours protégée ! Je n'ai d'espoir que de Lui et salut de sa grâce. Ecoutez le serment que je fais devant Lui — mais que je destine au roi Marc et à tous ceux qui m'accusent de manquer à mon cœur. Sur ces saintes reliques, et sur toutes celles qui y manquent mais qu'on trouve en Bretagne, en Ecosse ou en Galles, et partout où l'on voit à la gloire du Seigneur, je jure solennellement que jamais aucun homme n'est entré dans mes cuisses — sauf le roi mon époux et le lépreux tout à l'heure qui m'a prise sur son dos. Pour ces deux-là, en effet, je ne peux m'en dédire. Je ne parlerai pas du roi Marc, et j'ai tenu le lépreux au milieu de mes jambes, vous y avez tous assisté... Mais que Dieu soit témoin, que je n'ai jamais chevauché aucun homme qu'eux deux. Ce serment suffit-il pour me dégager des soupçons ? »

Toute la lande est muette.

Chacun attend de savoir ce qui va se passer : mais le ciel demeure bleu, le soleil continue d'incendier les genêts — des chardonnerets à tête rouge jaillissent soudain d'un fourré, qui s'envolent et s'en vont du côté du Mal Pas.

Dans sa robe d'azur, la main droite tendue au-dessus des ossements, ses yeux de menthe écrasée qui s'élargissent peu à peu et qui brillent de défi, la reine attend, frémissante, que le ciel fasse un signe.

Mais comme rien ne survient, c'est Arthur qui proclame :

« Aussi vrai que je règne sur cette île tout entière, aussi vrai que ma mission est de chercher sur cette terre la vraie face du Seigneur, tant que je serai sain et vif, vous n'aurez plus rien à craindre, Iseut. Les félons paieront cher, et je demande au roi Marc de ne plus jamais leur prêter une oreille complaisante. Reine, Dieu vous tient en sa garde, et j'en suis le témoin. »

41.

LES SOUPIRS DES AMANTS

La nef voguait à la mer.

Voici plus de trois semaines qu'on a quitté Tintagel. La carène du bateau gémissait et craquait en fendant la marée.

Des goélands, quelquefois, croisaient sous les nuages, leurs grandes ailes déployées, ou des mouettes égarées qui tournoyaient sur les mâts, puis filaient sur la houle avec des cris de détresse.

Et Iseut, immobile, demeurait sur le pont, à scruter les vagues vertes qui se brisaient sur la coque dans de grands remous glauques à la plainte monotone.

Qu'elle eût voulu que le navire s'emportât sur les flots, que les vents de la mer vinssent gonfler la haute toile où dansait le sanglier, et la fissent fuir vers Tristan qui gisait en Bretagne !

Tant elle était impatiente, qu'elle se sentait le navire qui bougeait sous ses pieds. Elle se sentait la varangue qui pillait l'eau à effort, et les vergues tendues qui soutenaient la voilure.

Que la nef était lente !

Que la mort était proche !

Et le destin si cruel qui les confiait au hasard...

Kaherdin et Brangien demeuraient sous la tente qui se dressait à la poupe. Ils n'osaient en sortir, que la reine n'eût d'abord demandé leur présence. Mais Iseut ne pensait qu'à Tristan en danger ; seul comptait à son cœur le secours qu'elle portait au jeune homme en péril.

Sur la nef qui tanguait entre le ciel et la mer, dans les cris d'accouchée que poussaient les membrures, dans les claquements de la voile que mouillaient les embruns, la jeune femme, affolée, appelait son amant dans des plaintes déchirantes :

« Tristan ! Tristan, je vous en conjure, mon ami ! Je puis seule vous guérir du poison qui infecte votre hanche blessée ! Comme autrefois du Morholt, comme autrefois du dragon, je détiens le secret des onguents et des baumes ! Me voici à la course sur le corps incertain de l'océan qui se gonfle. Attendez-moi, mon ami ! »

De jour en jour, cependant, à Carhaix de Bretagne, Tristan s'affaiblissait. Sa blessure le clouait sur son lit de douleur, et personne ne pouvait atténuer sa souffrance. C'est Iseut qu'il attend. C'est Iseut qu'il espère. Son salut est en elle. Il n'a plus de pensée que de la voir à nouveau. Elle est sa seule raison de vivre. Il ne cesse d'envoyer des guetteurs au rivage, qui lui diront si la nef de la reine est en vue. Et chaque jour les guetteurs s'en reviennent le soir, et lui disent que la mer est toujours aussi vide !

Iseut pleure à la nef.

Ses cheveux s'éparpillent dans le vent froid qui gémit, son bliaut claque et se colle au dessin de ses jambes, ses yeux verts s'assombrissent, de longues larmes en coulent, qui sillonnent ses joues et se mêlent aux gouttelettes que dépose la brume.

Tristan pleure sur sa couche.

Aux arceaux des fenêtres, il ne voit que les nues qui encombrent le ciel, et les lentes pluies fines, ou les brusques bourrasques qui détalent en sifflant sur les côtes de Bretagne.

Iseut pleure à la nef.

« Que dolente je suis, et dolente je reste — si disjointe de celui que réclame mon cœur, je ne peux le rejoindre et lui rendre sa vie ! A quoi bon vair et gris, et domaines et châteaux, et couronne de reine en pays étranger, si je ne suis la servante de celui que personne ne peut vaincre en bataille ? Le Seigneur veuille au moins que nous mourions tous les deux, et trouvions dans la mort délivrance éternelle ! »

Tristan pleure sur sa couche : « Vous souvenez-vous, Iseut, murmure-t-il à angoisse, les paupières refermées sur le rêve qui s'enfuit, que nous ne pouvions demeurer séparés plus d'un jour ?

— Vous souvenez-vous, Tristan ? se lamente la reine. Le breuvage sur la mer avait cessé son emprise. Mais quel besoin avions-nous de ce vin mêlé d'herbes ? Pouvions-nous oublier tel amour que le nôtre ?

— Les épines avaient pris, qui déchiraient notre cœur, et nous empêchaient à jamais de nous éloigner l'un de l'autre.

— Nous n'avions sens et raison que réunis tous les deux, et chacun ne vivait, que Tristan par Iseut, et Iseut par la force, et le désir et l'amour que Tristan me vouait.

— Et pourtant, au serment, nous n'avions pu nous rejoindre ! Vous aviez juré, mon amie ! Vous viviez au château, et je me terrais en secret au cellier dans les bois ! »

Oui, Tristan, en effet, vivait caché dans les bois, dans le souterrain qui se creusait derrière la hutte d'Orri, à la garde des hêtres et des chênes millénaires. Chaque jour un peu plus, il dépérissait du désir qui le fouaillait sans répit. Il n'avait de souci que de son amante lointaine. Toute son âme l'appelait et la cherchait à toute force, comme la biche la fontaine quand le soir est tombé.

Son corps lui faisait mal.

Ses mains tremblaient d'impatience, des voiles rouges de sang lui passaient sur les yeux, toute sa bouche était sèche du désir de la reine.

Au château de Tintagel, Iseut la blonde est peut-être encore plus malheureuse. Il lui faut feindre de rire au milieu des barons. Elle doit savoir leur sourire quand ils s'enivrent de bière, que des filèts de graisse chaude leur coulent sur le menton cependant qu'ils se goinfrent de gélinottes et de coqs, de brochettes de grives, de filets d'oies et de daims. Chaque soir que Dieu fait, elle doit monter se coucher aux côtés du roi Marc, et entrer sans frémir sous les peaux de loup gris.

Son mari la caresse. Il l'écrase de son poids. Son haleine pue le vin et la pomme fermentée. Grâce à Dieu, l'âge de Marc a tôt fait de le vaincre. Il s'étend sur le dos, et s'endort bouche ouverte en ronflant et geignant dans un sommeil peuplé de rêves. Elle, frissonnante et muette dans le lit en désordre, elle se tourne et se retourne à la recherche d'un coin où la fraîcheur lui serait comme un signe d'oubli. Mais hélas ! comment faire ? Tout son corps est glacé. Elle sent ses lèvres trembler de l'envie de pleurer — mais elle doit faire attention, et elle dompte à effort le frémissement de ses jambes et le tressaut de la fièvre qui agite son sein.

Elle veut fuir vers Tristan.

Elle ne rêve qu'à Tristan.

Elle le voit devant elle, qui lui semble sortir des lueurs vacillantes que répandent les chandelles. Elle sent ses mains qui la poignent, et le poids de son corps qui s'étend sur le sien : oublié le roi Marc, et l'écume qui sourd sur le coin de ses lèvres ! Les images du rêve sont plus fortes que celles de la veille illusoire : elle se sait gémir d'aise dans ce songe inventé que son âme a construit.

Puis, elle se réveille soudain en hurlant dans le lit.

Le roi Marc a bougé. Il a entrouvert une paupière, il a grommelé quelques mots, on ne voit de ses yeux que le blanc renversé — mais il roule aussitôt de l'autre côté de la couche et se remet à ronfler en gargouillant de la gorge.

La jeune femme reste seule.

Ses mains tremblent de froid. Et à la lueur des chandelles qui grésillent tout doucement, où scintillent ses cheveux dénoués au milieu des fourrures empilées, elle demeure silencieuse, pleine de rage et de larmes.

Etre séparée de celui qui dormait près de moi,
Quand nous étions en forêt, sous la garde de Dieu !
Je me serrais contre lui,
J'avais chaud, en ce temps !
Ah ! quel est celui dans le monde
Qui me donnerait tel plaisir ?
Quel est celui sur la terre
Qui saurait autre que lui
Me faire crier de ma joie, et me combler de telle
[aise

Que je plongeais dans la nuit
Lumineuse de Dieu ?
Sa poitrine était rude,
Ses deux reins me blessaient,
Je m'enroulais sur son corps comme chèvrefeuille
[au tuteur —
Il sentait le tilleul,
Et le chêne et le tremble,
Il embaumait le sainfoin,
Et le chaume et la sauge,
Et le foin frais coupé qu'on engrange pour l'hiver !
Tout son corps me fouillait,
Je n'étais
Qu'une plaie
Quand sa chair sanglotait,
Et le chant de sa gorge se perdait dans ma bouche !
Est-il possible que je sois
Séparée de celui
Qui répondait à mon âme, et m'emportait avec lui
Dans des gerbes de feu ?
Je me roule et je brûle.
Viendras-tu me saisir,
Viendras-tu me ravir,
Que mes cheveux se remmêlent dans la mousse des
[bois ?
Où es-tu, mon ami ?
Quant à moi,
Je suis là,
Je suis nue,
Je t'attends —
Mon amant de lune blanche dérobé dans la nuit !

Ainsi pleurait Iseut dans la chambre du roi.

Ainsi pleurait Iseut sur la lisse de la nef — quel destin que celui de deux âmes qui s'accordent, et que la méchanceté des jaloux et l'hiver sur la mer, ont disjoints l'un de l'autre et condamnent à mourir de les avoir séparés !

42.

LA MORT DES DEUX FELONS

Depuis le serment de la reine, les deux barons félons avaient quitté leurs châteaux et étaient revenus servir Marc à sa cour. Ils accomplissaient de nouveau les devoirs de leur charge, mais la quiétude générale où baignait Tintagel, ne les avait pas détournés de leurs complots souterrains.

Or voici qu'un beau jour lumineux de l'octobre, un espion vint les voir et les prit en cachette dans une salle du château.

« Je voulais vous apprendre, leur dit-il à voix basse, un secret dont je sais que vous allez vous réjouir. Si vous croyez que je mens, vous pouvez me faire pendre.

— De quel secret s'agit-il ? demanda Godoïne.

— Je connais la conduite de Tristan et d'Iseut. Ils n'ont pas pu se résoudre à ne plus se revoir. Dès que Marc est parti, Tristan prend le chemin qui le mène au château. Il y entre le soir sans qu'aucun l'aperçoive, c'est Brangien qui le conduit, et Périnis qui surveille. Il passe ainsi toute la nuit dans les bras de la reine, et ne s'en va qu'au matin, quand on sonne du cor au premier chant du coq. Ecoutez, sires barons, je peux vous faire assister à la scène d'adultère.

— Mais comment le sais-tu ?

— Je le sais, ça suffit.

— Il s'agit bien de Tristan ? Tu ne peux pas te tromper ?

— Je l'ai bien reconnu. Pourrait-on le confondre avec un autre d'ici ?

— Et quand donc l'as-tu vu ?

— Ce matin même, à l'aurore.

— Pouvons-nous le surprendre, et le voir nous aussi ?

— Vous le verrez à la nuit, l'épée ceinte à la hanche, son grand arc à la main et les flèches dans le dos.

— Mais comment verrons-nous ?

— Par un tour que je sais, que je vous dirai tout à l'heure. Quel salaire donnerez-vous, de vous livrer le secret ?

— Fixe ton prix comme tu veux.

— Pas moins d'un marc d'argent.

— Par la Sainte Eglise et sa messe, nous te donnerons beaucoup plus ! Si tu tiens ta parole, tu seras riche toute ta vie !

— Alors, écoutez bien. Une brèche introduit dans le jardin du château. Il y a là un ruisseau qui surgit d'un fourré de glaïeuls bien touffu. Au-dessus du ruisseau, vous verrez une lucarne. Une courtine la recouvre : c'est la chambre d'Iseut. N'en franchissez pas l'ouverture, vous vous exposeriez trop. Il vous suffit d'épointer au couteau une branche. Vous en piquerez la courtine. En la tirant légèrement, vous verrez tout ce qui se passe à l'intérieur de la pièce. Brûlez-moi jusqu'aux cendres si vous n'y découvrez pas les ébats de Tristan et d'Iseut. »

Le soir même, Périnis vint trouver le jeune homme. Ils quittèrent de concert le refuge du cellier et s'engagèrent sur la sente qui sortait du Morois. Le croissant de la lune se cachait dans le ciel, et dans les échancrures de nuages, les étoiles clignotaient comme autant de lumignons.

Tristan vient en se cachant par les ronces épaisses. Périnis l'a quitté, pour annoncer à Iseut que son amant l'a rejoint.

Or voici qu'au moment de s'engager sur la lande, comme il en voit l'étendue qui s'étend à ses pieds, Tristan découvre au lointain, sous la lueur mauve et rose du crépuscule qui s'attarde, Denoalen qui s'avance sur un petit palefroi noir.

Deux immenses lévriers bondissent près de sa monture. Le jeune homme sourit : Denoalen se dirige en effet vers les bois. Ses chiens détalent tout à coup et se mettent à japper : ils ont senti les brisées d'un sanglier solitaire. Tristan grimpe aussitôt dans les branches d'un chêne. Les feuillages le cachent en lui permettant de tout voir.

Le félon suit le sentier qui le mène à Tristan.

Le voilà sous le chêne.

Tristan saute sur lui. Il lui choit sur le dos, et le fait rouler sur le chemin. Il brandit son épée, elle s'abat en sifflant et tranche la tête d'un seul coup du grand corps du baron. Puis Tristan s'agenouille, il ramasse le chef, et de son long couteau de chasse, il en coupe les tresses et les glisse dans ses chausses : il veut pouvoir les montrer à son amante tout à l'heure, pour le plaisir de la reine et le rire qu'elle aura.

La besogne accomplie, il essuie son épée, la remet au fourreau, et une chanson sur les lèvres, il abandonne derrière lui le cadavre qui gît ventre en l'air au milieu du bain de sang qui s'écoule. Il traverse la lande, il dépasse le bourg, il remonte la butte vers l'enceinte d'épieux qui entoure Tintagel — Tintagel où il sait que l'attend son amie.

Hélas ! Godoïne y est déjà, qui a percé la courtine et aperçoit toute la chambre qu'on a jonchée de roseaux. Il n'y a là pour l'instant que le page Périnis. Puis Brangien se présente. Elle vient sans doute de peigner les cheveux de la reine, car elle tient à la main le long peigne de corne dont s'échappent des fils d'or qui reluisent aux chandelles.

Tristan entre à son tour. Il a bien son épée, son poignard sur le ventre, et son arc à l'épaule, et il brandit joyeusement deux tresses brunes de cheveux.

Iseut vient aussitôt.

Elle se hâte, elle accourt au-devant de son amant. Ses yeux verts s'illuminent, elle tend les bras vers le jeune homme quand elle voit par hasard, sur la haute lucarne en dessous des solives, la silhouette du baron qui se projette au tissu frémissant des tentures.

Tristan rit de bonheur.

« Regardez, mon amie, ce cadeau que je porte ! Ce sont les tresses d'un félon. Je lui ai si bien coupé le chef qu'en voici le témoignage pour le repos de votre âme.

— Que m'importe, Tristan ? répond-elle à voix basse. Tends ton arc, je te prie, si tu veux mon plaisir. Encore plus, jusqu'au point que la corde en gémisse. Ne relâche plus la tension. Encoches-y une flèche : j'aperçois quelque chose qui me cause tourment. »

Le jeune homme obéit. Il fouille la pièce du regard. Il lève les yeux au plafond. Il frémit malgré lui car il a distingué la figure du félon.

« Mon Dieu, chuchote-t-il, je dois bien me venger des douleurs endurées ! Guidez donc cette flèche, qu'elle aille droit à son but ! »

Il lève l'arc, lentement, comme s'il voulait l'essayer, puis il décoche la flèche en poussant un grand cri. Celle-ci vole dans l'air. Un émerillon, une aronde ne peuvent aller aussi vite. Elle s'enfonce d'un trait et crève l'œil du baron. Elle lui perce le crâne, lui traverse la cervelle qui se met à couler tout le long de ses joues.

Godoïne n'y peut mais.

Il s'abat comme une masse et s'écroule au milieu des glaïeuls de la source. Le ruisseau court dessus. Il n'a pas le temps de se plaindre, ni seulement de gémir, ou d'appeler au secours et de demander confession. Son âme s'est envolée. Elle a plongé en Enfer.

Il ne méditera jamais plus ni traîtrise ni mensonge.

Dans la chambre, la reine laisse sa joie éclater.

« Tu l'as vu ! s'écrie-t-elle. Ils sont morts tous les deux ! Une tête coupée, une flèche dans l'œil : peut-on mieux travailler que nous venons de le faire ? »

Périnis et Brangien se retirent tout doucement. Iseut la blonde s'abandonne dans les bras de Tristan. Il la prend à fardeau et la porte sur sa couche. Puis il mouche les chandelles et n'en laisse brûler qu'une — que la pénombre complice les enveloppe tous deux, et qu'il jouisse pourtant de la beauté de la reine.

Ainsi passe la nuit où ils se tiennent enlacés, et se baisent à ferveur, et se jettent l'un à l'autre dans le désespoir de l'amour. Car ils savent que maintenant, ils ont trop attendu. On trouvera dès demain les dépouilles des félons. On les a surpris une fois — et après le serment que la reine a juré, peuvent-ils donc se risquer à ce qu'ils soient découverts ?

43.

NOUVELLE SEPARATION

Oui, bien trop brève est la nuit !

A peine Iseut et Tristan se sont-ils endormis, que déjà le soleil est monté sur la mer.

Iseut doit se lever. Elle rajuste sa robe. Tristan ceint son épée et se saisit de son arc. La reine baisse la tête et des larmes se pressent sur le coin de ses yeux.

« Il te faut fuir, à présent. On connaît notre accord. Si le roi nous découvre, nous ne pourrons plus le tromper. »

Tristan soupire à l'entendre :

« Comment vivre sans toi, si je n'ai ta lumière ?

— Je sais bien que nos vies sont tissées l'une à l'autre ! Mais nous n'avons pas d'autre choix... N'importe où tu seras, j'y serai avec toi.

— Je verrai partout tes yeux verts, qui ont des reflets d'océan.

— Et partout j'entendrai le chant doux de ta harpe. Dans les cris des mésanges, ce sera toi que j'écouterai. Va, Tristan, mon amour : Dieu te prenne en sa garde ! »

La jeune femme défaille. Dans le frémissement de leurs corps où s'allume le désir, devoir ainsi se quitter, et accepter cette épreuve qu'ils n'ont encore jamais eue : vivre loin l'un de l'autre sans espoir de retour, ne plus jamais se rejoindre — demeurer de la sorte nuit et jour séparés, nuit et jour solitaires dans ce rêve d'amour qui ne cessera de hanter leur mémoire à toute heure !

Et pourtant, ils le savent, ils ne peuvent ni vivre, ni mourir sans le regard, le sourire, la présence dont chacun tour à tour enchante l'âme de l'autre. Ils ne peuvent vivre disjoints, ni mourir séparés. Et séparés et disjoints, ce n'est pas la vie, ni la mort, mais la vie et la mort qu'ils devront endurer...

Loin d'Iseut son amante, Tristan tente de fuir la misère qui le ronge. Par les mers et les îles, et les pays étrangers, il essaie d'oublier — mais peut-il oublier quand sa peine l'accompagne dans tous les lieux qu'il fréquente ?

Il a frété une nef pour aller prendre repos au royaume de son père. Rohalt le Foi-Tenant l'y accueille en grande liesse. Mais que vaut son pays quand il est dépeuplé, et plus rien n'est vivant désormais pour Tristan ? Il est donc reparti de ses terres de Loonois, et dans les fjords brumeux de la lointaine Norvège, il a servi dans la hirde du grand roi de Trondjeim. Il a sillonné la Baltique et les mers scandinaves, il a parcouru les forêts de la Souabe profonde, il a rencontré le cours lent où les châteaux se reflètent, et les bois de sapins tombent tremblants se mirer dans les eaux vertes du Rhin.

Il a servi en Espagne, par les os calcinés des plateaux sous le soleil qui fait flamber les rocailles ; dans les plaines immenses, recouvertes de chanvre, de houblon et de blé, où vient battre la mer, sur les galets ronds et blancs de la côte de Flandre — et de pays en pays, à la solde des rois, et des ducs et des comtes, et des margraves à tête rousse qui se nichent au-dessus des défilés de granite, il a servi maint seigneur, il a mené mainte emprise, il s'est battu à l'épée, à l'épieu et à l'arc, et toujours solitaire, toujours vainqueur au combat, mais n'en retirant aucune gloire, ni plaisir ni bonheur, il chemine toujours, l'âme lourde et amère, et le cœur accablé sous le poids de l'amour.

Voilà presque trois ans qu'il est ainsi vagabond.

Voilà presque trois ans qu'il n'a eu de nouvelles de ce qu'il advient à Iseut. Nul ami, nul message. Ignore-t-elle où il est ? « Si elle voulait le savoir, se dit-il sombrement, elle l'apprendrait tout de suite ! Je vois bien que la reine s'est déprise de moi... Iseut ! Iseut, vous m'avez oublié ! Non ! Comment puis-je le penser ? Si vous vous étiez détournée, je le saurais sur-le-champ dans le fond de ma chair. Nos destins sont trop liés. Je ne pourrais pas l'ignorer... Et pourtant, que penser ? Pas un signe de vous ! Je suis là, sans savoir, à attendre toujours... Ah ! Iseut, mon amie, pouvez-vous mener joie, si je ne suis avec vous ? Je ne parviens pas à le croire. Vous restez à la cour, mais votre âme me cherche et ne peut me trouver. Me trouver, c'est facile ! J'accomplis tels exploits qu'on peut suivre ma trace sans avoir à chercher. Ne savez-vous que sans vous, je traverse le monde comme une ombre en exil ? »

Sur les mers vagabondes, par les bois et les landes, par les monts et les plaines, il ne cesse d'aller, comme poussé et repoussé par des forces contraires, toujours appelé autre part aux mirages de son cœur — mais à peine y est-il, que son rêve est ailleurs, et nulle terre ne répond à la nostalgie de son âme qui réclame cette île où il pourrait retrouver son amante en dehors des saisons qui s'en vont, et des royaumes de chair qui ne pourraient exister s'ils n'avaient des frontières.

Comment donc vivrait-il, dans l'absence du soleil que Tintagel a caché ? Il paraît à Tristan que son cœur s'engourdit dans un hiver éternel. Car, y a-t-il pire mort qu'une lumière qui s'éteint — que la femme qu'on aime, et que les chevaux de la nuit ont ravie au galop, forme frêle et diaphane qui s'évanouit peu à peu dans le sein des ténèbres ?

Partout où il se trouve, il ne voit que terres vaines.

Quand il délasse son corps dans l'eau tiède du bain, qu'il défait son bliaut, qu'il dépose son épée, qu'il épointe ses flèches au crépuscule qui s'étend sur les champs de bataille, quand il entend les corbeaux qui s'abattent en criant au-dessus de la neige où les cadavres s'étreignent dans l'air pur de la nuit, sans penser au triomphe du parti qu'il soutient, Tristan, souvent, se lamente et appelle la reine.

Mon amante
Qui crie
Aux déchirures de midi,
Mon amante de feu,
Et d'écume
Et de terre divisée sous mes doigts,
Où êtes-vous en ce moment,
Que je ne puisse vous voir ?
O jeune femme éclatante
De l'éblouissement
Du soleil, mon amante,
Ma sœur,
Dans quelle terre stérile vous a-t-on dérobée ?
Dans quelles landes désertes
Dois-je toujours m'avancer,
Au milieu de ces ombres qui m'entourent
Et se taisent —
Et s'agitent sans fin comme de pâles fantômes ?

Ainsi se plaint le héros — et qui lui dit en effet que l'aurore se lèvera, que le printemps reviendra cependant qu'il s'en va par les routes incertaines, à l'affût du rayon qu'il espère sans cesse et qui ne se montre jamais ?

44.

LE DUC HOEL DE BRETAGNE

La troisième année de l'exil en tirait à sa fin. Or, il arriva à ce moment que le jeune homme se trouvait de retour en Bretagne. Comme il venait d'y entrer, il ne vit sur son chemin que des ruines fumantes et des bourgs incendiés, des troupeaux abattus, des moissons saccagées, et des prés et des champs ravagés et fauchés. Les gens fuyaient de toutes parts, le regard fou de terreur, en emportant avec eux de misérables trésors dans des sacs qu'ils portaient sur le rond de leur dos, ou sur les longs chariots de bois dont les roues cahotaient et grinçaient sur les pierres qui parsemaient les chemins.

« Pourquoi donc fuyez-vous ? demanda le jeune homme. Qui a causé ces décombres ? Qui a tout transformé en charbon et en cendres ? »

Une femme s'arrêta, et chancelante sur le bord de la sente engorgée, elle lui dit en pleurant :

« C'est le comte de Nantes qui a lancé sa rapine ! Ses hommes pillent sans pitié, ils égorgent tous ceux qui leur tombent sous la main, et ce qu'ils ne peuvent emporter, ils y mettent le feu. Dieu maudisse la guerre qui fait tant de malheurs !

— Mais que fait votre duc ? dit Tristan de nouveau. Il vous doit protection, et je me suis laissé dire qu'il avait été très puissant ?

— Le duc Hoël est trop vieux. Et son fils est trop jeune. Ils ne peuvent pas résister. Il ne leur reste plus qu'une seule place, et le comte y met le siège.

— Où est donc ce château ?

— A Carhaix, dit la femme. Sur la falaise de Penmarch, au-dessus de la mer. Mais ils vont succomber. Dieu nous prenne en pitié ! »

Dès qu'il sut ces nouvelles, et sans vouloir chercher plus, Tristan se dirigea vers le château de Carhaix. Qu'aurait-il appris d'autre que ce qu'on venait de lui dire et que lui racontaient en chemin les cadavres d'enfants qui gisaient aux fossés, les filles hurlantes de peur qu'il croisait sur sa route, et qui allaient comme des folles, leurs longues robes déchirées et leurs cuisses sanglantes qu'elles tentaient de cacher en les dérobant de leurs mains ?

Quand il fut à Carhaix, Tristan franchit dans la nuit les lignes du comte de Nantes et offrit son épée à Hoël de Bretagne. Il prit la tête des hommes qui restaient au combat, et avec Kaherdin, l'héritier de Hoël, multiplia les coups de main, les embuscades que l'on tend dans le sein des forêts, les attaques de convois, les surprises où l'on tue ses ennemis au couteau. Grandes merveilles fit son arc, dont les flèches s'envolaient pour se planter, toutes vibrantes, dans la bouche des soldats. Grands ravages son épée, quand on se cachait aux taillis, dans les bois silencieux qu'enchantaient les seuls cris des fauvettes et des merles — puis venaient les charrettes surchargées de barils de harengs et de viandes, de tonneaux pleins de vins, de platées de galettes et de sacs de farine, et dans les pans lumineux qui se croisaient sous les arbres, on bondissait subitement sur les soldats de l'escorte qui allaient, somnolents, leur épieu à l'épaule. Tellement bien qu'à la fin, énervé par ces pertes comme autant de blessures d'où le sang s'enfuyait à chaque fois un peu plus, détestant l'adversaire qui disparaissait aussitôt qu'il venait de frapper, le comte de Nantes décida de lancer l'assaillie et fit marcher toutes ses troupes à l'assaut de Carhaix.

Lorsqu'il vit ce spectacle, Tristan vêtit la broigne dont les plaques de métal lui couvraient comme écailles la poitrine et le ventre, et les bras et les cuisses — et comme un monstre marin qu'incendiait le soleil, son épée à la main, son écu haut brandi où dansait le sanglier, sur son cheval de bataille aux énormes jarrets, il piqua vers le comte qui menait la bataille. Quand le comte l'aperçut, il ne put s'empêcher de crier du milieu du fracas de l'acier et des hennissements des chevaux :

« Quel est donc celui-là que je n'avais encore vu ? Ne sais-tu que personne n'a jamais pu me vaincre ?

— Je suis Tristan de Loonois, et sache bien à ton tour, qu'aucun homme, jusqu'ici, ni géant ni dragon, ne m'a jamais terrassé.

— Passe ton chemin ! cria le comte. C'est au duc que j'en veux. Je n'ai rien contre toi.

— Mais moi, oui, dit Tristan. J'ai prêté mon serment à Hoël de Bretagne. Tu étais son vassal, et tu n'es plus qu'un rebelle. Prépare-toi au combat ! Nous verrons de nous deux, qui le Seigneur choisira. »

Tristan fonce devant lui. Il lève son branc à deux mains, il l'abat à toute force, et la lame s'enfonce à la jointure de l'épaule avec le cou de l'ennemi. Le comte de Nantes en vacille sur son cheval de bataille. Le sang coule à bouillons et jaillit de dessous les morceaux de son armure. Il relève le vantail de son heaume d'acier, il entrouvre la bouche où se forme de l'écume — mais nulle parole n'en sort, et il demeure de la sorte, chancelant sur sa selle, le hurlement de douleur comme bloqué sur ses lèvres.

Tristan frappe à nouveau.

Il tranche net, cette fois-ci, dans le cou du rebelle. La tête roule dans les herbes. Une immense clameur monte des tours du château. Les assaillants éperdus, tournent le dos et déboulent, et s'enfuient à toutes jambes pour se réfugier dans les bois.

Que veut d'autre Tristan ?

Il revient à Carhaix et pénètre au château. Comme il descend de cheval, Hoël l'étreint et l'embrasse, et lui dit au milieu des vivats qui s'élèvent : « Tristan, je n'avais encore vu de meilleur chevalier. Tu as sauvé mon duché, et l'héritage de mon fils. J'ai besoin d'un baron d'une telle prouesse. Demeure donc avec nous : tu seras le premier de tous ceux qui m'entourent. »

45.

ISEUT AUX BLANCHES MAINS

Il faut savoir cependant que le duc de Bretagne avait aussi une fille. Elle s'appelait Iseut, et elle était si habile à faire courir les couleurs dans les toiles qu'elle brodait pour y dessiner des oiseaux, des griffons et des lions à la tête rougeoyante, fredonnant virelais, pastourelles et tensons, qu'on la nommait aux Blanches Mains pour cet art qu'elle avait de travailler à la trame.

Or un jour que Tristan chevauchait en forêt à côté de Kaherdin, comme il voyait frissonner les feuilles blanches des érables, comme il voyait les grimpereaux qui couraient sur les troncs, comme il entendait résonner les marteaux des piverts et les notes des loriots qui tombaient en cascade du plus haut des vieux arbres, il ne put s'empêcher de penser au Morois, à la hutte de branches que les fleurs tapissaient, et à la reine lointaine qui s'y était réfugiée. Il penchait la tête en avant, et les brides lâches dans les mains, il rêvait à Iseut qui dormait dans ses bras, et dont les longs cheveux blonds frémissaient sur ses lèvres. Ainsi perdu dans ses songes, il se mit à chanter sans y faire attention le refrain d'une chanson qu'il avait faite autrefois :

Iseut ma drue, Iseut ma mie,
En vous ma mort, en vous ma vie...

Kaherdin, à ces mots, se rapprocha de Tristan.

« Vous pensez trop, lui dit-il, et vous dites ce nom avec trop de tristesse.

— C'est que le tourment me poursuit, et la peine et l'angoisse.

— Mais pourquoi ce tourment ? Et pourquoi cette peine ?

— Je vais te dire mon secret, puisque nous sommes presque frères. Comment vivre sans Iseut ? Je l'aime tant que je meurs de ne l'avoir point avec moi. Ah ! Si Iseut n'existait, je quitterais ce bas monde ! »

Kaherdin se méprit sur le sens de ces phrases, car il ignorait l'existence de la femme du roi Marc, et tout joyeux il tenta de consoler son ami :

« Pourquoi ne me l'avais-tu jamais encore confié ? Je ne peux rien te refuser. Si j'avais su que tu aimais à ce point ma chère sœur (et j'ai déjà remarqué comme elle te suit du regard, comme elle s'inquiète de toi et rougit à ta vue), tu n'aurais pas attendu et souffert de la sorte. Calme donc ton angoisse. Elle ne pense qu'à toi. Elle n'a d'amour que de toi. Nous célébrerons votre union, et ce sera mon honneur que tu deviennes mon frère — non seulement dans le cœur, mais aussi par le sang. »

Hélas ! Tristan croit que la reine l'a vraiment oublié. Il fait plus que le croire : il en est même certain. La lassitude le prend d'un destin si cruel. Peut-on toujours souffrir, et encore, et encore, sans que l'âme crie grâce et réclame son repos ? Il a décidé de combattre son amour par l'amour. Et puisqu'il souffre d'Iseut, il se dit qu'une Iseut pourra seule le sauver.

Il n'essaie pas, de ce fait, de détromper Kaherdin. Il lui sourit au contraire et acquiesce au mariage. Dès qu'on sait la nouvelle, c'est la joie qui éclate. Toutes les cloches de Bretagne vont sonner carillon. Quand le jour en arrive, on chante la messe en l'église et on unit les jeunes gens selon la règle de Rome. On se divertit à la joute, on s'escrime à frapper et à basculer la quintaine, à lancer le javelot, et les vilains, torse nu, se mesurent corps à corps en roulant sur la place d'où s'élève la poussière.

C'est ainsi que le soir s'annonça peu à peu. A l'intérieur du château, on venait d'apprêter le grand lit des mariés. On y conduit la jeune fille. Tristan vient à son tour. A la lueur des flambeaux qui grésillent sur les murs, il retire son bliaut. Mais la manche est étroite : il doit forcer sur sa main, et l'anneau d'or de la reine, l'anneau d'or et de jaspe dont elle lui fit le cadeau, il glisse soudain de son doigt et tombe tinter sur les dalles où il roule un instant.

Tristan se penche et le ramasse.

Il le contemple, muet, et dans le rond de l'anneau, dans l'espace merveilleux qui se dessine de la sorte, c'est le visage de l'amante qu'il y voit malgré lui, c'est l'image de la reine avec ses yeux de tilleul, la douceur de sa peau, la minceur de sa taille ; avec ses seins si menus, le dessin de ses hanches et l'odeur de foin tiède qui s'exhalait de ses mèches et se mêlait au parfum de la brise au printemps.

Peut-il donc la tromper ?

Peut-il donc la trahir ?

Il regarde l'anneau, et la honte l'étreint d'avoir oublié sa parole. Il regarde l'anneau, le remords l'envahit, il ne sait comment faire pour être digne de son nom.

« A laquelle vais-je mentir ? se demande-t-il à voix basse. Mais, dois-je mentir à toute force ? Je ne peux faire autrement... Ou je les trompe l'une et l'autre, et ce serait encore pire. J'ai déjà parjuré mon amour de la reine. Pourtant, il n'y en a pas d'autre que j'aime. Je lui appartiens corps et âme — et quoi que je fasse en ce moment, je suis parjure tout autant avec Iseut aux Blanches Mains. Ah ! Dieu ! Quelle folie m'a mené dans le piège où je suis ? »

Cependant que Tristan réfléchit en tristesse, sa jeune femme, pour sa part, s'est préparée pour la nuit. Elle appelle son mari, et soulevant les draps blancs, elle l'invite à se coucher et à s'allonger auprès d'elle. Comme il reste immobile au milieu de la salle, elle se relève pourtant et s'approche de lui. Elle l'entoure de ses bras, elle lui baise les yeux, elle lui baise les tempes, elle lui frôle les lèvres, elle se serre contre lui, elle se donne sans réserve et ne cèle le désir qui lui brûle le corps.

Mais Tristan la repousse. Il la repousse tout doucement, il s'éloigne de sa chair qui le trouble et l'émeut, il la fuit à angoisse tant il a peur de l'amour.

Puis il soupire lourdement, et lui dit à mi-voix :

« Iseut, ne m'en veuillez surtout pas. Mais aujourd'hui que nous sommes réunis devant Dieu, puis-je vous dire un secret que je n'ai jamais révélé ?

— Vous savez que je vous aime, lui répond la jeune femme. Je ne demande qu'une chose, qui est de tout partager.

— Sachez donc que naguère, dans un combat singulier — la pire bataille, certainement, que j'aie eu à livrer — j'ai été blessé à la hanche et je n'ai dû la vie sauve qu'à une merveilleuse aventure. Mais la marque m'en reste, je crois bien que le venin court encore dans mes veines, et la douleur m'en a pris tout au long de cette nuit. J'en suis si affecté, que je me sens incapable de faire l'amour à cette heure.

— Hélas ! soupire Iseut, il ne pouvait pas m'arriver pire malheur en ce jour ! J'avais tant attendu que vous me preniez dans vos bras ! Jeune fille je suis, jeune fille je reste... Mais, n'ayez crainte, Tristan. Mon amour ne doit pas vous causer de souffrance. Je me passerai de ma joie, si c'est là vous donner nouveau gage de mon cœur. Oui, je m'abstiendrai pour ce soir, et je patienterai jusqu'au jour où votre blessure s'effacera. »

Tristan se tait à ces mots. Il ne sait qu'ajouter. Et Iseut aux Blanches Mains va se coucher, solitaire, dans les draps de lin blanc qu'elle ramène sur sa gorge comme si elle voulait s'y cacher.

46.

LA DOULEUR DES AMANTS

Tristan vit en Bretagne, malheureux et honteux. Il n'honore sa femme, et se sent déchiré entre l'Iseut qu'il voudrait, qui demeure si lointaine, et Iseut aux Blanches Mains qu'il dédaigne chaque nuit, et à laquelle il n'apporte que tourments et malheurs.

Car elle est déchirée, celle qui reste si blanche ! Des attentes confuses, des émois indistincts la traversent sans cesse. Et son corps, et son âme ont désir de Tristan, et souvent elle défaille quand elle le voit apparaître, tant elle sent cette blessure qui ne veut se refermer, cette fièvre qui la ronge et qui l'empêche de dormir tandis que, dans la nuit, elle attend en tremblant quelque chose qui la comble mais jamais ne survient. Non, son mari ne la prend, et elle ne peut prendre d'amant tant elle est poursuivie par l'image de Tristan : y a-t-il un destin plus malheureux que le sien ? Elle en rêve sans cesse, et elle ignore la douceur — « devrai-je donc, se dit-elle, l'ignorer pour la vie ? » —, elle ignore la douceur que revêt la caresse, et la violence qui pointe dans la force de l'homme.

Mais, qui n'endure souffrance — excepté le roi Marc qui a cru au serment que la reine fit jadis au-dessus du Mal Pas, et qui sûr depuis lors, ne nourrit de pensée que de chasser les hérons et les sarcelles aux marais, de traquer les renards dans le sein des forêts, et de boire, de manger, de faire l'amour et dormir quand il rentre le soir au château de Tintagel ?

Car Iseut, elle aussi, Iseut la blonde et la belle, elle soupire et se lamente pour Tristan dont elle n'a aucun signe de vie. Rien ne peut l'occuper que ses souvenirs enchantés, et la douleur lancinante qui l'habite aujourd'hui. Elle non plus, elle ne veut autre chose que son rire, ses yeux gris et profonds, et sa force et son corps. Elle n'aspire à rien d'autre, elle n'espère rien d'autre. En lui, tout son vouloir — mais elle n'en a plus de nouvelles, elle ne sait où il est, dans quel pays il se trouve, et on ignore à la cour s'il est mort ou vivant.

Quelle angoisse est-ce là !

Comment vivre de la sorte, comment vivre sans savoir ce qu'il advient du jeune homme ? C'est sa mort qu'elle subit quand elle doit supporter la présence du roi Marc, et endurer sans se plaindre qu'il dispose d'elle à sa guise. Elle serre les dents, dans la nuit, pour s'empêcher de crier de dégoût et de haine, elle se mord les lèvres au sang tandis que les mains de son époux lui tâtent le ventre et les seins. « Tristan, où êtes-vous en ce moment ? se désespère-t-elle en secret. Ne me laissez pas tellement seule ! Je deviendrai folle à attendre, et à craindre chaque jour, et à appeler dans le vide sans que jamais rien réponde à douleur de mon cœur ! »

Or un jour, justement, il arriva qu'un baron toucha à Tintagel. Il venait de Bretagne et se rendait en Gavoie. Il monta au château pour y présenter ses devoirs, et demander une couche pour la nuit qui venait. On le reçut à honneur, on lui fit un festin et chacun s'empiffra de bière blonde et moussue, et de viandes faisandées dont le goût âpre et tenace se mariait dans la bouche à la saveur forte des herbes qu'on y avait parseınées. Pour répondre aux questions que tout le monde lui posait, le baron évoqua les longues plages de sable que recouvrait si souvent le crachin de la brume, les maisons de granite, et les landes sauvages et les champs divisés de murets de pierre nue qui entouraient son manoir au-dessus de la mer. Il parla de Hoël dont le règne se perdait dans la mémoire de son peuple ; de son fils Kaherdin qui promettait déjà tant ; il parla de sa fille, la sage Iseut aux Blanches Mains, et du riche mari qu'elle avait en Tristan, l'ancien roi de Loonois, qui sauva le duché de la ruine et de la mort, et qui était le pilier où s'assurait à présent la maison de Bretagne.

En entendant ces paroles, la reine blonde se leva toute pâle de son siège, et suivie de Brangien, elle courut à sa chambre où elle s'arrêta, cœur battant. Des voiles rouges lui passaient au milieu du regard. Les murs de pierre tournoyaient. Elle tendit les bras devant elle, repoussa sa servante qui voulait la soutenir, et s'évanouit tout d'un bloc en poussant un grand cri.

Hélas ! Il a bien fallu pour Iseut revenir à la vie. La petite mort ne dure pas : et il faut de nouveau affronter l'existence. Ainsi Tristan, son ami, a trahi son serment ! Il a oublié son amante, il a pris une femme — et pour femme, que doit-elle deviner dans ce signe, une Iseut, justement ! Cette idée la poursuit et l'obsède jour et nuit. Elle en souffre sans répit.

Sous le poids de l'épreuve, sa figure s'est creusée.

Ses yeux brûlent d'un rêve qui tenaille son âme. Son cœur lui fait soudain mal : elle chancelle et s'assied sur l'appui de la fenêtre, dans la grande salle du conseil désertée pour l'instant, toute la cour à la chasse derrière un sanglier dont on a relevé les brisées au matin.

D'où elle est, elle peut voir les écueils de la côte, et la mer qui y bat, cette mer d'où Tristan a surgi autrefois dans l'Irlande lointaine. Elle peut voir le jardin, et les haies d'aubépine, et les bouquets de sureaux où ils se retrouvaient au début et où ils menaient leur amour sous le chant des oiseaux.

Elle aperçoit dans le loin la masse noire du Morois où ils vécurent deux années dans la compagnie des blaireaux et des biches craintives. Dans les nuits froides d'hiver, ils dormaient enlacés sous les fourrures de loup gris — et sans qu'elle s'en rende toujours compte, les larmes coulent et ruissellent sur les joues de la reine.

Tristan l'a oubliée !

L'autre Iseut le possède !

Le désespoir et la haine se partagent son cœur. Elle a tant aimé Tristan, elle le déteste aujourd'hui ! Elle voudrait le voir mort. Et qu'il soit devant elle, étendu sur la terre, bras et jambes en croix, sous le cri des corbeaux qui tourneraient tout autour. Elle voudrait le tuer. Elle voudrait le baiser.

Que ne sait-elle quel est le sort de Tristan déchiré — déchiré de sa honte, accablé de son sort, comme une bête prise au piège qui s'affole à la quête d'un salut qui se dérobe ! Que ne sait-elle, la reine, quelle peut être la vie de l'autre Iseut en Bretagne — de l'Iseut à Carhaix qui aime tant son mari, qui appelle son mari, qui désire son mari et demeure toujours seule, et qui aime et qui hait comme la reine à sa cour !

47.

L'EAU HARDIE

Or un jour à l'automne que Tristan chevauchait dans les forêts du Léon, entouré de Kaherdin et d'Iseut aux Blanches Mains, comme ils gagnaient une source dont on disait que l'eau claire guérissait tous les maux, ils passèrent en chemin un sous-bois plus épais où régnait la pénombre. Au milieu des feuilles rousses qui couvraient le sentier, le cheval de Tristan s'effraya tout à coup d'une souche qui tendait ses bras noirs et tordus. Il broncha, s'écarta, et poussa le palefroi que montait la jeune femme. Celui-ci, à son tour, s'effraya et se cabra. Pour pouvoir le piquer, Iseut dut écarter ses deux jambes sur ses flancs. Sous l'effet de l'aiguillon, la monture sursauta, elle bondit en avant et retomba dans le creux d'une flaque pourrissante sur le bord de la sente. L'eau gicla tout autour, et sauta tellement fort qu'elle mouilla jusqu'aux cuisses tout ouvertes d'Iseut.

L'eau était noire et froide. Sous le coup de la surprise, la jeune femme en cria — puis une crise de fou rire la secoua malgré elle, elle ne pouvait empêcher ses épaules de trembler, et la gorge déployée, se penchant à se tordre sur le cou de son cheval, elle tentait en vain de se taire en tremblant nerveusement.

Pour cacher son émoi, elle piqua devant elle, mais les cheveux dans le vent qui s'accrochaient aux branchages, comme fouettée par les ronces qui se prenaient à sa robe, elle continuait de s'esclaffer en fonçant sous les arbres.

Se demandant quelle sottise il avait dû proférer, qui avait déclenché un tel rire chez Iseut, Kaherdin enleva sa monture à son tour, et laissant Tristan seul, galopa vers sa sœur.

« Pourquoi donc riez-vous ? lui demanda-t-il brusquement. Ai-je donc dit telle parole qui vous prenne à ce point ? Répondez-moi, Iseut ! Nous allions tranquillement, je n'y vois pour ma part nulle raison de raillerie ? »

Alors elle, elle lui dit :

« Ne cherchez pas, Kaherdin. J'évoquais une gageure, et elle est si ridicule que je ne puis me retenir quand il m'arrive d'y songer.

— Dites-la-moi, tout de même. Ou je penserai que vous mentez. Si vous m'en celez le motif, je ne pourrai plus à l'avenir vous accorder ma confiance.

— C'est que cette eau qui jaillit, lui lança la jeune fille, elle est montée bien plus haut que jamais une main d'homme. Elle a giclé sur mes cuisses : savez-vous que mon mari ne m'y a jamais caressée ? Voilà, vous savez la raison. Même l'eau d'une flaque est plus hardie que Tristan. »

Celui-ci, cependant, à la traîne derrière eux, n'avait rien vu de la scène qui se passait de la sorte. Il allait tout pensif, et dans les bois que le soleil mordorait de lumière, il songeait de nouveau à la forêt du Morois, et au corps de la reine tellement mince et flexible ; il songeait à ses hanches où il trouvait son bonheur, à l'éclat de son sourire qui illuminait de soleil sa face brune de vent ; il songeait aux mèches blondes qu'elle peignait en se mirant dans l'eau claire des ruisseaux, et qu'elle ramenait devant elle dans une nappe ondoyante qui coulait dans ses doigts...

De retour à Carhaix, quand le soir fut tombé, Kaherdin alla voir son beau-frère en secret.

« Tristan, lui jeta-t-il, je sais enfin par ma sœur la vérité de tes noces. Je te tenais jusqu'ici pour mon seul ami sur cette terre. Et c'est pourquoi je ne t'ai pas abattu sur-le-champ. Mais il faut, à présent, que tu m'en rendes raison. Par Iseut aux Blanches Mains, c'est mon sang que tu outrages. Si tu ne fais pas ce soir même réparation de ta faute, je te défie au combat, jusqu'à ce que l'un de nous deux en demeure sur la place, car une telle blessure ne s'oublie qu'à la mort. »

Tristan, d'abord, sous les poutres qu'il frôlait de la tête, inclina la figure et resta silencieux. Il soupirait tristement, car il aimait Kaherdin qu'il considérait comme un frère. Puis il releva le visage, et dans la lueur vacillante de la torchère qui brûlait sur le mur de granite, se confessa à voix basse, afin que personne au-dehors ne pût entendre ses paroles :

« Tu dis vrai, Kaherdin. Je ne suis venu en Bretagne que pour y porter le malheur. Et pourtant je te jure, je ne peux faire autrement. L'amour d'Iseut m'en empêche — et contre lui, je ne peux rien. Non ! Ne te méprends pas sur ces mots... Il ne s'agit pas de ta sœur, mais de la femme du roi Marc, d'Iseut la blonde, la reine, dont l'image a conduit toute ma vie de folie. »

Tristan, alors, raconta sa vie à Kaherdin. Il raconta le Morholt, et la bataille au dragon dans le cœur de l'Irlande. Il raconta ses blessures, et comment Iseut, à chaque fois, l'avait sauvé de la mort. Il raconta le voyage de la nef sur la mer, et comment, au moment de la gloire du soleil, il avait bu son amour où la mort se mêlait. Il raconta les barons et Frocin l'astrologue. Il raconta le grand pin et la fleur de farine, il raconta la chapelle et son saut prodigieux, et Iseut aux lépreux, et comment il l'avait emmenée dans les bois.

Il raconta le Morois.

La dure vie du Morois.

La belle vie du Morois.

Il raconta la tendresse, et la violence, la beauté, l'insolence, l'abandon, la douceur, la lumière, la clarté d'Iseut la blonde. Il raconta ses yeux verts, dont la teinte changeait de la feuille de tilleul à la menthe sauvage.

Il raconta cet amour où il trouvait son orient. Il raconta ses épreuves, et comment Iseut de retour à la cour du roi Marc, il avait dû s'exiler dans des terres étrangères.

Et dans chacune de ses phrases, dans chacun de ses mots, le nom d'Iseut revenait.

Quand il eut fini de parler, Kaherdin hésita — puis il le prit par l'épaule et lui dit à son tour :

« Si tu aimes cette Iseut comme tu me l'as raconté, alors, frère, quelque mal que j'en aie, je ne peux essayer de m'y mettre en travers. Hélas ! Tu ne peux vivre non plus sans savoir si la reine ne t'a pas oublié. Prenons donc une nef, et nous voguerons de concert au-devant de Tintagel. Si Iseut, d'aventure, a perdu la mémoire, peut-être enfin sauras-tu revenir à ma sœur. Sinon — eh bien ! que le destin s'accomplisse, et je serai ton ami ! »

48.

LE CORTEGE DE LA REINE

Sans rien dire de ce qu'ils font à Iseut aux Blanches Mains, Kaherdin et Tristan ont quitté la Bretagne. Ils ont passé la longue mer, ils ont touché à la fin aux côtes de Cornouailles, et se sont dirigés du côté de Tintagel.

Comme ils sortaient d'une forêt, sur le haut d'une colline où des troupeaux de moutons se déplaçaient lentement en paissant l'herbe verte, ils virent soudain, sur la route qui serpentait tout en bas, déboucher un convoi qui contournait la colline.

Lavandières, chambrières, femmes et filles de comtes s'avancent qui à cheval, qui assises au contraire sur les longs chariots de bois qui cahotent en grinçant sur les pierres du chemin.

« C'est la reine qui vient, dit Tristan à voix basse. Voyez-vous ce fourré qui se dresse là-bas ? Allons-y, Kaherdin. Nous aurons meilleure vue, sans qu'on puisse pourtant nous apercevoir de la route. »

Ils poussent donc leurs chevaux, et se dérobant à l'épaule d'une barrière de rochers, ils font fuir les moutons qui se dispersent en bêlant, cependant qu'ils se cachent à l'abri du fourré.

Les chariots sont passés.

A un coude du sentier, apparaît un palefroi que monte

la femme la plus belle que Kaherdin ait encore jamais vue de sa vie. Bien serrée à la taille, sa robe rouge se fronce sur le rond de ses hanches. Sa figure est ovale, son regard est riant, ses dents blanches et menues. Elle est vêtue d'écarlate et un chapelet d'or et de pierres lui entoure le front.

« Est-ce la reine, Tristan ? Quelle est belle, mon Dieu ! Pour un seul sourire d'elle, on donnerait sa vie de bon cœur.

— Non, ce n'est pas Iseut, dit Tristan. C'est Brangien sa suivante. C'est Brangien son amie, sa sœur de lait si fidèle qui l'a tant secourue. »

Kaherdin, étourdi, s'abandonne à la joie qui s'empare de son cœur. Si ce n'est pas là la reine, il peut l'aimer à son aise ! Il sent des gouttes de sueur lui perler sur le front. Ses mains tremblent de fièvre. Se peut-il qu'aussi vite, on découvre une femme — et on apprend en même temps que sans même le savoir, on portait son image du plus loin de l'enfance ? Son cœur bat dans ses côtes. Quand on est le frère d'âme de Tristan de Loonois, qui peut-on aimer mieux que la confidente d'Iseut, son amie de jeunesse ?

Mais voici subitement que dans une trouée lumineuse qui descendait des nuages, comme les nues s'écartaient et dévoilaient un ciel bleu d'une pureté de cristal, Iseut la blonde apparut — et la route s'éclaira comme si elle ruisselait tout d'un coup de la splendeur du soleil.

Tristan resta muet, tant le bonheur l'étouffait. Il y avait si longtemps qu'ils étaient séparés ! Et la voilà qui s'avance dans ses habits de brocart, la tête penchée de côté, ses cheveux d'or liquide qui lui nimbent le visage d'une auréole de lumière. Dans une minute de rêve, il revoit la jeune fille qui enchantait la pénombre sur la nef à la mer, il revoit la souveraine qui lui souriait en cachette sur son siège sculpté, il revoit la jeune femme qui marchait à son flanc par les sentes des bois, il revoit l'amoureuse qui se dévêtait devant lui et se tenait silencieuse, comme ouverte — et offerte — sous ses seuls cheveux blonds qui croulaient sur ses seins...

Puis Tristan se reprend. Il faut bien, se dit-il, qu'elle apprenne qu'il est là, de retour auprès d'elle : et du fourré d'épines blanches où il se tient dérobé, des chansons de fauvettes, des cris brefs d'alouettes s'envolent du sol vers le ciel, où il met sa tendresse, et sa peine passée, et l'amour qu'il éprouve, qui le remplit tout entier et déborde de lui comme de l'outre l'eau pure.

Sur la route de terre ravinée par les pluies, Iseut la blonde a pâli. Elle connaît trop les secrets des oiseaux et des plantes pour ne pas reconnaître que c'est un homme qui chante — et sur la terre tout entière, quel est l'homme qu'elle connaît, qui sait siffler de la sorte ?

Peut-elle croire à ce bonheur ?

Tristan serait revenu ?

Et pourtant, en effet, ce ne peut être que lui ! Elle arrête son cheval et demeure immobile à côté du fourré. Comme les notes s'éteignent, elle déclare à voix haute :

« Beaux oiseaux inconnus, vous m'avez si bien réjoui le cœur que je vous prends à service ! Mon seigneur Marc, pour l'instant, est absent de Tintagel. Je m'apprêtais à le rejoindre. Mais je me sens fatiguée, je vois bien que je dois retourner au château. Beaux oiseaux, je vous prie, sur le chemin du retour, servez-moi de cortège. Je ne peux en avoir en ce moment de meilleur en ce monde. Je vous donnerai cette nuit votre vraie récompense. »

Le convoi tourne bride. Les chariots s'en reviennent, brinquebalant aux ornières. Tristan rit de bonheur. Il ne doute que la reine a compris sa présence. Par les champs et les landes, il se hâte au château en compagnie de Kaherdin. Ils traversent le bourg, et s'arrêtent à la croix du pilori qui se dresse en dessous de la butte, ils y attachent leurs chevaux par leurs brides de cuir et attendent, impatients, que s'annonce le soir.

La nuit tombe en effet.

Elle est noire et sans lune : nuit propice aux secrets. Nuit propice aux amants... Ils remontent la butte. Ils arrivent aux palis dont les pointes d'épieux se devinent dans l'ombre. Brangien s'y tient, immobile, qui a éloigné le guetteur. Dès qu'elle voit les silhouettes des deux bons compagnons, elle court à leur rencontre. Elle se saisit dans la nuit de la main de Tristan, elle les fait entrer avec elle à l'intérieur du château, et gardant Kaherdin, elle enseigne à Tristan où rejoindre la reine.

Le jeune homme vole vers Iseut.

Dès que celle-ci l'aperçoit, elle se jette dans ses bras, elle se serre contre lui, elle le baise à la face, dans le cou, sur les mains. Elle renverse la tête, elle pleure et rit en même temps — Dieu ! qu'il est bon de sentir tout son corps se ployer dans les bras de son ami, qu'il est bon de sentir l'odeur tiède de ses lèvres, et ses mains qui la broient comme une herbe fragile !

Ils demeurent enlacés, ils s'étreignent et s'embrassent.

Puis Tristan prend Iseut, il la soulève du sol, et la portant dans ses bras, il traverse la pièce et pénètre sous la tente qui recouvre le lit.

Qui pourra jamais dire quelle est la joie des amants ?

Hélas ! Dès que l'aurore apparaît, Tristan doit s'en aller. Le roi Marc est de retour à Tintagel aujourd'hui. Et le jeune homme n'ignore pas que sa femme reste seule à l'attendre en Bretagne : il lui faut retourner et revenir à Carhaix.

Mais ce n'est pas pour longtemps.

Kaherdin veut revoir à toute force Brangien.

Et maintenant que Tristan a bu la vie de nouveau, comment donc ferait-il pour subsister loin d'Iseut ? Il a besoin de ses bras qui l'entourent et l'enserrent, il a besoin de ses rires, de ses yeux, de sa bouche, il a besoin de ses hanches où il s'éteint au milieu d'une pluie d'étincelles qui lui sont le vrai seuil des royaumes de merveille.

Pour pouvoir la rejoindre, il se déguise en lépreux.

Il se déguise en jongleur, en mendiant, en errant.

Iseut la blonde l'attend.

Iseut la blonde l'espère.

Il traverse la mer, et en compagnie de Kaherdin, il repart et revient, il repart de nouveau, il revient de nouveau, il ne peut plus échapper à la rage qui le pousse.

Et chaque fois, c'est la joie.

Chaque fois, c'est la fièvre.

Ils savent bien, cependant, qu'ils n'ont pas plus d'une nuit dont ils disposent devant eux. Ils s'affolent d'autant plus qu'ils n'arrachent à leur sort que quelques pauvres minutes d'un amour fou et fragile.

Il en va de même sorte pour Kaherdin et Brangien.

Et Iseut aux Blanches Mains, dans le château de son père, solitaire, angoissée, délaissée de Tristan, délaissée de son frère, regardait des fenêtres la surface de la mer moutonner sous le ciel — ou elle allait à pas lents sur le front de la grève où les vagues grondaient sur le pied des falaises, surveillant le retour de la nef où Tristan et son frère s'embarquaient vers des pays inconnus d'au-delà l'océan.

49.

LA FUREUR DE BRANGIEN

Or une fois que Tristan s'en revenait de Tintagel aux côtés de Kaherdin, un baron du roi Marc aperçut dans la lande leurs écuyers chevaucher, qui portaient avec eux leurs rondaches, leurs épées, leurs épieux et leurs arcs. Reconnaissant le sanglier sur l'un des deux boucliers, le baron crut qu'il était en présence de Tristan, et se dressant sur sa selle, il l'appela par son nom. Mais les écuyers s'effrayèrent et s'enfuirent au galop se réfugier dans les bois.

Le baron retourna au château de Tintagel.

Iseut tissait dans la salle en compagnie de Brangien. Dès qu'il l'eut aperçue, le baron s'exclama :

« Grande nouvelle, que la mienne ! Tristan rôde dans les lieux. Je l'ai vu tout à l'heure qui passait dans la lande. »

La reine tremble de peur. On a découvert son ami ! Mais elle sait dérober, et elle répond distraitement :

« Vous avez dû vous tromper. Vous savez bien que Tristan est exilé de la cour. Voici plus de trois ans qu'il n'est jamais reparu. Vous l'avez confondu avec un soldat de passage. Si vous vous étiez approché, vous auriez vu votre erreur.

— Prêterait-il son arroi à un autre que lui ? Et y en a-t-il d'autre en ce pays qui porterait le sanglier comme emblème de guerre ? C'était Tristan, j'en suis sûr, et la preuve que j'en ai, c'est qu'avec le baron qui chevauchait avec lui, il s'est enfui aussitôt que je l'ai appelé par son nom. Un soldat étranger s'en serait-il tant ému ? »

Iseut la blonde se tait. Elle ne doute de Tristan, elle se dit qu'elle va le voir, et qu'il lui expliquera le mystère. Mais Brangien s'est dressée. Elle est pâle d'angoisse ; elle demande au baron :

« Savez-vous qui était le compagnon de Tristan ?

— Comment puis-je le savoir ? Il était étranger, c'est la première fois que je voyais le dessin de ses armes.

— Quel était ce dessin ?

— Des hermines blanches qui couraient sur le rond de l'écu. »

Le baron s'est retiré, mais Brangien demeure là, pleine de rage et de honte. Elle ne peut hésiter : les hermines sont l'emblème du duché de Bretagne, c'est donc bien Kaherdin qui a fui comme un couard. L'humiliation et la haine se disputent son cœur. D'autant plus elle aimait, elle déteste aujourd'hui. Elle saura se venger ! Oui, elle se vengera des deux hommes ; de Kaherdin le premier, mais aussi de Tristan qui lui a donné tel ami, et qui est la cause aujourd'hui de cette fureur insensée dont déborde son âme.

Elle se tient près d'Iseut et l'accable de cris :

« C'est à cause de vous que je subis cet affront ! J'ai donné mon amour au plus lâche des barons. C'est une belle conquête que j'ai faite ce jour-là ! Mais j'aurais dû m'en douter. Je sais bien à quel point votre cœur est pervers ! Vous avez tenté, autrefois, de me faire tuer dans les bois. Vous voulez m'humilier, et vous y avez réussi ! Quelle confiance accorder à une catin comme vous l'êtes ? Vous ne pensez qu'à coucher, et à tromper votre mari comme vous avez trompé Dieu au serment du Mal Pas ! Je ne souffrirai pas que les choses continuent de la sorte ! Je veillerai désormais sur l'honneur du roi Marc, je vous jure que jamais vous ne reverrez votre amant ! »

Iseut pleure et supplie, mais sa servante la nargue, et elle n'ose insister car elle sait comme Brangien connaît tous ses secrets, et qu'elle pourrait la trahir et la faire condamner.

Les écuyers, cependant, avaient rejoint leurs seigneurs qui allaient par tristesse sur le chemin qui menait à la crique où la nef attendait leur retour. Quand ils eurent raconté leur affaire aux deux hommes, un mauvais sentiment s'empara de Tristan. Qui pouvait deviner ce que penserait la reine blonde ? Il dit adieu à son frère, et revenant sur ses pas, se dirigea aussitôt vers le château de Tintagel.

Hélas ! Quand il parvint dans la nuit à la palissade d'épieux, il trouva l'enceinte close, et Brangien dont la tête dépassait des palis, qui guettait sa venue et lui dit en raillant :

« Allez-vous-en, beau seigneur. Il n'y a dans ce lieu aucune place pour vous. Et ne soyez pas si hardi que d'approcher de la reine ! Si jamais vous le tentiez, ce serait des valets que je chargerais de la besogne ! »

La servante s'éclipse, et Tristan reste seul à la clarté de la lune, anéanti de ces ordres dont il croit que c'est la reine qui les a donnés en personne. Il descend vers le bourg, il voudrait s'en aller, mais peut-il s'éloigner quand les choses en sont là ? Il n'ose se faire reconnaître et dort la nuit sous les arbres.

Les jours passent, monotones, où Tristan se lamente

sur son malheur sans raison, sur la souffrance qu'il endure, sur l'absence de la reine qui le torture à tel point. Les privations qu'il subit, les longues veilles sans sommeil l'affaiblissent et le lassent. Elles le tordent d'angoisse et lui font perdre la tête : il se décide un matin à tenter quelque chose, car il ne peut continuer à dépérir de la sorte.

Ils se noircit le visage avec un peu de brou de noix, il se revêt d'une chape qui tombe déjà en lambeaux, il se munit d'une sébile et entrant dans le bourg, il mendie à tous vents dans l'espoir de croiser la reine blonde sur son chemin.

Or Iseut, en effet, sort bientôt du château. Elle descend la colline et se dirige du côté de l'église du village. Tristan suit les valets et supplie à voix rauque : « Reine Iseut, par pitié, faites-moi quelque bien ! Vous ne savez pas à quel point j'ai besoin que l'on m'aide ! »

A son corps, à sa voix, Iseut l'a reconnu. Elle sent ses jambes fléchir, elle a du mal à marcher — mais Brangien l'accompagne, qui la tient par le bras, et la force à aller sans détourner la tête. Les soldats de l'escorte s'amusent du pauvre fou. Ils le poussent, le bousculent, quelques-uns lui assènent des coups de gourdin sur le dos, mais Tristan les harcèle, il se faufile dans leurs rangs, il arrive à Iseut qu'il implore en tendant sa sébile de bois. La reine chancelle devant lui. Elle est pâle comme une morte. Elle veut tirer de son doigt l'anneau d'or qu'elle y porte — mais Brangien intervient et repousse Tristan.

« Vous êtes folle ! se met-elle en colère contre Iseut. Vous alliez faire une aumône que vous auriez regrettée ! »

Elle appelle les soldats et leur ordonne de chasser ce mendiant si pouilleux. Ces derniers obéissent. Ils s'en donnent à cœur joie, ils le frappent de bon cœur, et comme Tristan se laisse faire pour ne pas révéler qui il est réellement, ils le saisissent par les bras, ils s'en emparent par les jambes et le précipitent en riant dans une flaque de boue où il s'étale de son long.

Iseut pleure en silence.

Tristan s'est relevé. Il a regardé sans un mot le cortège s'engouffrer sous le porche de l'église, puis il est reparti en voûtant les épaules, partagé de l'angoisse et du bonheur, néanmoins, de savoir que la reine n'a cessé de l'aimer.

50.

TRISTAN SOUS L'ESCALIER

Quand la nuit est tombée, Tristan s'est faufilé dans le verger du château. Il en a passé le grand pin et la source d'eau claire, il a sauté dans la cour où la lune se reflète dans l'eau noire des ornières. A main gauche, le manoir, avec les marches de pierre qui font entrer dans la salle où le roi tient conseil, et les blocs de granite où se hissent les barons quand ils montent à cheval recouverts de leurs broignes. A côté du manoir, les celliers où s'entassent les tonneaux de bière brune, et les bâtiments en longues planches recouvertes de mousse où l'on entasse le foin, et les lattes de roseaux quand l'hiver est venu, et les bourrées de branches noires, et les tas de grosses bûches qu'on fait flamber la veillée dans la cheminée de la salle.

Un escalier monte à l'étage, d'où la paille dépasse entre les planches mal jointes : c'est là, sous l'escalier, que Tristan se réfugie. Il se pelotonne sur lui-même, et la tête dans les bras, il s'abandonne au tourment qui lui ronge le cœur. Toutes ses forces le quittent Tout son corps est transi. Ses jambes semblent de glace : si on ne vient à son aide, il n'aurait peut-être même plus le cœur à se lever !

Il se trouva cependant que le guetteur de l'enceinte fut gagné lui aussi par le froid de la nuit. Sa figure se gelait, il distinguait la vapeur qui sortait de sa bouche, et il appela une servante qui allât quérir du bois et lui fît un brasier où il pourrait se réchauffer.

La servante savait qu'il y avait des fagots en dessous de l'escalier : elle s'y rendit sans tarder, et comme elle cherchait dans le noir, elle toucha d'aventure l'esclavine velue où Tristan qui dormait s'était tout enroulé. Elle poussa malgré elle un grand cri de frayeur, une brusque suée lui couvrit la figure, et pensant qu'elle venait de toucher quelque nain qui rôdait dans la nuit, elle s'enfuit à toutes jambes pour prévenir le veilleur. Celui-ci, aussitôt, s'y rendit à son tour, et une chandelle à la main, découvrit le jeune homme qui dormait en râlant, les cheveux déjà raides sous le gel de la nuit. Dès qu'il l'eut reconnu, le guetteur le secoua pour le faire réveiller. Il avait eu, autrefois, une fille promise à la rapine du Morholt : quelle reconnaissance il avait pour celui qui l'avait délivré du cauchemar ! « Ah ! Seigneur, lui dit-il, je vous tirerai de ce pas ! » Et le prenant dans ses bras, titubant dans la cour que la lune éclairait, il le porta dans sa loge où il l'installa avec soin sur sa couche de paille. Il lui donna du fromage, il lui fit boire un peu de vin, et quand Tristan, ranimé, lui demanda de porter un message à Iseut, il s'en chargea sur-le-champ sans en demander la raison.

Aussitôt que la reine eut appris la nouvelle, elle supplia sa servante :

« Chère Brangien, pleurait-elle, je vous crie à merci ! N'aurez-vous de pitié ? Vous avez entendu ce qu'a dit ce guetteur : Tristan meurt de détresse, vous l'aimiez autrefois ! Si vous ne voulez le consoler, allez au moins le trouver pour lui dire les raisons d'une rancune si mortelle !

— Le consoler ? Certes pas ! Qu'il s'en meure, s'il le veut, je n'ai cure de son sort ! C'est à cause de lui que j'ai connu Kaherdin. Je ne serai pas la complice de votre conduite de pute. »

Alors Iseut se jeta aux genoux de Brangien. Elle lui rappela leur jeunesse, et comment, en Irlande, elles avaient bu le même lait et joué aux mêmes jeux. Elle avait entouré les genoux de Brangien, elle enfouissait sa figure au milieu de sa robe, ses cheveux dénoués lui croulaient dans le dos, et elle supplia tant son amie, elle implora tant son pardon, elle lui promit tant et tant que Brangien, à la fin, ne put plus y tenir : son cœur fléchit malgré tout, et elle consentit à gagner la cabane adossée aux épieux du palis.

Las ! Où était le héros qu'elle avait connu jadis ? Allongé dans la paille, Tristan était affaibli, sa figure était pâle, ses pommettes ressortaient sur ses joues amaigries, et il vacillait à peine il se mettait sur un coude.

« Pour l'amour de Dieu, gémit-il quand il vit la jeune femme, confiez-moi les raisons qui vous font me haïr ? Je vous aimais comme une sœur, et c'est le duc de Bretagne que je vous ai donné pour amant. Que vous est-il donc arrivé, que vous vouliez que je meure ? »

Brangien, alors, lui conta quels étaient ses griefs. Et Tristan protesta, il expliqua l'aventure, il promit que son frère reviendrait à la cour et tuerait le baron qui avait dit de telles choses.

« Ah ! Tristan ! dit Brangien, si j'avais su vérité, je ne vous aurais pas infligé de si grandes douleurs ! »

Elle se repent à présent, elle veut racheter sa dureté, elle le prend par la main et le mène à la reine qui l'attend, éplorée. Quel bonheur, cette nuit-là, au château de Tintagel !

Tristan est reparti à Carhaix de Bretagne. Iseut la blonde se lamente sur la tristesse des adieux. Son amant lui a dit quelle détresse est la sienne dès qu'il s'est éloigné, il lui a tout raconté — et la froideur qu'il nourrit pour Iseut aux Blanches Mains, et comment loin de la reine il se sent accablé, il est torturé de douleur, déchiré par l'amour, écrasé de désir et de désespoir mélangés. Elle veut partager désormais cette peine avec lui. Comme elle a vécu de plaisir avec celui qui, tout là-bas, est à l'agonie pour son cœur, elle s'unira avec lui dans la souffrance et les maux. « Comme vous souffrez en ce moment, je veux souffrir autant que vous ! Mêmes joies, mêmes douleurs, qui pourrait désunir ce que Dieu a lié ? » De ce jour, elle porta une broigne sur sa peau, dont le cuir déchirait la chair tiède de son sein et broyait sa poitrine en la blessant jusqu'aux hanches. Pourtant, elle est heureuse de souffrir, et elle offre au Seigneur ce supplice continu qui la condamne de la sorte à l'ascèse et aux larmes.

51.

LA FOLIE TRISTAN

Par un vielleur que la reine lui avait envoyé, Tristan avait appris ce qu'Iseut endurait. « Comment donc ! se dit-il, Iseut souffre pour moi, et je souffre loin d'elle ! Ma mort est proche, j'en suis sûr. Mais, plutôt mourir en une fois que de m'éteindre lentement comme je le fais chaque jour ! Car ce n'est rien qu'une longue mort que de vivre nuit et jour dans une douleur sans espoir. C'est la mort que je veux : peut-être, dans son secret, retrouverai-je mon amour, et béni par le Seigneur, je n'en serai plus séparé ? Mais pourquoi mourir aussi ? Je revivrais de revoir le visage de la reine. De toute sa douceur, autrefois, elle a guéri mes blessures. Mais ma blessure d'aujourd'hui ? C'est ma raison, pour l'instant, qui me quitte et m'affole. Oui, je suis déjà bien fou quand j'hésite à partir et à prendre la route qui me mène vers elle ! Ni épée, ni écu : au hasard des chemins, je gagnerai Tintagel, j'aurai au moins une minute de bonheur et de vie. »

Tristan quitta sur-le-champ le château de Carhaix. Il se fit tondre en cachette et raser les cheveux. Il déchira ses habits, s'écorcha la peau du crâne, et descendant à la grève qui s'étendait tout au pied des falaises de Penmarch, sa guibole par-ci, sa guibole par-là, comme un fou lunatique qui battrait la campagne, une massue à la main qu'il faisait tournoyer en riant aux nuages qui dérivaient dans le ciel, il gagna une nef qui s'apprêtait à lever l'ancre.

Après un long voyage, la nef a accosté au port de Tintagel. Des maisons de rondins qui descendent de l'église vers la côte sauvage, Tristan voit les épieux qui ceinturent le château. La massue sur le cou, il gravit la colline en bayant aux corneilles, et se présente au portier qui surveille la clôture :

« Me vois-tu ? lui dit-il. Je m'en reviens comme je suis des épousailles de l'abbé qui tient le Mont-Saint-Michel. Il s'est adjugé une nonne aussi grosse qu'une tour. Quand j'ai dû les quitter, tout le monde y dansait dans les clairières à la brune. Tu verrais moinillons, comme ils relèvent leurs robes et jettent leurs jambes en l'air !

— Et alors, le vagant ! rigola le soldat. Tu as trouvé le courage de t'en aller d'une telle fête !

— Le fallait ! Le fallait ! dit Tristan, nasillant. Je savais que je devais mon service au roi Marc.

— Entre donc, monseigneur ! Bien mauvais serviteur, si je faisais languir mon souverain ! »

Quand on l'aperçut qui entrait dans la salle du conseil, le roi Marc s'esclaffa. Il s'avança vers le fou, et se plantant devant lui, s'inclina à honneur.

« Nous sommes heureux, lui dit-il, de recevoir ta visite. Mais si ce n'est t'offenser, ne peux-tu me révéler quel est le nom que tu portes ?

— Oh ! bien sûr, dit Tristan. Je me nomme Picou.

— Picolet, dit le roi, que viens-tu quémander ? De quelle illustre famille te trouves-tu le rejeton ?

— Ça, pour ça, écoutez. Ma mère était une baleine,

et elle vivait dans la mer en chantant aux étoiles. Mais ce n'est point là mon souci. Voici donc ma requête : j'ai une sœur en Bretagne que je vous donnerais de bon gré, contre Iseut votre reine que je vois avec vous. »

Le roi Marc s'ébaubit à entendre ces mots. Un grand rire le secoue, et voulant mener le jeu, il interroge le mendiant :

« Si tu veux que je puisse accepter cet échange, si tu veux que je permette à Iseut de te suivre, tu dois bien te rendre compte que je ne puis acquiescer que tu ne m'aies d'abord dit comment tu comptes la traiter.

— Certes oui ! dit Tristan. Et je vais vous répondre. Ma demeure, dans les airs, est une bulle de verre. Elle y flotte toute l'année dans un printemps éternel, et elle est toujours pleine d'une multitude de fleurs. Le soleil la traverse, et nul vent ne l'agite, mais la caresse au contraire. Au milieu de la bulle, sur un lit de pétales, j'installerai ma souveraine dans une chambre de cristal que le soleil, à l'aurore, illumine tout entière.

— Voilà bien un vrai fou ! s'exclama le roi Marc. Il nous rêve à voix haute et discourt comme savant !

— Comme savant, allons donc ! On m'appelle quelquefois Tantris le fin jongleur. Ne me reconnaissez-vous sous ce hâle qui dérobe ma figure ? Je brûle d'amour pour Iseut. Par ma foi je vous jure que mon corps la réclame ! Ecoute encore, sire roi : je bus un jour un breuvage qu'on me donna par mégarde. Tu ne connais pas cette histoire ? Bah ! Demande donc à Iseut, elle t'en contera le secret. Si elle dit que c'est faux, c'est que j'ai rêvé toute ma vie. Et sais-tu quel était l'efficace de ce vin ? C'est que j'ai fait de grands bonds, j'ai décollé mes ennemis, j'ai vécu dans les bois en mangeant des racines, j'ai rencontré un ermite qui ne craignait pas de mentir — j'ai tenu une reine dans mes bras alourdis.

— Trêve de songes, feu follet ! Je compatis à tes peines, mais tu dois te reposer.

— Me reposer quand Iseut est à vous, pas à moi ? Que m'importe la pitié que vous voulez me témoigner ? Je n'ai rien à en faire, c'est un peu de glaise molle ! »

Lors, Tristan fit un bond, et les barons de la cour s'adressèrent au roi Marc :

« Arrêtez ce jeu-là ! Il n'y a, avec fou, ni parole ni querelle.

— Eh ! les oreilles me sifflent ! cria le fou en dressant sa massue sur sa tête. Qui a permis que quiconque me coupe ainsi mon discours ? D'abord, dorénavant, c'est à la reine que je parle. Dame, Dieu rejette ce cocu qui vous sert de mari ! Si vous acceptiez de me croire, rien ne pourrait vous retenir. Souvenez-vous du Morholt et de la blessure qu'il me fit. Ma hanche était infectée, il n'y avait mire sur la terre à savoir me soigner. Qui me guérit, dites-moi, si ce n'est votre mère ? »

Iseut pâlit à ces mots et s'adressant au roi Marc, lui adressa cette requête : « Chassez cet homme sur-le-champ ! Ses balivernes m'ennuient. » Mais le roi s'amusait — oui, il s'amusait comme un fou, et il dit à Tristan :

« N'as-tu pas entendu ce que la reine vient de dire ? Tu es toujours aussi sûr que tu l'as possédée ?

— Qui oserait me prétendre à cette heure le contraire ?

— Eh bien, moi, je le prétends ! cria Iseut, hors d'elle-même. Jetez-moi sans attendre cet insensé dans la cour ! »

Mais Tristan s'approcha, et s'inclina devant elle :

« Vous êtes trop impatiente. Attendez, mon amie, que j'aie fini de parler. Si vous saviez quelles merveilles il m'est arrivé d'accomplir ! Avez-vous oublié ce dragon qui vivait dans les marais de Weisefort ? J'ai tué le dragon, n'est-ce ainsi que je vous ai remportée de haute lutte ?

— Quelles sottises il débite ! Puissiez-vous être mort, dit Iseut toute pâle, que d'oser raconter de telles folles légendes !

— Serait-ce donc une légende que la fille en colère qui voulait me tuer quand je me délassais dans le bain ? Souvenez-vous, mon amie ! Alors, dans mon péril, je vous ai conté cette histoire du cheveu d'or apporté par les deux hirondelles. Vous m'avez baisé sur la bouche. Avez-vous oublié quel était le goût du baiser ?

— Tout est faux, je le jure ! Il est pris de pépie ! Il a rêvé ces sornettes ! Oui, tu étais ivre ce matin, et ton ivresse continue.

— Vous dites vrai, reine Iseut ! Je suis ivre du vin que nous bûmes en mer. Souvenez-vous, fille de roi ! Depuis ce jour, mon ivresse n'a jamais connu de fin — mais elle coûte bien cher ! Quelles douleurs j'ai connues ! Quelles épreuves j'ai subies ! C'est un dommage qui mérite qu'on lui donne récompense. Je vais rendre mon âme si je n'ai vos baisers ! Venez donc avec moi, que nous menions nos étreintes dans les draps d'une couche. »

Frémissante de rage, Iseut la blonde se leva, et tout le monde murmurait dans la salle du conseil.

« Il faut le faire déguerpir ! disait-on de toutes parts. Il sait trop de secrets, il n'y a pire folie que celle qui voit trop de choses ! Par ma foi, vous verrez, il pourrait advenir que le roi ne rît plus ! »

Mais le roi se gaussait de l'entendre parler. Il retint Iseut en courroux par sa cape d'hermine, et se retourna, tout hilare, vers le fou qui tendait sa grosse tête en avant :

« Quels métiers sais-tu faire, que tu aies appris sur les routes ? T'y connais-tu à la chasse ?

— Je m'y connais à merveille. Je sais même chasser avec un chien silencieux.

— Belle nouvelle que voilà ! Je n'ai jamais vu ce spectacle ! Que fais-tu encore d'autre ?

— Je sais sauter des falaises comme personne ne fit. Je sais chanter comme mésange, et rossignol à la nuit. Je sais viser de mon arc les ennemis qui me guettent. Je sais jouer de la rote, et m'escrimer contre ceux qui veulent jouer de la harpe. Je suis l'amant d'une reine, et je la porte sur mon dos comme si j'étais sa monture. Qui sait faire autant que moi ? Qui peut faire mieux que moi ? »

Le roi Marc se goberge en entendant ces paroles. Il s'est bien diverti de la compagnie de ce fou, et il ignore les regards que se lancent les barons et les dames de la cour. Mais trêve de balivernes ! Le soleil est radieux, Marc demande un cheval, il fait sortir ses faucons et s'en va à la chasse, laissant le fou silencieux face à face à la reine.

Tristan veut lui parler.

Mais Iseut l'abandonne, elle lui tourne le dos et se retire dans sa chambre. La grande pièce reste vide. Accablé de tristesse, le jeune homme s'assied sur un escabeau qui traîne là, et il attend, solitaire, à côté de la fenêtre qui domine la mer, sa tête rase enfoncée dans le creux de ses mains.

52.

LA RECONNAISSANCE

Dans sa chambre, néanmoins, Iseut la blonde fait appeler sa suivante auprès d'elle. Brangien vient aussitôt. Iseut l'enlace et se plaint, la figure bouleversée d'une angoisse cruelle :

« Quel malheur est le mien ! A avoir écouté les discours de ce fou, j'ai le cœur lourd et las. Je voudrais être morte, quand la vie m'est si dure ! C'est Tristan que je désire, et voilà ce vagant qui survient au château et me conte mon histoire ! Comment donc la sait-il ? On dit bien que les fous, c'est le ciel qui les guide ! Ah ! Si un abcès bien puant lui crevait le tympan, de me rappeler mes amours et mes joies envolées ! Tu ne l'as pas aperçu ? Il est laid et difforme. Il est le contraire de Tristan. Et à l'entendre conter ce que nous sommes seules à savoir, je me sens être folle — oui, je deviens folle à mon tour, que le diable l'emporte ! Je pense trop à Tristan et je peux le rejoindre !

— Sait-on jamais ? dit Brangien. Si c'était le messager que Tristan vous envoie ? Je vais aller lui parler, si vous en avez le désir, et tâcher de savoir qui il est réellement. Il n'a tant de folie que je ne perce à la fin la raison qui le meut. »

Brangien se rend sans attendre dans la salle déserte.

Dès qu'il l'a aperçue, Tristan lâche sa massue, il se lève de son siège et s'avance vers elle.

« Chère Brangien, lui dit-il, par le Dieu qui nous veille et nous a sauvés tant de fois, je te requiers à pitié.

— Quel est le diable à plumes grises, s'écria la servante, qui a pu te souffler de la sorte mon nom ?

— Il y a longtemps que je le sais, et si je suis fou, après tout, c'est à cause de toi.

— A cause de moi — vous êtes fou !

— Je ne suis pas fou de folie, je suis fou de tourment. Ne me prends pas pour un fou, mais j'ai perdu ma raison sur la mer en été. J'y ai quitté la raison pour raison bien plus haute : je t'en supplie, chère Brangien, ne me repousse pas en ce moment.

— Mais pourquoi, lui dit-elle, tant besoin de pitié ?

— Comment Tristan vivrait-il, si ce n'est dans l'épreuve, et en peine et folie, quand il vit séparé de la reine son amante ? C'est vérité, je te jure : je suis Tristan que l'amour fait languir dans l'angoisse.

— Vous ne ressemblez pourtant pas à Tristan de Loonois.

— C'est bien moi, sans mensonge ! Te rappelles-tu cette nef au soleil de Saint-Jean, quand je bus sur la mer le breuvage d'amour ? Qui la reine d'Irlande avait-elle chargé de veiller sur ce vin si précieux ? N'était-ce point toi, Brangien ? Qui est montée la première dans la couche du roi Marc ? Qui Iseut ordonna de faire périr dans les bois ? N'était-ce point toi, Brangien ?

— Tais-toi donc ! dit Brangien. Si quelqu'un t'entendait !

— Tout le monde est parti, je peux parler comme je veux. Ecoute encore cette histoire : personne d'autre ne la sait, que Tristan et Iseut. N'as-tu point pour ami Kaherdin de Bretagne ? Et quand j'étais dans la chambre dérobée de la reine, qui a trouvé son plaisir dans les bras de mon frère ? N'était-ce point toi, Brangien ? »

La jeune femme, à ces mots, ne peut plus hésiter. Elle a reconnu son seigneur. Elle se précipite à ses pieds et lui demande instamment de lui pardonner ses offenses. Mais Tristan la relève, il la prend par la main et l'embrasse tendrement. Il lui demande de l'aider et de le mener vers Iseut.

La servante le conduit sans vouloir discuter.

Quand Tristan voit la reine, il s'élance vers elle. Mais la jeune femme recule comme si elle voulait s'échapper. Tristan s'écarte à son tour, et se met à railler d'une voix dure et amère :

« Si on me l'avait raconté, je n'aurais jamais voulu le croire ! Je n'aurai donc tant vécu, et souffert et pleuré, que pour qu'Iseut me dédaigne et se détourne de moi ? Elle m'eût pourtant tôt guéri, celle qui m'eût accueillie en m'appelant son ami. Car je suis son ami, et elle est mon amie. C'est pour elle que je meurs, et elle reste insensible ! Elle est vive, la source dont le courant est limpide ! Mais sitôt qu'elle tarit, qui voudrait y venir ? Tel est l'amour qui s'enfuit. Plus personne n'en veut, et il perd toute valeur. »

Iseut regarde le fou. Elle hésite et s'effraie. Elle demeure interdite. Elle ne sait que répondre et soupire de tristesse.

« Je ne sais, frère..., lui dit-elle. Je vous regarde, je doute, je me mets à trembler. Je ne vois rien qui en vous me rappelle Tristan !

— Je suis Tristan, croyez-moi ! Souvenez-vous de Frocin qui répandait la farine. Souvenez-vous de ce jour où nous dormions dans la hutte, et le roi Marc nous surprit — mais Dieu nous protégeait : j'avais mis par bonheur mon épée entre nous ! Souvenez-vous du Mal

Pas, et du serment aux reliques et comment par grande ruse vous avez trompé votre époux ! Je vous ai servi de baudet : ne reconnaissez-vous la monture sous les habits de l'idiot ? »

C'est alors que Brangien intervient à son tour. Elle saisit le bras d'Iseut et essaie de l'entraîner :

« Vous êtes folle à lier ! Ne voyez-vous que c'est Tristan qui se tient devant vous ? Votre amour lui coûte cher ! Jetez-vous à son cou ! C'est pour vous qu'il a pris ce déguisement d'insensé ! »

Mais la reine résiste. Qui lui tiendra bon conseil ? Même Brangien lui prétend qu'il s'agit de Tristan. Elle voit bien que ce fou ne cesse de dire vérités — mais Tristan est si beau, il est si fort et si franc ! Peut-elle ainsi le reconnaître ? Et son trouble s'accroît, son désarroi s'interroge. Le Seigneur ne peut-il lui donner un vrai signe ?

« Reine Iseut, dit Tristan, je ne doute plus à présent que vous ayez trahi notre amour. Et pourtant, j'ai vécu de ces jours enchantés où j'avais certitude de la clarté de votre âme. C'était dans la forêt, sous la loge de feuillages, quand nous menions notre vie à la merveille de nos cœurs. J'y avais dressé Husdent, vous en souvient-il, Iseut ? Il traquait daims et biches sans pousser un aboi. Ce chien, je vous en fis cadeau jadis. Est-il encore avec vous ?

— Je le garde en dépôt, pour le rendre à celui qui l'a élevé et nourri, quand le jour sera venu de la joie de retrouvance.

— Il me reconnaîtrait, j'en suis sûr, si je pouvais l'approcher.

— Vous reconnaître ! dit Iseut. Vous rêvez, pauvre fou ! Il a tel amour pour Tristan, que depuis que son maître a dû prendre l'exil, il refuse de manger si ce n'est de ma main, et il gémit sans arrêt dans l'attente du retour. Nous allons voir en effet ce qui va se passer. Amène-le-nous, Brangien. »

La servante obéit et court délier le brachet qui bondit aussitôt et s'élance dans la chambre. Lors Tristan se redresse, il claque des doigts vers le chien et l'appelle de sa voix qu'il ne veut plus déguiser :

« A mes pieds, mon limier ! Tu m'appartenais autrefois, je te reprends aujourd'hui ! »

Le chien danse de joie tout autour du jeune homme, il frotte sa tête sur ses jambes et lui lèche les mains en geignant de bonheur. Et Tristan le caresse, il le prend par les pattes, il lui flatte le ventre :

« Que bénie soit la peine que j'ai prise de toi ! Tu m'accueilles bien mieux que la femme que j'aimais ! Elle ne veut pas me reconnaître, et tu n'as pas douté de moi. Mais, reconnaîtra-t-elle cet anneau que j'ai toujours conservé, et dont elle m'avait fait le dépôt à la fin du Morois ? Je ne m'en suis jamais séparé, car son or me rappelait la beauté de mon amie, et je l'ai souvent contemplé pour y évoquer la figure de mon âme éblouie ! »

Iseut chancelle sous le coup. Elle pâlit et rougit. Elle se précipite se blottir dans les bras du jeune homme. « Je suis folle de douter ! Tristan ! Tristan ! Pourras-tu me pardonner ? Ne me hais-tu pas, à présent ? Je t'en donne le droit. Je me déteste moi-même ! Fais de moi ce que tu veux. Je suis à toi tout entière ! » Elle se presse sur lui, elle pleure et rit en même temps, elle s'accroche à son cou, elle l'étreint à toute force afin de mieux le sentir, le garder, le retenir.

Le roi Marc est absent : Tristan peut demeurer.

Brangien veille sur eux, qui va prendre sa garde à l'enceinte d'épieux.

Les amants se dirigent enlacés vers le lit.

Ils n'ont garde d'oublier de bénir le Seigneur.

Car il n'est de Dieu que d'amour qui protège les amants. Il n'est de sagesse que d'amour, quand sagesse est folie.

La folie la plus folle : la folie de sagesse. La sagesse la plus folle : la sagesse de l'amour.

La folie de l'amour est la sagesse de Dieu.

53.

KAHERDIN MESSAGER

On avait levé l'ancre.

On avait dressé le mât.

On avait tendu la haute voile où se dessinait écarlate le sanglier de Tristan, et la bise qui montait depuis le corps de l'océan remuait les haubans où elle sifflait en passant. Puis la nef de la reine s'était élancée hors du port comme les lueurs de l'aurore allaient toucher Tintagel.

Il y avait plus de trois semaines qu'on voguait à présent, et on entendait les craquements de la carène du bateau cependant qu'il fendait les mouvements de la marée.

Iseut la blonde, sur le pont, demeurait immobile sous le ciel gris que plombaient des cohortes de nuages, frémissante de froid dans la glace de décembre. Elle se sentait la longue nef qui bougeait sous ses pieds. Elle se sentait la varangue qui pillait l'eau à effort, et les vergues tendues qui soutenaient la voilure.

Que la nef était lente !

Qu'elle eût voulu l'emporter à la force de l'amour !

Et Iseut, douloureuse, tendait les bras sur la mer, vers la forme de Tristan que les vagues dérobaient. « Tristan, Tristan ! appelait-elle en pleurant, attendez-moi, mon ami ! Je puis seule vous guérir ! Je suis en route vers vous. Je vous apporte la vie ! »

Des larmes au goût de sel se pressaient sur ses joues. Son regard se brouillait, se perdait dans les nues. Ses cheveux se dénouaient, sa robe claquait dans le vent, et elle se lamentait jour et nuit en pleurant sur le corps indécis de la houle :

Il est en train de mourir,
Celui qui dormait autrefois dans le creux de mes [bras !
On devra lui dresser une croix sur la tête :
Ah ! Quelle épreuve amère et dure !

Qu'il est triste, le cri
De la vague qui tombe
Tout le long de la plage !
Oui, il est triste le bruit
De la vague qui tombe sur les rives d'Irlande :
Elle se retire en pleurant
Au milieu des écueils,
Et se lamente sur Tristan qui est en grand danger [de mort.

Elle est triste, la lutte
Engagée par la mer
Contre les côtes de Bretagne : si Tristan doit mourir,
Ma vie touche à son terme.

Une étrange musique, la musique de la mer !

Je suis en train de tout perdre
Dans cette histoire que me content
Les nuages et le vent,

Et la mer
Et le ciel —
Moi qui étais pour Tristan, la dame issue de la mer
Que la mer lui donna —
Et l'amer et l'amour,
Et la mère de la vie que la mer lui porta...

Or, cette histoire que les nues et le vent lui contaient, ce n'étaient que douleur, et blessure, agonie : c'était l'histoire de Tristan au péril de sa vie.

En petite Bretagne où il avait dû retourner, comme il allait quelque jour sur le front de la grève, il avait vu en effet un chevalier inconnu qui galopait de son côté en coupant dans l'écume. L'étranger lui criait : « Es-tu bien celui-là qu'on connaît sous le nom de Tristan l'amoureux ? » Comme Tristan acquiesçait, il lui avait dit à la hâte qu'on l'appelait Tristan le nain — mais qu'il était, lui aussi, dévoré de passion, qu'il avait une amie, et que cette amie, par malheur, avait été enlevée par un comte voisin dont il était le vassal. « Et c'est pourquoi, lui dit-il, je quémande ton aide. Tu es le seul sur cette terre à pouvoir vaincre le comte. De Tristan à Tristan, tu me dois ce service. Et d'amour à amour, bien que tu sois l'amoureux, et que je ne sois près de toi qu'un chétif en passion. »

Que Tristan pouvait-il opposer à tel vœu ?

Il se munit de ses armes et partit à la nuit, par les bois et les landes, avec l'autre Tristan. Il y eut grande bataille et Tristan tua le comte — mais le comte se servait d'une lance dont la pointe était enduite de venin, et il avait blessé le jeune homme dans le creux de la hanche, à la même place qu'autrefois le Morholt à l'épieu : la blessure se mêla à la vieille cicatrice, le poison fit son œuvre, la chair saine s'infecta, et personne, aucun mire, ni sorcier ni ermite, ne se trouva en mesure de lui apporter soulagement.

Un pus noir et visqueux découlait de la plaie. Elle empestait l'atmosphère, et on faisait brûler des racines dans les coins de la chambre pour combattre les miasmes qui s'épandaient de la couche.

Bien qu'Iseut aux Blanches Mains s'occupât de Tristan avec la brûlante tendresse de la femme amoureuse (« C'est bien là, pensait-elle, cette blessure à la hanche qui l'a tant empêché : si je peux la guérir, je jouirai à la fin de mon plaisir d'épousée »,) Tristan, lui, savait bien que comme Iseut autrefois avait pu seule le sauver de la blessure du Morholt, son amante, aujourd'hui, était la seule de nouveau qui eût pu le secourir.

Il s'était donc décidé à appeler Kaherdin, et tout défait sur son lit, jambes et cuisses difformes, taille et hanche gonflées, la figure creuse et livide où ruisselait la sueur, il lui avait demandé de veiller à ce que personne n'entendît ce qu'il allait lui confier.

Kaherdin fit sortir les médecins, les valets et les servantes de la chambre. Mais Iseut aux Blanches Mains s'effraya à part elle du désir de Tristan. Que signifiait ce secret ? Que signifiaient ces mystères ? Elle se coula en silence dans la chambre voisine, elle s'assit humblement sur les dalles de pierre, s'appuya de l'épaule sur la cloison de torchis et y colla son oreille pour pouvoir écouter.

Allongé sur sa couche, dévoré par la fièvre, Tristan se redressa des peaux d'ours et de loup qui lui recouvraient le bassin, et malgré la brûlure qui transformait toute sa chair en une plaie torturée, il posa ses doigts décharnés sur la main de son ami.

« Kaherdin, lui dit-il, nous avons été frères — et bien plus par notre âme que par le lien de mes noces. Me voici aujourd'hui sur une terre étrangère, et il n'y en a d'autre qu'à toi que je puisse faire appel. Tu vois bien comme je vais de ce pas vers la mort. Iseut la blonde est la seule à pouvoir me sauver. Tu l'as vue de tes yeux, tu es l'ami de Brangien, tu connais mon histoire et le secret qui s'y cache. Si Iseut connaissait dans quelle détresse je me trouve, rien ne pourrait la retenir, elle viendrait sur-le-champ. Porte-lui mon message. Requiers-la de ma part, et dis-lui que je l'attends sans vouloir douter d'elle.

— Et ainsi le ferai-je, répondit Kaherdin. Seul le temps me demeure de faire fréter une nef : je partirai dès demain pour aller la chercher.

— Montre-lui cet anneau, dit Tristan d'une voix faible, et il fit glisser avec peine l'anneau d'or de la reine de son doigt tout enflé. C'est son signe de joie, c'est à cause de lui que je n'ai pas joui de ta sœur. Quand elle le verra dans ta main, elle saura que je suis sur le bord du trépas... Va-t'en donc, à présent : transmets-lui mon salut, puisqu'elle est mon salut. Je lui envoie ce salut pour le salut sur la terre qui se dérobe sans elle. Et dis-lui que par elle, je salue mon salut.

— Je la ramènerai, Tristan. Devrais-je y affronter les plus grandes épreuves. Attends-nous, mon ami !

— Je ne sais si je peux. Toute ma chair me prévient de la mort qui approche. Je t'accorde quarante jours : je ne durerai pas plus longtemps. Emmène deux voiles avec toi sur la mer incertaine. Si Iseut t'accompagne quand tu seras de retour, hisse haut la voile blanche, que j'en voie le signal. Mais s'il arrivait d'aventure qu'elle ne puisse me repoindre, alors, que ta nef revienne en dressant la voile noire. Je n'ai plus rien à te dire.

Que le Seigneur te bénisse, et qu'il vous ramène sains et saufs ! »

De l'autre côté de la cloison, Iseut la blanche se lamente. Elle a tout entendu. Elle connaît à présent le secret de son mari. Elle ne peut plus ignorer les raisons pour lesquelles il l'a toujours dédaignée, et pourquoi, chaque soir, elle entre seule dans son lit — et pourquoi, chaque nuit, solitaire et glacée, elle se plaint et gémit des étranges émois qui traversent son corps et la laissent haletante dans sa couche en désordre, à attendre un mari qui jamais ne se montre.

A femme, l'amour vient vite — mais la haine tout autant.

Si tant est que la haine n'est qu'une ombre d'amour.

Iseut la blanche se redresse. Elle frémit de colère, son regard est fermé, elle pince les lèvres de rage. Et pourtant, elle se dit qu'il lui faut patienter si elle veut se venger comme son cœur le réclame.

Elle compose son visage.

Elle rappelle son sourire.

Dès qu'on ouvre les portes et que s'éloigne son frère, elle pénètre chez Tristan et lui parle doucement : elle le prend dans ses bras, elle lui baise la bouche, elle s'affaire auprès de lui et lui tamponne les tempes d'une étoffe mouillée.

Mais tandis qu'elle s'active, elle médite son affront. Elle n'a rien, se dit-elle, de plus cher en ce monde que Tristan de Loonois. Mais d'autant plus que l'on aime, d'autant plus on exige. Quand l'heure en surviendra, comme elle saura se venger ! Comme elle lui fera payer cher sa confiance trahie ! Elle déteste l'amour qu'elle nourrit dans son cœur, elle adore sa haine — il faudra bien qu'à la fin, on en fasse les comptes !

54.

LA TEMPETE SUR LA MER

La nef traçait sa route sous les vents vagabonds.

La carène du bateau frémissait en fendant les houles vertes et blanches. Et la reine debout en dessous des cordages qui grimpaient vers le ciel dans des traits fantastiques, demeurait immobile, l'écarlate de sa robe qui flottait sur ses jambes aux morsures de la bise.

Que la nef était lente !

Tristan a dit : quarante jours. Bientôt trente sont passés.

Que la nef était lente !

Et les nues étaient lourdes, et le ciel et la mer se confondaient dans le loin de sinistres lueurs !

On allait bientôt arriver au solstice de décembre. Le soleil se cachait et tombait dans sa nuit. Et les nuits étaient longues, et les jours étaient courts. Et les jours, chaque jour, s'accourcissaient encore plus. Et les nuits, chaque nuit, rallongeaient un peu plus. Et sur l'onde en allée, les cheveux comme collés sur sa face amaigrie des embruns emportés qui giclaient de la mer, dans l'écume divisée par l'étrave du navire, Iseut pleurait en silence dans la glauque lumière où naviguait la nacelle d'une allure de fantôme.

Elle n'avait plus la force de se plaindre.

Elle n'avait plus la force de parler : mais elle comp-

tait, une à une, les lentes heures qui passaient, et s'abîmait le regard à scruter l'océan, dans l'espoir toujours vain de voir surgir de la houle les écueils de granite de la côte de Bretagne.

Cependant, à Carhaix, Tristan s'affaiblissait. Sa blessure empirait et le clouait sur son lit. La gangrène s'y est mise, on voit bientôt l'os à nu, et l'infection devenait de jour en jour tellement forte que plus personne n'avait le cœur de venir lui parler — sauf Iseut aux Blanches Mains qui lui préparait ses bandages, qui le veillait, l'entourait de son amour douloureuse, et selon la façon dont son mal évoluait, se réjouissait en secret du milieu de ses larmes, ou se gonflait de sa haine, de la haine d'amour qui l'affolait tout entière.

Rien ne peut, néanmoins, diminuer la douleur qui submerge Tristan. Se rend-il seulement compte de la présence de sa femme ? Il ne songe qu'à Iseut. Il n'espère qu'en Iseut : il n'a d'autre désir, il n'a d'autre pensée, elle représente, il le sait, son unique raison de vivre.

Sur les falaises de Penmarch, il fait envoyer de ses hommes afin de savoir sur-le-champ si Kaherdin s'en revient. Tout le jour il attend le rapport des guetteurs. Mais il a tant de désir, il éprouve tant d'angoisse, qu'il ordonne à la fin qu'on le porte au rivage.

On y dresse sa couche, et de l'aube à la nuit, dans les bruits du ressac et des vagues qui cognent dans les bancs de rochers, balayé par les bises qui remontent des flots et qui chassent devant elles les arrois de nuages, il attend et contemple l'océan qui s'étend, vide et gris devant lui.

Les vagues tombent se briser sur les pieds de son lit.

L'eau sillonne le sable.

On ne sait plus si Tristan est sur terre ou sur mer.

Et il guette toujours, allongé de la sorte, les cheveux dans le vent chargé d'iode et de sel, la poitrine mouillée, purifiée des embruns, sur la borne indécise de la plage et de l'eau, que la reine paraisse et lui rende la vie.

Hélas! Quel était le destin qui s'acharnait ainsi sur eux? Et pourquoi, si soudain, la nature voulait-elle se montrer si contraire?

Déjà Iseut approchait.

De la lisse de la nef, on devinait dans le loin les falaises de Bretagne, et la nacelle se pressait, toutes voiles dehors. Impatiente du moment où elle allait atterrir, la reine blonde se penchait au-dessus de la mer, comme si elle pouvait entraîner la carène avec elle.

Kaherdin l'a rejointe, et Brangien la fidèle, et tous trois se réjouissent de savoir qu'ils arrivent.

« Vous rappelez-vous, dit le jeune homme, le délai que Tristan nous avait laissé pour venir? Nous y sommes avant terme, le Seigneur nous protège!

— Oui, le Seigneur nous protège, comme il l'a toujours fait, et mon âme le loue de veiller sa servante!

— Voyez-vous tout là-bas? dit encore Kaherdin, c'est la pointe de Penmarch, et Carhaix est derrière. »

Iseut rit de bonheur. Kaherdin tient Brangien bien serrée dans ses bras. Leur angoisse est finie : ils arrivent à temps.

Mais c'était sans compter les périls invisibles qui habitent les eaux. La nef volait en effet sur la surface des flots, quand le vent du sud se leva subitement sans prévenir, et prit le foc à rebours. La nacelle se pencha et se détourna de son cap. Pour virer lof sur lof, on hissa aussitôt la plus grande des voiles. Mais l'orage grandit. On le vit se gonfler, se transformer en tempête cependant que les nuages s'accumulaient dans le ciel, noircissaient à vue d'œil, et comme pris de folie, se débandaient, s'enfuyaient, remplacés sur-le-champ par des tourmentes nouvelles.

Il fait nuit en plein jour.

D'immenses coups de torchon balaient tout l'océan et fracassent les vagues sur les flancs du navire. Des bourrasques s'emportent. Des grêlons criblent la mer : ils déchirent les voiles et éclatent en tombant sur les planches du pont. Pour éviter le naufrage, on n'a plus d'autre choix que d'abaisser les grandes vergues et d'amener la voilure.

Au milieu des rafales, la nef tournoie au hasard. Les haubans craquent et se rompent. Les boulines se défont. La grosse corde de chanvre qui relie le canot à la poupe de la nef se défait d'un seul coup, et la barque chavire, elle s'enfonce dans l'eau.

Seule Iseut veut rester sur le pont de la nef. La face fouettée par la pluie, les cheveux qui lui tombent, dégoulinants, sur les yeux, elle se tord les poignets et affronte la tempête en pleurant d'amertume :

« Je me suis réjouie bien trop tôt ! C'était péché, je le vois ! Dieu ne veut pas que je vive pour rejoindre Tristan ! Que chétive je suis ! Je me noierai dans la mer, qui saura le malheur qui s'abat sur ma tête ? Tristan, si j'avais pu vous parler, ce serait de grand cœur que j'accepterais de mourir ! Si je ne viens jusqu'à vous, c'est que Dieu le refuse. Non, ma mort ne m'est rien, j'en prends le monde à témoin ! Dieu la veut, j'y acquiesce. Mais c'est à vous que je pense ! Qui saura vous guérir ? Mais qui parle de guérir ? Si vous guérissez par miracle, quand vous saurez mon destin, vous mourrez, vous

aussi ! C'est ma mort et la vôtre qui s'annoncent de concert. Tristan ! Tristan, te rappelles-tu nos serments ? Ni moi sans vous, ni vous sans moi ! Mais je vais mourir seule — tu mourras, je le sais ! Ah ! Que m'importe la mort, si nous mourrions tous les deux, si nous y entrions côte à côte, si nous l'affrontions d'un seul cœur, embrassés l'un à l'autre dans l'ultime baiser ? Tristan ! Tristan ! Je ne veux mourir sans toi ! »

Ainsi gémit la reine tant que dura la tourmente. Et durant quatre jours l'océan s'agita — et durant quatre jours le navire fut secoué et ballotté au hasard, en avant, en arrière, et roulant, et tanguant, et c'était un miracle qu'il ne sombrât corps et biens.

Au cinquième jour, cependant, la tempête s'apaisa. Kaherdin fit monter la voile blanche sur le mât pour que Tristan l'aperçût et pût prendre patience. Hélas ! C'était le calme à présent qui régnait sur la mer. Pas le plus petit souffle. L'eau était douce et plate. La nef restait immobile sous les falaises de Penmarch, et Iseut dévorait d'un regard enfiévré ces parvis de granite où elle ne pouvait atterrir.

55.

LA MORT DES DEUX AMANTS

Aux premiers coups de la tempête qui avaient frappé sur la grève, Tristan avait dû renoncer à sa veille inutile. Il s'était fait ramener au château de Carhaix, et dans le vent qui cognait sur les murs et les hourds, il pleurait pour Iseut qui ne venait toujours pas.

L'incertitude est toujours le plus grand des malheurs. Kaherdin n'avait-il pu accéder à la reine ? Ou Iseut avait-elle refusé de le suivre ? Ou étaient-ils revenus, et c'était la tourmente qui les empêchait d'arriver ? Comment Tristan saurait-il ce qu'il doit croire ou penser ?

Encore plus que l'angoisse, c'est le doute, à présent, qui le ronge et le mine. Dolent et las, il se plaint, il soupire et se tord dans les draps de sa couche, et sa plaie sur son flanc irradie dans son corps.

Mais voici que l'orage s'est enfin apaisé.

Un rayon de soleil a percé les nuages, et de sa pâle lumière qui traverse l'hiver, il effleure la couche où le jeune homme agonise.

Un espoir fou le remplit.

Il entrouvre les paupières, et aperçoit un moineau qui s'est blotti dans un coin de la fenêtre de pierre. Le moineau s'ébouriffe. Il balance la tête et regardant le soleil, il pépie joyeusement.

Tristan rit de bonheur.

Mais un jour passe, puis deux.

Aucune nouvelle ne survient. Le jeune homme est trop faible pour revenir à la grève. On ne pourrait l'y porter. Il doit rester au château et il demeure sans bouger, durant des heures et des heures, retenant à grand peine les sifflements qui menacent à chaque seconde de s'éteindre.

Voici pourtant que dehors, le vent s'est mis à fraîchir. La nef d'Iseut bouge enfin : elle s'ébranle et se prend à glisser sur les flots. Elle dépasse la falaise et tire droit vers le port qui s'étend tout en bas de la ville de Carhaix.

Iseut la blanche l'a vue par la fenêtre de la chambre où elle était accoudée. Elle a tout de suite reconnu le navire de son frère — elle a vu la voile blanche, et elle sait que sa vengeance est enfin arrivée.

Elle se précipite vers Tristan, et lui crie, pleine de joie :

« Kaherdin est de retour ! Son bateau vient de passer la falaise de Penmarch ! »

Tristan ouvre les yeux. Le sang monte à sa face. Il veut tendre une main du côté de sa femme :

« Etes-vous sûre, lui dit-il, qu'il s'agit bien de sa nef ? Ne peut-on s'y tromper ?

— Non, on ne peut pas s'y tromper. Il va bientôt aborder. Puisse le ciel accorder qu'il amène le salut !

— Si vous êtes sûre que c'est lui, vous avez dû remarquer la couleur de sa voile ?

— Je l'ai vue, en effet. Ils l'ont dressée sur le mât, car il n'y a que peu de vent, et elle est toute déployée au-dessus de la nef.

— Iseut ! Iseut ! dit Tristan, suppliant. Dites-moi donc quelle couleur a la voile qu'ils ont mise.

— Une couleur bien mauvaise, et je n'en comprends

pas la raison. Quelle idée de hisser une voile aussi noire ? »

Quand il entendit ces paroles, Tristan se retourna lourdement vers le mur où de l'eau suintait sur les moellons de grosse pierre. Il murmura dans un souffle : « Dieu ! Voici qu'Iseut m'abandonne ! Je ne peux vivre plus longtemps ! » Un silence s'ensuivit, puis Tristan tressaillit, il se dressa tout à coup et appela par trois fois Iseut la blonde par son nom. Epuisé par l'effort, il s'affaissa sur sa couche, il ferma les paupières, sa tête roula sur le drap — et il s'éteignit sans pouvoir prononcer autre chose.

Quand Iseut débarqua aux côtés de Kaherdin, tout le peuple pleurait dans les rues de Carhaix. Les grosses cloches sonnaient sur le toit des églises et aux moutiers qui se tenaient aux environs de la ville.

Dans la ruelle noire et pentue qu'ils avaient empruntée, Kaherdin arrêta un vieillard qui allait en s'aidant d'une béquille.

« Qu'y a-t-il, lui dit-il, que l'on mène si grand deuil ?

— Ah ! Seigneur, dit le vieux, c'est ton frère qui est mort. Qui se retiendrait de pleurer en sachant telle nouvelle ? »

Iseut chancelle à ces mots. Elle se sent défaillir. Un grand froid la saisit. Puis elle s'élance en courant, elle quitte là Kaherdin et Brangien silencieux — et la guimpe en désordre, trébuchant, titubant, elle remonte la ruelle, elle escalade la butte où se dresse le château, elle en passe l'enceinte, elle traverse la cour, elle se précipite dans les salles aux murs gris mouillés d'eau.

A chercher comme une folle, à se guider sur les plaintes que les voûtes répercutent, elle découvre la chambre où repose son ami. On en a mis la dépouille sur un tapis de brocart déployé sur le sol, et il gît allongé, son épée près de lui, en dessous des flambeaux qu'on a fait disposer aux quatre coins de l'étoffe.

Devant le corps déjà raide, Iseut aux Blanches Mains, à genoux, serre son poing sur sa bouche pour s'empêcher de crier. Dieu lui soit à témoin que ce n'est pas ce qu'elle voulait ! Mais la reine l'ignore. Elle la pousse rudement, elle s'agenouille à sa place à côté du cadavre et enlève sauvagement le linceul de drap blanc dont on l'a recouvert.

Elle voit la face de Tristan, ses deux mains convulsées qu'on a jointes sur son sein, et la terrible blessure qui se creuse sur sa hanche.

Alors, sans tenter de parler, elle s'étend auprès de lui, elle le prend dans ses bras, elle lui baise la bouche, elle embrasse sa figure et l'étreint à toute force. Et son corps sur le corps qui se glace de Tristan, et ses lèvres brûlantes sur ses lèvres déjà froides, et ses jambes mêlées au milieu de ses cuisses, elle lui couvre la face de ses immenses cheveux d'or, elle se tend et se plaint, elle gémit de douleur, elle se renverse d'un coup, elle s'affaisse soudain et s'éteint à son tour.

Or, écoutez maintenant quelle est la fin de l'histoire. Il y en a qui prétendent qu'à l'annonce qu'on lui fit de la mort des amants, le roi Marc vint chercher leurs dépouilles en Bretagne et les fit enterrer dans deux tombes voisines. On raconte que la nuit, de la tombe de Tristan, une ronce odorante se déploya sous la lune, et s'enfonça dans la terre où la reine reposait. On dit aussi que le roi fit couper cette ronce — mais que l'amour est plus fort que la puissance de la mort, et que la ronce repoussa au crépuscule qui suivit. Par trois fois, le roi Marc fit arracher le rosier. Par trois fois, le rosier se développa dans la nuit, et à la fin, de guerre lasse, on n'osa plus y toucher.

C'est peut-être possible.

Quant à moi, néanmoins, je suis sûr que les choses finirent bien autrement. Car je sais qu'au solstice qui tombait le lendemain, Kaherdin et Brangien installèrent les amants dans une barque sans voile : il les disposèrent côte à côte, le visage découvert et tourné vers le ciel — puis ils poussèrent la nacelle au hasard de la mer, et ils regardèrent, immobiles sur la plage de galets, embrassés l'un à l'autre qui demeuraient sur cette terre, la longue barque se perdre à l'aventure de la houle, du côté de l'Irlande ou des rives inconnues de ces Iles Bienheureuses où l'amour n'a de lois que la lumière du soleil, la douceur de la harpe et le cœur de l'amante.

DOSSIER

Dossier

1. *La scène du philtre*
2. *Les retours de Tristan*
3. *La mort des amants*
4. *Deux regards sur le mythe*

1 — *La scène du philtre*

LA VERSION D'EILHART

Le philtre était ainsi fait : l'homme et la femme qui en avaient bu ensemble ne pouvaient se séparer pendant quatre ans. Quoi qu'ils fissent, ils ne pouvaient s'empêcher de s'aimer de tous leurs sens le temps qu'ils vivraient. Et pendant quatre ans leur amour était si fort qu'ils ne pouvaient rester séparés même une seule journée. Comme on me l'a assuré, ils devaient absolument se regarder l'un l'autre et le jour et la nuit. Et si pendant une semaine ils ne pouvaient pas se parler, le boire faisait aussi que l'un et l'autre tombaient malades et s'affaiblissaient, et alors ils devaient mourir tous deux. Le philtre était préparé de façon à avoir une puissance irrésistible : de cela vous pourrez vous rendre compte vous-mêmes.

Dès que le roi puissant se fut en somptueux appareil séparé de sa fille, messire Tristrant prit congé de la reine en toute amitié. Quand on eut hissé les voiles, le vent souffla dedans avec force et poussa bien vite la nef au large. On avait logé dame Isalde avec sa suite de façon parfaite dans une chambre des dames située à l'arrière du bateau. Là elle disposait de tout ce qu'elle désirait. Cependant elle n'était pas habituée aux voyages en mer et elle dit que l'allure rapide de la traversée l'incommodait. Comme la terre ferme était en vue, les matelots se précipitèrent aux cordages, amenèrent les voiles et les serrèrent contre le mât. De plus le vent tomba : c'est ce que tous désiraient. Ils parvinrent dans un port où ils purent prendre du repos. Tous descendirent sur le rivage et prirent du plaisir. Ils disposaient de tout ce qui pouvait les divertir, si bien que le temps ne leur parut pas long. Comme la chaleur était alors très grande, ils marchèrent de-ci de-là sur la grève au bord de la mer pendant plus d'une grande heure.

Tristrant se rendit aussitôt chez sa souveraine pour voir si elle se sentait encore en état de poursuivre son voyage. Comme il avait grand-soif, il ordonna qu'on lui apportât à boire. Cependant l'échanson était parti. Une jeune fille dit alors : « Seigneur, voici du vin, je pense. » Pour son malheur il demanda qu'on lui en servît, et elle lui apporta le philtre. Il ne lui vint pas à l'idée qu'il pourrait mal lui réussir. Au contraire : le vin lui parut bon, il le but sans déplaisir et en offrit également à sa souveraine. Sitôt qu'elle l'eut bu, elle aussi, ils furent pris d'une passion irrésistible l'un pour l'autre. Ils croyaient perdre la raison, s'ils ne pouvaient sur-le-champ l'assouvir. Pourtant aucun d'eux ne savait qu'il était en si peu de temps devenu cher à l'autre. Ils ne devaient s'en rendre compte que plus tard.

Bien qu'ils voulussent le cacher, tous deux eurent à l'instant le visage qui tour à tour rougissait et pâlissait. Chacun d'eux pensait trouver la mort par l'autre, si grand était l'amour entre eux sans qu'ils y fussent pour rien. Tout cela, c'était le philtre qui en était la cause. La dame avait honte de s'être éprise en si peu de temps du beau Tristrant. Lui aussi, les liens de l'amour lui ôtaient les forces de vie. L'amour l'avait pris dans ses rets et lui infligeait grande souffrance. Tous deux étaient dans un état tout autre qu'à leur habitude. Ils avaient chaud, puis froid, leurs traits changeaient, souvent ils fondaient en larmes. Chacun était en grand effroi, parce qu'il était épris de l'autre, et aucun d'eux ne comprenait pour quelle raison l'autre souffrait ainsi et ne le dissimulait pas. C'en était presque fait d'eux. Sa détresse était telle que Tristrant ne put rester plus longtemps. Tous deux étaient en proie à d'atroces tourments ; ils se couchèrent et à personne ils ne parlèrent de ce qui les faisait tant souffrir. Ils le cachèrent bien plus dans leur cœur [1].

La version de Gottfried

Cependant les nefs voguaient.
Toutes deux avaient
bon vent et faisaient bonne course.
Mais la troupe des dames,
Isolde et sa suite,
n'était pas habituée aux fatigues
de la mer et des vents.

1. Eilhart von Oberg, *Tristrant*, trad. D. Buschinger et W. Spiewok, 10-18, 1986, vers 2279 à 2394.

Elles en eurent bientôt
des maux qu'elles ne connaissaient pas.
Tristan leur maître alors donna l'ordre
de ramer vers la terre
pour prendre du repos.
Quand on eut atterri dans une baie,
la plupart descendirent
à terre pour se divertir.
Or, Tristan alla aussitôt
saluer et visiter
sa radieuse dame ;
et quand il se fut assis à côté d'elle
et conversait de choses et d'autres
les concernant tous deux,
il demanda qu'on lui apportât à boire.
Or, il n'y avait là,
hormis la reine,
personne d'autre que de petites jeunes filles.
L'une d'elle dit : « Tenez, il y a du vin
dans ce flacon. »
Non, ce n'était pas du vin,
bien que cela lui ressemblât :
c'était le tourment permanent,
l'angoisse du cœur sans fin,
dont ils moururent tous deux.
Mais la petite ne le savait pas :
elle se leva et se rendit aussitôt
où étaient cachés et gardés
le breuvage et la fiole.
Elle l'offrit à Tristan son maître :
puis elle l'offrit à Isolde.
Elle but sans plaisir, et après une longue hésitation,
le passa à Tristan, et il en but,
et tous deux crurent que c'était du vin.
À cet instant, Brangene entra
et reconnut la fiole
et vit bien ce dont il s'agissait :
elle tressaillit et sursauta si violemment
qu'elle perdit toute force
et devint pâle comme la mort.

Elle s'avança, le cœur sans vie :
elle prit le verre funeste et maudit,
le prit et le jeta
dans les flots furieux et mugissants :
« Hélas ! Pauvre de moi ! » dit-elle, « Hélas !
Pourquoi suis-je née ?
Misérable, comment ai-je pu perdre
mon honneur et ma foi !
Que Dieu regrette toujours
que j'aie jamais entrepris ce voyage,
que la mort ne m'ait pas prise le jour
où il m'échut de faire
avec Isolde ce voyage maudit !
Hélas ! Tristan, hélas ! Isolde,
cette boisson sera votre mort à tous deux [1] ! »

Eilhart fait de cette scène une relation objective ; il détaille d'abord les effets du philtre, explique plus longuement que Gottfried les circonstances de la navigation et de l'escale, puis décrit l'état des amants après qu'ils ont pris le breuvage magique. Gottfried a une écriture plus littéraire : il intercale dans son récit des passages en discours direct, intervient lui-même pour anticiper les tourments à venir pour les amants et surtout introduit la mort à plusieurs reprises, dans son récit et dans le monologue de Brangien (Brangene pour Gottfried).

Le philtre et le temps

Thomas, comme Gottfried, n'a pas voulu limiter les effets du philtre dans le temps. Deux médiévistes donnent leur point de vue sur ce qui est, probablement, une variante par rapport à la version initiale inconnue, et qui entraîne d'importantes modifications dans la lecture que l'on peut faire de l'œuvre de Thomas, par rapport à celle de Béroul.

---

1. Gottfried de Strasbourg, *Tristan*, trad. D. Buschinger et J.-M. Pastré, Göppingen, 1980, vers 11645 à 11705.

En se démarquant de la version commune, Thomas accorde d'abord à ses héros de se connaître et de s'aimer librement, mais dans l'innocence de la chair. Entre le jongleur Tantris et Iseut, l'unique héritière du royaume d'Irlande, l'amour ne peut être qu'un rêve, qu'un désir d'aimer et d'être aimé… Il se peut, sans doute, que cette très belle invention de Thomas manifeste le raffinement, la courtoisie de l'écrivain, qu'elle réponde à un souci de vraisemblance psychologique mais aussi à son désir de préserver la dignité morale de ses personnages, ou de les laisser échapper, « au moins pour une part, à la fatalité du philtre ». Mais on peut aussi y voir l'intention concertée du moraliste qu'est Thomas d'opposer au temps quasi mythique de l'innocence et du désir ordonné le temps du philtre, le moment où le *beivre* fait basculer les amants dans l'univers de la jouissance et les mène progressivement à la mort.

Dans cette perspective, le philtre, chez Thomas, ne serait plus la force magique qui, dans la version commune, provoque et provoque seule la passion des amants. Mais il resterait le signe sensible, matériel, de l'éveil et de la surprise des sens. Il signalerait cette rupture, cette « faute originelle » qu'est sans doute, pour Thomas le clerc, le passage de la *fin'amor* à l'amour charnel, un amour désormais livré au risque du *change*, de la *novelerie* et de la mort [1].

On a souvent dit que Thomas a fait du « vin herbé » un pur symbole. À une réserve près (elle concerne Marc et non les amants), cette assertion ne paraît pas contestable. Observons cependant que la valeur strictement symbolique du philtre est moins une création du poète anglo-normand qu'un surplus hérité de la version commune, une fois éliminée cette idée – essentielle chez Eilhart et chez Béroul – que Tristan et Iseut ne s'aimeraient pas s'ils n'avaient bu dans la même coupe le breuvage magique. En vérité, Thomas a voulu ne pas donner d'autre cause initiale à la passion des amants que leur amour lui-même. Il lui répugnait que le philtre apparût comme un agent extérieur, matériel. Aussi a-t-il vu en lui une image idéalisée de l'amour accepté, désiré, ou, plus exactement peut-être, un garant symbolique de l'amour immuable, éternel.

1. E. Baumgartner, *Tristan et Iseut*, PUF, coll. « Études littéraires », 1987, p. 101-102.

Par une conséquence logique et nécessaire, il devait rejeter, comme il l'a fait, ce pis-aller auquel s'était résigné l'auteur de l'archétype : atténuer la force du « vin herbé » au bout d'un certain délai. Aux yeux de Thomas, ni l'amour ne saurait s'affaiblir, ni le philtre qui le symbolise et se confond avec lui sans rien ajouter à son essence, car l'amour, la divinité Amour, est un absolu situé au-dessus de toutes les contingences. C'est pourquoi dans la version courtoise il n'est plus question de prêter aux amants un amour moins fort pour les faire sortir de la forêt, la vertu du philtre et de l'amour ne perdant rien de sa plénitude ni de sa permanence. Iseut et Tristan ne renonceraient jamais d'eux-mêmes à leur vie sauvage et idyllique, à leur paradis terrestre au fond de la forêt, si le roi, convaincu de leur innocence après avoir vu l'épée gisant entre leurs corps pendant leur sommeil, ne leur ordonnait de revenir à la cour. Ce qu'ils font sans le moindre sentiment de culpabilité, sans éprouver l'ombre d'un repentir.
C'est là une autre conséquence, elle aussi d'une logique impeccable, entraînée par la nouvelle conception du philtre. En effet il ne sert plus, contrairement à ce qui se passait dans la version commune, à excuser le péché des amants. Ceux-ci n'ont maintenant nul besoin d'un alibi moral. L'obéissance à l'Amour est devenu leur seul devoir. Leur seul devoir et leur volonté unique. On saisit ainsi le sens de la transformation accomplie par Thomas. Tristan et Iseut ne se jugent plus des victimes du destin. Ou, si l'on préfère, ils assument librement la responsabilité de leur destin et de leur amour. Ils refuseraient d'en être délivrés. À une fatalité sans option a succédé l'option d'une fatalité. De ce fait, toute possibilité de conflit s'évanouit dans la version courtoise entre la conscience des amants d'une part, la religion et la société d'autre part. En s'aimant Tristan et Iseut connaîtront encore des contraintes de fait, dues aux exigences de la loi, mais dans la liberté de leur for intérieur ils ne seront soumis qu'à la juridiction d'Amour. Cette autonomie, qui créera d'ailleurs de nouveaux tourments, plus aigus, plus subtils, ne saurait se confondre avec la servitude imposée par un breuvage fatal [1].

---

1. J. Frappier, « Structure et sens du *Tristan* : version commune, version courtoise », *Cahiers de civilisation médiévale*, 6, 1963, p. 273-274.

2 — *Les retours de Tristan*

LE SAUT DE LA CHAPELLE : BÉROUL

Tristan et Iseut, après plusieurs aventures qui se sont terminées à leur avantage, ont finalement été pris en flagrant délit, grâce à la fleur de farine que le nain Frocin a répandue dans la chambre royale. Le roi Marc les condamne aussitôt à être brûlés vifs, mais, sur le chemin du supplice, Tristan invente une ruse pour s'échapper ; il réussira ensuite à arracher Iseut aux lépreux et à s'enfuir avec elle dans la forêt du Morois.

Écoutez, seigneurs, combien la pitié de Dieu est grande ! Il ne désire pas la mort du pécheur. Il a entendu les cris et les pleurs des pauvres gens pour les amants dans la détresse.
Sur le chemin que suivent Tristan et son escorte, se trouve une chapelle nichée sur une hauteur, au bord d'un rocher. Exposée au vent du nord, elle surplombe la mer. La partie que l'on appelle le chœur était bâtie sur une élévation. Au-delà il n'y avait que la falaise. Le mont n'était qu'un amas de pierres dénué de végétation. Si un écureuil sautait de là, il se tuerait ; il n'en réchapperait pas. Dans l'abside, se trouvait un vitrail aux teintes pourpres qui était l'œuvre d'un saint.
Tristan interpelle ses gardes :

Oez, seignors, de Damledé,
Conment il est plains de pité ;
Ne vieat pas mort de pecheor.
Receü out le cri, le plor
Que faisoient la povre gent
Por ceus qui eirent a torment.
Sor la voie par ont il vont,
Une chapele sor un mont,
U coin d'une roche est asise.
Sor mer ert faite, devers bise.
La part que l'en claime chancel
Fu asise sor un moncel ;
Outre n'out rien fors la faloise.
Cil mont est plain de pierre alise.
S'uns escureus de lui sausist,
Si fust il mort, ja n'en garist.
En la dube out une verrine,
Que un sainz i fist, porperine.
Tristran ses meneors apele :

« Seigneurs, voici une chapelle. Pour Dieu, laissez-moi donc y entrer ! Je touche au terme de ma vie. Je prierai Dieu d'avoir pitié de moi, car je l'ai beaucoup offensé. Seigneurs, il n'y a qu'une entrée. Je vois chacun de vous tenir une épée. Vous savez bien que je ne peux trouver d'autre sortie. Il me faudra passer à nouveau devant vous. Quand j'aurai prié Dieu, je reviendrai vers vous. »
Alors, l'un d'eux dit à son compagnon :
« Nous pouvons bien le laisser aller. »
Ils lui enlèvent ses liens et Tristan entre dans la chapelle. Il ne perd pas de temps.
Il se dirige derrière l'autel vers la verrière, la tire à lui de la main droite et s'élance par l'ouverture. Il préfère sauter dans le vide plutôt que d'être brûlé en public. Seigneurs, il y avait une grande et large pierre à mi-hauteur du rocher. Tristan y saute avec légèreté. En s'engouffrant dans ses vêtements, le vent lui évite de tomber comme une masse. Les Cornouaillais appellent encore cette pierre le *Saut de Tristan.*
La chapelle était remplie de monde. Tristan saute ; le sable était meuble. Tout le monde est agenouillé dans l'église. Les gardes l'attendent à l'extérieur mais en vain. Tristan s'enfuit. Dieu a eu pitié de lui ! Il se sauve à grandes enjambées le long du rivage. Il entend nettement crépiter le feu du bûcher. Il n'a nulle envie de retourner sur ses pas. Il ne peut pas courir plus vite qu'il ne le fait.

« Seignors, vez ci une chapele :
Por Deu, quar m'i laisiez entrer.
Pres est mes termes de finer :
Preerai Deu qu'il merci ait
De moi, quar trop li ai forfait.
Seignors, n'i a que ceste entree ;
A chacun voi tenir s'espee.
Vos savez bien ne pus issir,
Par vos m'en estuet revertir ;
Et quant je Dé proié avrai,
A vos eisinc lors revendrai. »
Or l'a l'un d'eus dit a son per :
« Bien le poon laisier aler. »
Les lians sachent, il entre enz,
Tristran ne vait pas conme lenz,
Triés l'autel vint a la fenestre,
A soi l'en traist a sa main destre,
Par l'overture s'en saut hors.
Mex veut sallir que ja ses cors
Soit ars, voiant tel aünee.
Seignors, une grant pierre lee
Out u milieu de cel rochier :
Tristran i saut molt de legier.
Li vens le fiert entre les dras,
Quil defent qu'il ne chie a tas.
Encor claiment Corneualan
Cele pierre le Saut Tristran.
La chapele ert plaine de pueple,
Tristran saut sus : l'araine ert moble,
Toz a genoz sont en l'iglise.
Cil l'atendent defors l'iglise,
Mais por noient : Tristran s'en vet,
Bele merci Dex li a fait !
La riviere granz sauz s'en fuit.
Molt par ot bien le feu qui bruit ;
N'a corage que il retort,
Ne puet plus corre que il cort [1].

1. *Tristan et Iseut,* éd. P. Walter et D. Lacroix, Le Livre de Poche, coll. « Lettres gothiques », p. 64-67, vers 909 à 964.

Iseut, revenue à la cour mais toujours en butte à l'hostilité des « barons félons », se voit dans l'obligation d'affirmer son innocence aux yeux du monde. Elle propose au roi Marc de prononcer un serment solennel en présence du roi Arthur. Elle fait prévenir Tristan de se trouver, déguisé en lépreux, près d'un gué boueux qu'elle aura à traverser pour venir prêter ce « serment ambigu ».

> Tout le monde s'assoit en rang, sauf les deux rois. Il y avait une raison à cela : ils tenaient Yseut par la main entre eux deux. Gauvain se trouvait près des reliques. La maison d'Arthur, si prestigieuse, était rangée autour du drap de soie. Arthur qui était le plus près d'Yseut prit la parole :
> « Écoutez-moi, Yseut la belle, voici la déclaration qu'on attend de vous : que Tristan n'a éprouvé pour vous aucun amour honteux ou vil, si ce n'est celui qu'il doit à son oncle et à l'épouse de celui-ci.
> – Seigneurs, fait-elle, par la grâce de Dieu, je vois ici les saintes reliques. Écoutez donc ce que je jure et ce dont j'assure le roi ici présent : avec l'aide de Dieu et de saint Hilaire, je jure sur ces reliques et cette châsse, sur toutes les reliques qui ne sont pas ici et celles de par le monde, que jamais un homme n'est entré entre mes cuisses, sauf le lépreux qui se fit bête de somme pour me faire traverser le gué et le roi Marc mon époux. J'exclus ces deux-là de mon serment mais je n'en exclus pas d'autre.
> Mon serment n'est pas valable pour deux personnes : le lépreux et le roi Marc mon époux. Le lépreux se trouva entre mes jambes […]. Si l'on souhaite que j'en fasse davantage, j'y suis prête ici même. »
> Tous ceux qui l'ont entendue jurer ne peuvent en supporter davantage.
> « Dieu, dit chacun, elle a juré avec assurance. Elle a parfaitement respecté la procédure ! Elle en a dit plus que ne le demandaient et l'exigeaient les félons. Il ne faut pas qu'elle présente d'autre justification (et vous l'avez entendue, grands et petits !) que celle qui concerne le roi et son neveu. Elle a juré et fait le serment qu'entre ses cuisses ne sont entrés que le lépreux qui la porta, hier à l'heure de tierce, de l'autre côté du gué, et le roi Marc son époux. Maudit soit celui qui mettra sa parole en doute ! »
> Le roi Arthur se leva et s'adressa au roi Marc de manière à ce que tous les barons l'entendent :

« Sire, nous avons vu, entendu et bien compris le serment. Maintenant que les trois félons, Denoalain, Ganelon et le mauvais Godoïne n'essaient même pas d'en parler. Tant qu'ils seront dans ce pays, ni la paix ni la guerre ne me retiendront quand la reine Yseut la belle m'adressera un message, de venir au grand galop soutenir son bon droit.

– Sire, fait-elle, je vous remercie [1] ».

La version de Thomas

Après avoir détaillé longuement les tourments endurés par Tristan et Iseut depuis leur séparation, mais aussi par Iseut aux Blanches Mains, dédaignée par son mari et par le roi Marc qui ne possède de sa femme qu'une enveloppe sans âme, Thomas conclut tout son exposé par une courte synthèse qui reprend, en les résumant, les arguments développés plus haut.

Le seigneur Marc possède le corps d'Yseut. Il en fait ce que bon lui semble. Il est particulièrement affecté qu'elle aime Tristan plus que lui car lui, n'aime qu'elle. Yseut est à la disposition du roi. Il fait de son corps ce qu'il désire. Ce tourment lui est souvent insupportable car elle n'éprouve aucun amour pour le roi. Elle le supporte comme étant son mari et n'a pas d'autre désir par ailleurs sinon de posséder son ami Tristan qui a pris femme en terre étrangère. Elle redoute son infidélité et espère néanmoins que son désir ne s'attachera pas à une autre femme. Tristan ne désire qu'Yseut et il sait que Marc, son mari, fait ce qu'il veut de son corps et lui-même ne peut obtenir le plaisir qu'en songe ou en désir. Il a une femme près de laquelle il ne peut se coucher et qu'il ne peut aimer à aucun prix sinon à contrecœur. Yseut aux doigts blancs, sa femme, ne convoite personne d'autre au monde que Tristan, son cher mari ; elle jouit de son corps qui reste froid à l'amour qu'elle lui porte. Il lui manque ce qu'elle désire le plus. Maintenant, celui qui sait juger peut dire lequel est le meilleur amoureux ou lequel est le plus malheureux.

Yseut aux Blanches Mains, la jolie, couche encore vierge avec son mari. Ils partagent le même lit mais j'ignore la joie qu'ils

1. *Ibid.*, p. 217-219.

éprouvent ainsi que leur tourment. Tristan ne lui donne jamais la possibilité de goûter le plaisir comme on le fait pour une épouse. Je ne sais pas si elle connaît le plaisir, si elle aime ou si elle déteste ce genre de vie. Je peux dire toutefois que si cela l'ennuyait, elle n'aurait jamais caché la chose à ses amis comme elle le fait [1].

Ayant été surpris par le roi Marc dans le verger (début du texte de Thomas), les amants doivent se séparer définitivement. Mais Tristan revient à plusieurs reprises, sous un déguisement, retrouver Iseut pour quelques heures. Ce sont ces retours de Tristan que racontent deux textes courts, la *Folie Tristan de Berne* et la *Folie Tristan d'Oxford*, ainsi appelés parce que Tristan a revêtu l'apparence et le comportement d'un fou pour pouvoir entrer dans le château de Tintagel sans être reconnu.

LA *FOLIE D'OXFORD*

Dans ce passage de la *Folie d'Oxford*, Tristan essaie de persuader Brangien qu'il est bien celui qu'il dit être ; il lui rappelle les circonstances de leur départ d'Irlande et la responsabilité qu'elle porte pour n'avoir pas veillé sur le philtre comme elle aurait dû.

« Oui, certes ! Je suis bien Tristan, qui vit dans la peine et dans l'épreuve. Je suis Tristan que l'amour d'Yseut maintient dans l'angoisse. »
Brangien réplique :
« Non, vous n'êtes pas Tristan, j'en suis sûre et certaine.
– Si, Brangien, c'est moi, sans mensonge. Je m'appelais Tristan quand je vins ici. Je suis vraiment Tristan. Brangien, rappelez-vous quand nous sommes partis tous ensemble d'Irlande : la reine vous confia à moi avec Yseut, qui ne veut plus à présent me reconnaître ; elle vint à moi en vous tenant par la main droite. Elle vous tenait la main quand elle vous remit à moi. Souvenez-vous, belle Brangien. Elle m'a demandé de veiller sur vous et sur Yseut. Elle insista beaucoup, et me recommanda avec force

1. *Ibid.*, p. 387 et 389.

d'avoir soin de vous : je devais faire très attention à vous. Alors elle vous tendit un coutret qui n'était pas bien gros, car il me parut tout petit, puis elle vous ordonna de bien y veiller, si vous vouliez conserver son amitié. Quand nous fûmes en haute mer, le temps devint lourd. Je portais un bliaut. Je transpirais, j'avais trop chaud. J'eus soif : je voulus boire. N'est-ce pas que je dis vrai ? Un jeune homme assis à mes pieds se leva et prit le coutret. Il versa dans un hanap d'argent le breuvage qui y était contenu, puis me mit le hanap au poing. J'en bus pour me désaltérer. J'offris la moitié du hanap à Yseut qui elle aussi avait soif et voulait boire. Belle Brangien, ce breuvage a fait mon malheur, et mieux eût valu que je ne vous connusse jamais. Belle Brangien, souvenez-vous [1]. »

Ne pouvant se faire reconnaître d'Iseut, même après lui avoir rappelé tous les événements de leur vie commune, Tristan, à bout d'arguments, lui demande de faire venir le chien dont il lui avait fait cadeau au moment de leur séparation.

« Yseut, souvenez-vous : c'est alors que je vous ai donné mon chien Husdent. Qu'en avez-vous fait ? Montrez-le-moi. »
Yseut répond :
« Je l'ai toujours, ce chien dont vous parlez. Vous allez le voir tout de suite. Brangien, amenez le chien : faites-le venir avec sa laisse. »
Brangien se lève, elle va chercher Husdent, qui lui fait fête : elle le détache et le laisse libre. L'animal bondit et part.
Tristan l'appelle :
« Ici, Husdent ! Tu étais à moi, je te reprends. »
Husdent l'aperçoit et le reconnaît aussitôt. Comme de juste, le voici fou de joie. Jamais je n'ai ouï parler de chien que le bonheur fît plus frétiller qu'Husdent retrouvant son maître. Il court à lui, la tête haute, et manifeste une extraordinaire allégresse. Il se frotte la tête contre Tristan, il gratte avec ses pattes, et c'est un spectacle bien émouvant.
Yseut en est tout ébahie. Elle a honte, elle rougit de voir la joie de l'animal dès qu'il a entendu son maître.

---

1. *Tristan et Yseut*, éd. J.-Ch. Payen, Garnier, 1974, p. 284-286.

Husdent est mauvais, il fait peur, il mord, il attaque tous ceux qui veulent jouer avec lui ou qui le touchent. Nul ne peut l'apprivoiser, et nul ne peut l'approcher sinon la reine et Brangien, tant il est hargneux depuis qu'il a perdu son maître qui l'a élevé et dressé.
Tristan caresse Husdent et le retient. Il dit à Yseut :
« Il est plus fidèle à son maître qui l'a élevé et dressé que vous ne l'êtes à l'amant qui vous aime avec tant de ferveur. Les chiens sont de nobles animaux, et les femmes sont des traîtresses. »
Yseut l'entend et blêmit, elle tremble, elle a des sueurs froides.
Tristan lui dit :
« Dame reine, vous étiez si loyale !
Souvenez-vous du verger où nous reposions ensemble, quand le roi survint, nous surprit et s'en alla chercher ses gens. Il méditait un horrible crime : il voulait, dans sa fureur, nous massacrer, mais Dieu ne le permit pas : loué soit-il ! car je m'en aperçus à temps. Belle, il me fallut nous quitter, car le roi voulait nous supplicier. Vous me donnâtes votre magnifique anneau d'or fin, qui n'a pas de prix, et je le gardai en partant, tandis que je vous recommandais à Dieu. »
Yseut réplique :
« Je crois sur preuves. Avez-vous l'anneau ? Montrez-le-moi. »
Il retire l'anneau et le lui tend. Yseut le prend et le regarde : alors, elle éclate en sanglots, tord ses poings et perd tout son sang-froid :
« Hélas ! dit-elle, je me déteste ! J'ai définitivement perdu mon ami, car je sais bien que s'il vivait, nul autre homme ne détiendrait cet anneau. Oui, je sais bien qu'il est mort. Hélas ! je ne m'en consolerai jamais ! »
Quand Tristan la voit pleurer, comment ne serait-il pas ému ?
Il lui dit :
« Dame reine, vous êtes noble et loyale. Je vais désormais révéler mon vrai visage, et vous me reconnaîtrez à me voir et à m'entendre. »
Il a repris sa voix normale.
Yseut n'a plus de doute. Elle se jette à son cou et lui embrasse les yeux et le visage.
Et Tristan dit à Brangien, que la joie bouleverse :
« Belle dame, donnez-moi de l'eau. Je me laverai la face et reprendrai mon teint habituel. »

Brangien lui apporte aussitôt de l'eau, et Tristan retrouve sa vraie physionomie. Il retire son hâle artificiel en même temps qu'il se rafraîchit, et le voici redevenu lui-même. Yseut l'étreint. Elle ne sait contenir la joie qu'elle éprouve à le sentir contre elle ; elle ne le laissera pas repartir ce soir, et elle lui promet bon gîte et bon lit doux et chaud. Tristan ne demande pas autre chose qu'avoir Yseut là où elle est. Il est tout heureux et content : il sait bien qu'il a bonne auberge [1].

LE *LAI DU CHÈVREFEUILLE*

Le *Lai du chèvrefeuille*, de Marie de France, raconte aussi un retour de Tristan vers Iseut, non pas à Tintagel mais en forêt, sur le chemin où la reine doit passer. Ce lai a donné lieu à de nombreux commentaires pour élucider le mystère du bâton de coudrier : Tristan y avait-il gravé seulement son nom ? ou tout le message qui est ensuite détaillé ? En fait ce qui importe, c'est que la reine ait reconnu la présence de son amant et qu'ils aient pu se retrouver. Ce lai, écrit en octosyllabes, contient, dans les premiers vers, un résumé très court et très simple de la légende, histoire d'amour parfait et aussi de mort. Il renferme surtout une formule emblématique de l'amour des amants, que Tristan parvient, symboliquement, à transmettre à Iseut : « bele amie, si est de nus / ne vus sanz mei, ne jeo sanz vus [2] ».

C'est pour moi un grand plaisir et un désir naturel de vous conter l'histoire véritable du lai intitulé le *Chèvrefeuille*, pourquoi et comment il fut composé et d'où il vient.
Plus d'un me l'a raconté et moi, je l'ai trouvé écrit dans un livre sur Tristan et la reine qui raconte leur amour qui fut si parfait et leur valut bien des souffrances avant de les réunir dans la mort, le même jour. Le roi Marc poursuivait de sa colère et de sa fureur son neveu Tristan. Il l'avait chassé de son royaume à cause de l'amour qu'il portait à la reine. Tristan s'en retourna dans son pays natal, en Galles du Sud. Il y resta une année entière sans

1. *Ibid.*, p. 294-297.
2. « Belle amie, il en est ainsi de nous, ni vous sans moi, ni moi sans vous. »

jamais pouvoir revenir. Par la suite, il s'exposa à la mort et à l'anéantissement. Ne vous en étonnez pas car celui qui aime très loyalement est rempli de tristesse et de souci quand il ne peut combler ses désirs.

Tristan était affligé et soucieux. C'est pourquoi, il décida de quitter son pays et de retourner en Cornouailles où vivait la reine. Il se cacha tout seul dans la forêt. Il ne voulait pas être vu. Il en sortait le soir quand il fallait trouver un gîte. Il était hébergé pour la nuit par des paysans, de pauvres gens. Auprès d'eux, il s'informait sur les faits et gestes du roi. Ils lui rapportent ce qu'ils ont entendu : les barons sont convoqués à Tintagel où ils doivent se rendre, car le roi veut y tenir sa cour. À la Pentecôte, ils y seront tous ; il y aura beaucoup de joie et de plaisir ; la reine y sera. En entendant cela, Tristan se réjouit. Yseut ne pourra se rendre là-bas sans qu'il la voie passer.

Le jour du départ du roi, Tristan retourne dans la forêt. Sur le chemin que le cortège devait emprunter, il coupa une branche de coudrier par le milieu et l'équarrit en la taillant. Quand le bâton est prêt, il y grave son nom avec un couteau. Si la reine le remarque (car elle faisait très attention ; il lui était déjà arrivé précédemment de retrouver Tristan par un moyen similaire), elle reconnaîtra parfaitement, dès qu'elle le verra, le bâton de son ami. Voici l'explication détaillée du message qu'il lui adresse [var : qui se trouvait sur le bâton dont je parle] : il était resté longtemps dans la forêt, aux aguets, attendant de connaître un moyen pour la revoir car il ne pouvait vivre sans elle. Il en était d'eux comme du chèvrefeuille qui s'enroulait autour du coudrier ; une fois qu'il s'y est enlacé et qu'il s'est attaché au tronc, ils peuvent longtemps vivre ensemble. Mais ensuite, si on cherche à les séparer, le coudrier meurt aussitôt et le chèvrefeuille pareillement. « Belle amie, il en est ainsi de nous : ni vous sans moi, ni moi sans vous ! »

La reine s'avançait à cheval. Elle scrutait le talus [var : elle regardait un peu devant elle], vit le bâton, le reconnut et distingua les inscriptions. À tous les chevaliers qui la conduisaient et l'accompagnaient, elle ordonna de s'arrêter. Elle veut descendre de cheval et se reposer. Ils lui obéissent ; elle s'éloigne de son escorte, appelle sa servante Brangien qui lui reste très fidèle. Elle quitta un peu le chemin et, dans la forêt, elle trouva celui qu'elle aimait plus que tout au monde. Ils laissent tous deux éclater leur joie. Il lui parle tout à son aise et elle lui dit ce qu'elle désire. Ensuite, elle lui explique comment il pourra se réconcilier avec le roi qui regrette de l'avoir exilé : il a été abusé par des calomnies. Puis elle part et quitte son ami. Mais quand arrive le moment de la séparation, ils commencent à pleurer. Tristan retourna au pays de Galles jusqu'à ce que son oncle le fît revenir.

Pour la joie qu'il éprouva de revoir son amie et pour se rappeler les paroles de la reine qu'il avait mises par écrit [var : à cause du bâton qu'il avait gravé], Tristan qui savait bien jouer de la harpe avait composé un nouveau lai. Je le nommerai brièvement : en anglais, on l'appelle *Gotelef*, les Français le nomment *Chèvrefeuille*. Je viens de vous dire la véritable histoire du lai que j'ai raconté ici [1].

Le *Lai du chèvrefeuille,* dans les derniers vers, donne – fictivement – Tristan comme l'auteur de ce poème. Ce qu'accréditent, dans toutes les versions, ses talents pour la musique et la poésie. Selon les termes de Philippe Walter, l'autorité de Tristan « justifie l'entreprise de commémoration tentée par Marie : le texte "met en abîme" les circonstances de sa propre création ».

Emmanuèle Baumgartner fait le point sur cet aspect du héros dans les versions françaises du XIIe siècle et le *Tristan en prose* du XIIIe.

Dans le roman de Thomas et plus encore dans *Le Lai du chèvrefeuille* de Marie de France, l'art du « trobar », l'invention poétique et musicale de l'amour, joue un rôle essentiel. C'est alors que le héros, masqué sous l'anagramme de Tantris, où se redouble la tant grande tristesse du héros triste, apprenait à la jeune princesse irlandaise à jouer de la harpe que Tristan et Iseut chez Thomas s'éprenaient sans doute l'un de l'autre : *Dites li qu'ore li suvengel... de nostre amur fine et veraiel quant jadis ot guari ma plaie...* Et dans le *Chèvrefeuille*, Tristan est à la fois le héros du récit et l'inventeur du lai qui enclôt dans la forme essentielle du vers lyrique la joie de la rencontre amoureuse et de l'entrelacement des corps.

Cette image neuve d'un chevalier poète et musicien explique peut-être la présence insistante et ancienne, chez les troubadours,

1. *Tristan et Iseut*, éd. P. Walter et D. Lacroix, *op. cit.*, p. 315, 317 et 319.

de la légende de Tristan *l'amador*, l'amoureux. Dès 1150 au moins, avant même que cette légende ne prenne forme écrite, les amants de Cornouailles apparaissent comme le maillon « moderne », pour le XIIe siècle mais pour nous aussi peut-être, de cette chaîne d'or qui lie dans l'imaginaire médiéval de l'amour et de la mort les couples mythiques de Pâris et d'Hélène, de Pyrame et Thisbé, de Narcisse et de son ombre vaine. Le rapport du héros au lyrisme, l'alliance qui se noue alors entre la harpe du trouvère et l'épée du chevalier, ont été abondamment illustrés dans les différentes versions françaises et étrangères des *Tristan.* C'est cependant dans le *Tristan* en prose que la compétence musicale du héros devient le lieu par excellence où se croisent et s'opposent les forces antagonistes, les discours contraires qui travaillent la réécriture de la légende [1].

LE *TRISTAN EN PROSE*

Dans le *Tristan en prose*, Tristan, rendu fou – véritablement cette fois – par ce qu'il croit être une trahison d'Iseut, s'enfonce dans le Morois. Sa description est conforme au comportement traditionnel du fou d'amour dans la littérature médiévale. La folie est une étape sur le chemin de la mort d'amour.

> Monseigneur Tristan, selon le conte, après avoir quitté la demoiselle messagère de Palamède, après avoir perdu si complètement la conscience et la raison qu'il ne savait ce qu'il faisait, se mit aussitôt à déchirer les vêtements qu'il portait, à la façon d'un forcené ; et il allait à travers le Morois en poussant des cris et des hurlements, en sautant et courant comme une bête furieuse. Si l'on me demandait de quoi il vivait, je dirais qu'il se nourrissait de viande crue : tous les jours, à travers la forêt, il passait son temps à attraper les bêtes et il mangeait leur chair avec la peau. Il vivait ainsi et c'est de cette façon qu'il apaisait sa faim dévorante.
>
> Sur ces entrefaites il lui arriva de rencontrer des bergers qui gardaient leurs bêtes dans les bois. Il revenait volontiers avec eux, parce qu'ils lui donnaient de leur pain. Mais parfois ils le lui fai-

---

1. E. Baumgartner, *La Harpe et l'épée*, © SEDES, 1990, p. 7-8.

saient payer bien cher, car ils ne cessaient de le battre et de le frapper si fort qu'il y avait de quoi s'étonner de ne pas le voir réagir. Malgré tout, il continuait de revenir parmi eux, parce qu'ils lui donnaient souvent à manger.

Dans ce temps-là, à force d'endurer les grandes misères de la faim et du froid, de coucher sur la dure, de subir toutes les rigueurs imaginables pour un mortel, il devint si pâle, si maigre, si misérable, si tanné et bruni par le soleil et l'air qu'il fut complètement métamorphosé : pas un de ses parents, à le voir en cet état, n'aurait pu le reconnaître ni croire le moins du monde que c'était monseigneur Tristan. Mais ce qui le défigura le plus laidement, ce fut que les bergers le tondirent et qu'ils lui barbouillaient chaque jour le visage, tantôt d'une couleur, tantôt d'une autre. Lui, il endurait tout, car il ne se rendait pas compte de ce qu'ils lui infligeaient, et, malgré tous les coups reçus d'eux, il ne chercha jamais à s'en venger [1].

1. *Le Roman de Tristan en prose*, trad. M.-L. Chênerie et Ph. Ménard, Champion, p. 153-154.

3 — *La mort des amants*

La version de Thomas

Le texte de Thomas est le seul des récits français du XIIe siècle qui relate la mort de Tristan puis d'Iseut.

Las d'attendre, Tristan sombre dans l'affliction. Souvent il se plaint, souvent il soupire après Yseut qu'il désire tant. Il pleure, il se tord de désespoir. Son désir est sur le point de le faire mourir. Alors qu'il se trouvait dans cette angoisse et ce tourment, sa femme Yseut se présenta devant lui. Elle avait médité un terrible plan :
« Ami, lui dit-elle, voici qu'arrive Kaherdin. J'ai aperçu son navire sur la mer. Il naviguait à grand-peine. Néanmoins, je l'ai bien vu et parfaitement reconnu. Que Dieu lui accorde de vous apporter une nouvelle qui puisse vous réconforter le cœur ! »
Tristan tressaille à cette nouvelle. Il dit à Yseut :
« Belle amie, êtes-vous certaine que c'est son navire ? Dites-moi alors de quelle couleur est la voile !
– Je suis parfaitement sûre que c'est son navire. Sachez que la voile est toute noire. Elle est hissée bien haut parce que le vent fait défaut. »

Tristrans en est dolenz e las,
Souvent se plaint, sovent suspire
Pur Ysolt que tant desire,
Plure des oils, sun cors detuert,
A poi que del desir ne muert,
En cel anguisse, en cel ennui
Vent sa femme Ysolt devant lui.
Purpensee de grant engin,
Dit : « Amis, or vent Kaherdin.
Sa nef ai veüe en la mer,
A grant peine l'ai veu sigler ;
Nequedent jo l'ai si veüe
Que pur la sue l'ai coneüe.
Deus duinst que tel novele aport
Dunt vus al quer aiez confort ! »
Tristran tresait de la novele,
Dit a Ysolt : « Amie bele,
Savez pur veir que c'est sa nef ?
Or me dites quel est le tref. »
Ço dit Ysolt : « Jol sai pur veir.
Sachez que le sigle est tut neir.
Trait l'unt amunt e levé halt
Pur ço que li venz lur falt. »

Alors Tristan ressentit une douleur telle qu'il n'en eut et n'en aura jamais de plus vive.
Il se tourna vers le mur et dit :
« Que Dieu nous sauve, Yseut et moi ! Puisque vous ne voulez pas venir à moi, il me faudra mourir à cause de mon amour pour vous. Je ne peux plus retenir ma vie. C'est pour vous, Yseut ma belle amie, que je meurs. Vous n'avez pas eu pitié de ma langueur mais ma mort vous causera de la douleur. Amie, c'est pour moi une grande consolation de savoir que vous aurez pitié de ma mort. »
Il répéta trois fois : « Amie Yseut ! » À la quatrième, il rendit l'esprit.
Alors, dans toute la maison, ses chevaliers et compagnons se mettent à pleurer. Leurs cris retentissent très fort ainsi que leurs grandes plaintes. Chevaliers et hommes d'armes accourent pour tirer le corps du lit et le coucher sur un samit. Ils le recouvrent d'un tissu de soie rayé. Sur la mer, le vent s'est levé et frappe le creux de la voile. Il permet au navire d'atteindre le rivage. Yseut quitte le bateau. Elle entend les lamentations dans la rue, les cloches des églises et des chapelles. Elle demande des nouvelles aux gens : pourquoi ces sonneries de cloches ? pourquoi ces pleurs ? Un homme âgé lui répond :

Dunt a Tristran si grant dolur
Unques n'out, ne avrad maür,
E turne sei vers la parei,
Dunc dit : « Deus salt Ysolt e mei !
Quant a moi ne volez venir,
Pur vostre amur m'estuet murrir.
Jo ne puis plus tenir ma vie ;
Pur vus muer, Ysolt, bele amie.
N'avez pité de ma langur,
Mais de ma mort avrez dolur.
Ço m'est, amie, grant confort
Que pité avrez de ma mort. »
« Amie Ysolt » treis feiz dit,
A la quarte rent l'espirit.
Idunc plurent par la maisun
Li chevaler, li compaingnun.
Li criz est halt, la pleinte grant.
Saillient chevaler e serjant
E portent li hors de sun lit,
Puis le cuchent sur un samit,
Covrent le d'un palie roié.
Li venz est en la mer levé
E fert sei en mi liu del tref,
A terre fait venir la nef.
Ysolt est de la nef issue,
Ot les granz plaintes en la rue,
Les seinz as musters, as chapeles ;
Demande as humes quels noveles,
Pur quei il funt tel soneïz,
E de quei seit li plureïz.
Uns ancïens dunc li dit :

« Belle dame, que le ciel me protège, nous sommes plongés dans une immense douleur. Nous n'en avons jamais connu une aussi grande. Le preux, le noble Tristan est mort. Il était le réconfort de tous les habitants du royaume : généreux envers les nécessiteux, secourable envers les affligés. Il est mort dans son lit d'une plaie qu'il a reçue. Jamais un tel malheur n'est arrivé dans ce royaume. »
Lorsqu'elle entendit cette nouvelle, Yseut resta muette de douleur. La mort de Tristan la fit tant souffrir qu'elle parcourait les rues avec ses vêtements défaits. Elle entra avant tout le monde au palais. Jamais encore les Bretons ne virent une femme d'une telle beauté. Dans la cité, tout le monde se demandait d'où elle venait et qui elle était.
Yseut se rend près du corps, elle se tourne vers l'orient et, saisie de pitié, prie pour Tristan :

« Bele dame, si Deu m'aït,
Nus avum issi grant dolur
Que unques genz n'orent maür.
Tristran, li pruz, li francs, est mort :
A tut ceus del rengne ert confort.
Larges estoit as bosungnus,
E grant aïe as dolerus.
D'une plaie que sun cors ut
En sun lit ore endreit murut.
Unques si grant chaitivesun
N'avint a ceste regiun. »
Tresque Ysolt la novele ot,
De dolur ne puet suner un mot.
De sa mort ert si adolee
La rue vait desafublee
Devant les altres el palès,
Bretun ne virent unques mes
Femme de la sue bealté :
Mervellent sei par la cité
Dunt ele vent, ki ele seit,
Ysolt vait la ou le cors veit,
Si se turne vers orïent,
Pur lui prie pitusement :

« Ami, en vous voyant mort, je ne peux ni ne dois souhaiter vivre. Vous êtes mort par amour pour moi et je meurs de tendresse pour vous, mon ami, parce que je n'ai pu arriver à temps pour vous guérir et vous soulager de votre mal. Rien ne pourra jamais plus me consoler ni me réjouir, aucun plaisir, aucune réjouissance. Maudit soit cet orage qui m'immobilisa sur la mer et qui m'empêcha d'arriver ! Si j'étais venue à temps, ami, je vous aurais rendu la vie et je vous aurais parlé tendrement de notre amour. J'aurais plaint mon aventure, notre joie, nos plaisirs, la peine et la grande douleur que nous valut notre amour. Je vous aurais rappelé tout cela en vous baisant et en vous embrassant. Puisque je n'ai pu vous guérir, puissions-nous au moins mourir ensemble ! Puisque je n'ai pu arriver à temps ni déjouer le sort, puisque je suis arrivée après votre mort, je me consolerai en buvant le même breuvage que vous. Vous avez perdu la vie à cause de moi. Je me comporterai donc en véritable amie : je veux mourir pour vous de la même manière. »

« Amis, Tristran, quant mort [vus vei,
Par raisun vivre puis ne dei.
Mort estes pur la meie amur,
E jo muer, amis, de tendrur,
Quant a tens ne poi venir
[Manuscrit Sneyd 2]
Pur vos et vostre mal guarir
Amis, amis, pur vostre mort
N'avrai jamais de rien confort,
Joie, ne hait, ne nul deduit,
Icil orages seit destruit
Que tant me fist, amis, en mer,
Que n'i poi venir, demurer !
Se jo fuisse a tens venue,
Vie vos oüse, amis, rendue,
E parlé dulcement a vos
De l'amur qu'ad esté entre nos ;
Plainte oüse la mei aventure,
Nostre joie, nostre emveisure,
La paine e la grant dolur
Qu'ad esté en nostre amur,
E oüse iço recordé
E vos baisié e acolé.
Se jo ne poisse vos guarir,
Qu'ensemble poissum dune murrir !
Quant a tens venir n'i poi
E jo l'aventure n'oi,
E venue sui a la mort,
De meisme le beivre avrai confort.
Pur mei avez perdu la vie,
E jo frai cum veraie amie ;
Pur vus voil murir ensement. »

Elle le serre dans ses bras et s'étend à côté de lui. Elle lui baise la bouche, le visage et le tient étroitement enlacé. Elle s'étend, corps contre corps, bouche contre bouche, et rend l'âme. Elle meurt ainsi à côté de lui pour la douleur causée par sa mort. Tristan mourut par amour pour Yseut qui ne put arriver à temps. Tristan mourut par amour pour elle et la belle Yseut par tendresse pour lui.

Thomas achève ici son histoire. Il adresse son salut à tous les amants, aux pensifs et aux amoureux, à ceux qui ressentent l'envie et le désir d'aimer, aux voluptueux et même aux pervers, à tous ceux qui entendront ces vers.

Tout le monde n'a peut-être pas eu son compte mais j'ai fait du mieux que j'ai pu et j'ai dit toute la vérité comme je l'avais promis au début. J'ai rassemblé des contes et des vers. J'ai agi ainsi pour offrir un modèle et pour embellir l'histoire afin qu'elle puisse plaire aux amants et afin qu'ils puissent, en certains endroits, se souvenir d'eux-mêmes. Puissent-ils y trouver une consolation envers l'inconstance, envers le tort, envers la peine, envers la douleur, envers tous les pièges de l'amour !

Embrace le, si se estent,
Baise la buche e la face
E molt estreit a li l'enbrace,
Cors a cors, buche a buche estent,
Sun espirit a itant rent,
E murt dejuste lui issi
Pur la dolur de sun ami.
Tristrans murut pur sun desir,
Ysolt, qu'a tens n'i pout venir.
Tristrans murut pur sue amur,
E la bele Ysolt par tendrur.
Tumas fine ci sun escrit :
A tuz amanz saluz i dit,
As pensis e as amerus,
As emvius, as desirus,
As enveisiez e as purvers,
(A tuz cels) ki orunt ces vers.
(S)i dit n'ai a tuz lor voleir,
(Le) milz ai dit a mun poeir,
(E dit ai) tute la verur,
(Si cum) jo pramis al primur.
E diz e vers i ai retrait :
Pur essample issi ai fait
Pur l'estorie embelir,
Que as amanz deive plaisir,
E que par lieus poissent troveir
Choses u se puissent recorder :
Aveir em poissent grant confort,
Encuntre change, encontre tort,
Encuntre paine, encuntre dolur,
Encuntre tuiz engins d'amur [1] !

---

1. *Tristan et Iseut*, éd. P. Walter et D. Lacroix, *op. cit.*, p. 476-479, vers 1736 à 1817, et manuscrit Sneyd 2 (Oxford, Bodlelian Library d 16, f° 17a et b), vers 1 à 57.

L'opéra de Wagner

Nuit de passion dans le livret de l'opéra de Richard Wagner, *Tristan et Isolde*. Ce qui apparaît surtout c'est le lien étroit entre l'amour et la mort et la certitude de la victoire de l'amour sur la mort.

VOIX DE BRANGAINE *(de la plate-forme)*

Que celui auquel sourit
le rêve de l'amour
prenne garde à l'appel
de celle-là
qui, veillant solitaire
dans la nuit,
a de sombres pressentiments
pour les dormeurs
et les exhorte avec crainte
à sortir du sommeil…
Prenez garde !…
Prenez garde !…
La nuit touche à son terme !…

ISOLDE *(à mi-voix)*

Écoute, bien-aimé !…

TRISTAN *(de même)*

Laisse-moi mourir !…

ISOLDE *(se redressant légèrement)*

Garde pleine d'envie !…

TRISTAN *(demeurant étendu)*

Jamais de réveil !…

ISOLDE

Pourtant, le jour
doit éveiller Tristan ?

TRISTAN *(relevant un peu la tête)*

Laisse le jour
céder à la mort !…

ISOLDE

Jour et mort,
par des coups identiques,

pourraient-ils atteindre
notre amour ?…

TRISTAN *(se redressant un peu plus)*
Notre amour ?…
L'amour de Tristan ?…
Tien et mien,
l'amour d'Isolde ?…
Aux coups de quelle mort
pourraient-ils jamais céder ?…
se trouvât-elle devant moi,
la mort toute-puissante,
telle qu'elle me menace
dans ce corps et cette vie
que j'abandonne si volontiers
à l'amour,
comment cet amour lui-même
pourrait-il être atteint par ses coups ?…
(Penchant la tête vers Isolde avec une tendresse croissante.)
Mourrais-je pour cet amour
(pour lequel je meurs si volontiers).
Comment pourrait-il
mourir avec moi
et finir avec moi,
lui qui est vivant à jamais ?…
Dès lors, son amour ne périssant jamais,
comment Tristan pourrait-il mourir
pour son amour ?…

ISOLDE
Mais notre amour
ne s'appelle-t-il pas Tristan
ET Isolde ?
Ce petit mot plein de douceur, ET,
avec ce qu'il unit,
ce lien de l'amour,
si Tristan mourait,
la mort ne l'anéantirait-elle pas ?…

TRISTAN
Qu'est-ce qui serait détruit par la mort,
sinon ce qui nous entrave

et s'oppose à ce que Tristan
aime à jamais Isolde
et vive éternellement pour elle seule ?…

ISOLDE

Mais si ce petit mot, ET,
était anéanti,
comment Tristan serait-il donné à la mort
autrement
qu'avec la propre vie d'Isolde ?…
(Tristan attire doucement Isolde à lui, avec une gravité pleine de solennité.)

TRISTAN

Nous mourrions ainsi,
sans séparation,
ne formant qu'un à jamais,
sans fin,
sans réveil,
sans angoisse,
anonymes,
confondus dans l'amour,
l'un à l'autre totalement,
pour vivre uniquement pour l'amour !…

ISOLDE *(contemplant Tristan, comme en extase)*

Nous mourrions ainsi,
sans séparation,

TRISTAN

ne formant qu'un à jamais,
sans fin,

ISOLDE

sans réveil,

TRISTAN

sans angoisse,

TOUS DEUX

anonymement
confondus dans l'amour,
l'un à l'autre totalement,
pour vivre uniquement pour l'amour !…

(Comme subjuguée, Isolde s'abandonne, le visage reposant sur le cœur de Tristan.)

VOIX DE BRANGAINE *(comme précédemment)*

Prenez garde !…
Prenez garde !…
La nuit touche à son terme !…

TRISTAN *(se penchant sur Isolde, avec un sourire)*

Devrais-je écouter ?…

ISOLDE *(jetant sur Tristan un regard chargé de passion)*

Laisse-moi mourir !…

TRISTAN

Dois-je veiller ?…

ISOLDE

Jamais de réveil !…

TRISTAN *(plus pressant)*

Le jour devrait-il
encore éveiller Tristan ?…

ISOLDE

Laisse le jour
céder à la mort !…

TRISTAN

Les menaces du jour,
les braverions-nous ainsi à présent ?…

ISOLDE *(avec une émotion croissante)*

Pour fuir à jamais son leurre !…

TRISTAN

sa lueur crépusculaire
nous a-t-elle jamais effarouchés ?…

ISOLDE *(se levant avec exaltation).*

Que la nuit dure éternellement pour nous !…

TRISTAN AU CINÉMA

Transposition, dans le film de Jean Cocteau, *L'Éternel Retour*, de la scène où Iseut aux Blanches Mains, en annonçant à

Tristan que la voile du bateau qui ramène Iseut la Blonde est noire, provoque sa mort immédiate. Ici Tristan s'appelle Patrice, Iseut la reine, Nathalie I, Iseut aux Blanches Mains, Nathalie II et Kaherdin, Lionel.

Nathalie II est toujours debout derrière les planches disjointes de la resserre, les yeux fixés sur la mer.
PATRICE *(délirant)* – Nathalie !... tu es là, Nathalie ?
Nathalie II ne bouge pas. elle dit seulement :
NATHALIE II – Non, Patrice, pas encore...
Patrice, couché, essaie de se redresser, de voir...
(Sans quitter sa faction.) Tu vas t'épuiser, Patrice... Tu es en nage.
PATRICE *(délirant)* – Sur la mer..., sur la mer...
Ses cheveux sont collés par la sueur. Nathalie II entend soudain le bruit lointain du canot à moteur et regarde la mer.
Là-bas, encore très lointaine, une petite embarcation se dirige vers l'île.
Nathalie II regarde, regarde...
Patrice lutte contre la mort... Son front ruisselle. Soudain, il entend le moteur.
Le canot... Nathalie... le canot...
Le canot est maintenant à une distance moyenne. Nathalie II aperçoit une longue écharpe blanche qui flotte à l'extrémité du mât.
C'est lui ? Nathalie ?... Le canot ?
NATHALIE II – Oui... Cette fois... c'est vrai...
PATRICE – Tu peux le voir ?... Réponds-moi... Tu peux le voir ? À la place du pavillon, tu vois une écharpe blanche ?
Nathalie II, le regard toujours fixé sur la mer, répond après un court silence.
NATHALIE II – Non, je vois le pavillon rouge, comme d'habitude. Pourquoi ?
Patrice se soulève, le visage en eau, les yeux perdus.
PATRICE – Regarde... encore...
(Suppliant.) Nathalie ! Regarde... regarde...
NATHALIE II – C'est le pavillon habituel. Le pavillon rouge !
Le corps de Patrice retombe en arrière.
(Dans un cri.) Patrice !
Elle court. Elle se jette sur le corps de Patrice.

Ce n'est pas vrai... Patrice !... Ce n'est pas vrai... J'ai menti... C'est l'écharpe blanche ! *(Elle sanglote.)*

Les yeux de Patrice se voilent. Il essaie de parler, il murmure.

PATRICE – Je ne peux pas... retenir ma vie... plus longtemps.

Il meurt.

Nathalie II, hagarde, recule.

NATHALIE II *(criant)* – Patrice !

Affolée, elle recule sans quitter Patrice des yeux et court vers la porte [1].

Le film de François Truffaut, *La Femme d'à côté*, créé en 1981, met en scène des amants passionnés, pour qui les obstacles sont intérieurs, et non pas extérieurs, comme pour Tristan et Iseut, et qui finissent par mourir de leur passion fatale.

Bernard (Gérard Depardieu) et Mathilde (Fanny Ardant) ont vécu autrefois un amour fou, surtout sensuel, mais ils se faisaient souffrir mutuellement et ont finalement rompu, leur vie étant devenue impossible. Mariés ensuite chacun de leur côté, ils se retrouvent par hasard ; ils habitent des maisons voisines. La passion renaît, plus forte que jamais. Mais ils ne sont pas égaux, comme l'étaient Tristan et Iseut, dans leur amour. C'est toujours Mathilde qui prend l'initiative de leurs rencontres. Bernard est tour à tour réticent, voulant éviter de faire souffrir sa femme, puis d'une terrible jalousie lorsqu'il se trouve en présence du mari de Mathilde. Leur passion est, comme autrefois, brûlante et invivable. Après diverses péripéties (voyage, dépression de Mathilde...), ils semblent séparés définitivement. Mathilde et son mari ont déménagé, Bernard paraît apaisé. Mais une nuit, Mathilde revient seule dans la maison abandonnée, une porte bat, Bernard l'entend, se lève et retrouve Mathilde. Ils s'étreignent passionnément et font l'amour. Alors Mathilde saisit le révolver qu'elle avait apporté avec elle, tue Bernard et se suicide aussitôt. La mort est instantanée. Le médecin légiste les trouve l'un sur l'autre. Ils ne seront pas enterrés dans le même tombeau ; une amie des deux couples, qui parle par moments en voix off, et dont l'histoire est une sorte de mise en abîme de celle des amants, tire la conclusion de leur histoire :

---

1. Scénario de *L'Éternel Retour*, Nouvelles Éditions françaises, 1942.

« Si je devais choisir une inscription funéraire pour ces deux-là, je sais bien ce que je mettrais : ni avec toi ni sans toi. » La référence aux *Tristan* est évidente, et particulièrement au *Lai du chèvrefeuille*, dont la formule emblématique est : « ni vous sans moi, ni moi sans vous ». Mais le film de Truffaut est beaucoup plus tragique et plus noir que l'histoire des amants de Cornouailles. Pour Tristan et Iseut, c'est la vie s'ils sont ensemble et la mort s'ils sont séparés ; pour le couple moderne, c'est la mort de toute façon. D'un côté, la fin est idéalisée, avec l'espoir de survie de l'amour, de l'autre c'est une fin réaliste : la passion est destructrice et rarement partagée équitablement ; les obstacles sont plus souvent en soi qu'à l'extérieur et elle conduit à une impasse fatale.

4 Deux regards sur le mythe

Deux contes anciens, l'un irlandais, l'autre iranien, ont souvent été rapprochés de l'histoire de Tristan et Iseut. J.-Ch. Payen a fait un résumé de chacun dans son édition des *Tristan*.

DIARMAID ET GRAINNE

Il s'agit d'un ensemble de textes échelonnés tout au long du Moyen Âge et jusqu'au XVIIIe siècle, qui relatent l'histoire du guerrier Diarmaid, dévoué au roi Finn, et de l'épouse de ce dernier, Grainne, qui s'est éprise de Diarmaid parce qu'elle a découvert sur son corps un grain de beauté qui a suscité en elle une violente attirance physique pour le jeune homme. Elle met au défi Diarmaid de l'enlever : défi magique ou *geis*, auquel Diarmaid ne peut se dérober.

Diarmaid enlève donc Grainne et s'enfuit avec elle, mais il refuse toujours de la toucher. Un jour, ils sont surpris dans leur sommeil par Finn, mais leurs corps sont séparés par un morceau de viande, ce qui implique leur chasteté.

Au cours de leurs épreuves, Diarmaid et Grainne rencontrent le roi de l'autre monde Oengus, qui étend son manteau sur Grainne en signe de protection, et intervient activement auprès de Finn pour qu'il consente à pardonner à son épouse. Le personnage d'Oengus, à cet égard, n'est pas sans analogie avec celui de l'ermite Ogrin selon Béroul.

Suivant les traditions, Diarmaid, après avoir rendu Grainne à Finn, s'exile ou bien reste au service de son seigneur qui lui pardonne.

WÎS ET RÂMÎN

Ce roman date du XIIe siècle. Il est dû au poète courtisan Gurgani. Voici le résumé qu'en donne F. Mossé (Les Belles Lettres, 1931) :

Le roi Maubad, donnant une fête, distingue une princesse, Chahrou, et s'éprend d'elle ; mais elle est épouse et mère ; Maubad lui demande la main de sa fille encore à naître. Cette fille, Wîs, mise en nourrice, a pour frère de lait Râmîn, frère du roi ; ils passent ensemble leur enfance. Wîs revient chez sa mère qui, ayant oublié la promesse faite au roi Maubad, marie cette fille si belle à son propre frère Vîrou ; mais un incident empêche l'acte nuptial. Ayant en vain rappelé la promesse, le roi Maubad déclare la guerre au cours de laquelle le père de Wîs est tué. À la suite de plusieurs péripéties, Maubad enlève Wîs. Voulant échapper à ce roi, beaucoup plus âgé qu'elle, Wîs demande secours à sa nourrice, experte en magie ; celle-ci fabrique et met en terre un talisman qui paralysera les ardeurs de Maubad durant un mois ; mais une inondation, rendant introuvable le talisman, sépare définitivement Maubad et Wîs. Or Râmîn est épris de Wîs depuis son enfance ; il lui déclare ses sentiments, au cours d'une entrevue ménagée par la nourrice. Alors commencent leurs amours, très analogues à celles de Tristan et d'Iseut, et dont les péripéties sont marquées par les titres des sections du poème ; finalement, comme Tristan, Râmîn, réduit à s'éloigner de Wîs, s'éprend d'une jeune femme nommée Gol (Rose) et l'épouse ; mais peu à peu le souvenir de Wîs s'impose ; les lettres de celle-ci accroissent sa mélancolie ; un jour, n'y tenant plus, il retourne au palais de Maubad et la vie d'amour sans cesse menacé recommence. Profitant d'une absence du roi, Râmîn et ses hommes massacrent les gardes du palais ; Râmîn enlève Wîs et saisit le trésor royal dont il use pour constituer une armée et combattre son frère Maubad. Celui-ci, partant en guerre, est tué par un sanglier (très nombreux alors en Iran). Râmîn est proclamé roi, épouse Wîs et règne sagement ; devenu veuf, il transmet son pouvoir à son fils aîné ; après trois années de prières auprès des restes de sa femme, il la rejoint en son tombeau [1].

1. *Tristan et Yseut*, éd. J.-Ch. Payen, *op. cit.*, p. 303 et 304.

BIBLIOGRAPHIE

TEXTES

Tristan et Iseut, textes originaux et intégraux présentés, traduits et commentés par Daniel Lacroix et Philippe Walter, Le Livre de Poche (LP 15), coll. « Lettres gothiques », 1989.

Cette édition est la plus complète et la plus accessible à ce jour des textes français du XIIe siècle, accompagnés de leur traduction. Elle comporte : *Le Roman de Tristan* de Béroul, *La Folie Tristan* d'Oxford, *La Folie Tristan* de Berne, *Le Lai du Chèvrefeuille* de Marie de France, le fragment du *Donnei des amants*, appelé « Tristan rossignol », et *Le Roman de Tristan* de Thomas. Elle est assortie d'une préface, d'une bibliographie et d'un index des noms propres. Elle est suivie d'une traduction de la *Saga* norroise qui comporte une préface propre et un glossaire.

Eilhart von Oberg, *Tristrant*, texte établi et présenté par Danielle Buschinger et Wolfgang Spiewok, 10-18, 1986. Cet ouvrage est la traduction du texte médiéval en ancien-haut-allemand. Cette version est probablement la plus proche du texte primitif qui ne nous est pas parvenu.

Le *Tristan* de Gottfried, traduit en français par Danielle Buschinger et Jean-Marc Pastré, n'existe que dans une édition allemande, très difficile à trouver. Et le *Tristan en prose*, qui vient seulement de paraître dans une édition scientifique de douze volumes, n'est pas encore traduit.

Quelques ouvrages critiques

E. Baumgartner, *Tristan et Iseut*, PUF, coll. « Études littéraires, » 1987. Petit livre très accessible et très complet sur les textes français du XIIe siècle, assorti d'analyses fines et denses.

J. Frappier, « Structure et sens du *Tristan* : version commune, version courtoise », *Cahiers de civilisation médiévale*, 6, 1963, p. 255-280 et 441-454. Comparaison entre les deux versions de Béroul et de Thomas, et belle analyse de ce que l'auteur appelle « miracle ambigu ».

P. Le Gentil, « Sur l'épilogue du *Tristan* de Thomas », *Mélanges Jeanne Lods*, I, 1978, p. 365-370. Intéressantes réflexions sur l'épilogue très particulier de Thomas.

Tristan et Yseut, éd. J.-Ch. Payen, Garnier, 1974. À lire pour sa suggestive préface, qui ouvre des pistes de lecture.

D. Poirion, « Le *Tristan* de Béroul : récit, légende et mythe », *L'Information littéraire*, 26, 1974, p. 199-207. Pour différencier clairement les trois notions ci-dessus.

On pourra consulter aussi, suivant l'étude particulière que l'on veut mener, les *Actes* des deux colloques d'Amiens : *La Légende de Tristan au Moyen Âge*, Amiens, 1982 et *Tristan, mythe européen et mondial*, Amiens, 1986, éd. D. Buschinger, Göppingen, diffusion Champion.

TABLE DE TRISTAN ET ISEUT

On avait levé l'ancre 13

1. Rivalen et Blanchefleur 17
2. La naissance de Tristan 21
3. Les enfances de Tristan 25
4. Tristan en Cornouailles 30
5. La reconnaissance de Tristan 34
6. Le Morholt d'Irlande 37
7. La navigation sur la mer 43
8. Iseut la blonde 47
9. Le message des arondes 51
10. Le dragon de Weisefort 56
11. Le pardon d'Iseut 61
12. La navigation malheureuse 66
13. Le boire amoureux 72
14. Le mariage du roi Marc 79
15. Brangien mise en péril 84
16. La harpe et la rote 89
17. Le songe de Kariado 94
18. Frocin le nain 99
19. Le roi Arthur et les faux 102
20. Première séparation 106
21. Le verger merveilleux 110
22. Le roi Marc dans le pin 114
23. Le pardon du roi 119
24. Les barons félons 122
25. La surprise des amants 127
26. Le saut de la chapelle 132

27. Iseut aux lépreux 135
28. Le secret du roi Marc 143
29. Les regrets de la reine 147
30. Les amants au Morois 151
31. La mort Guénelon 156
32. Les amants sous la hutte 160
33. La méprise du roi Marc 165
34. La seconde Saint-Jean d'été 169
35. Ogrin 174
36. La requête des félons 180
37. L'engagement de la reine 184
38. Périnis chez Arthur 188
39. Le passage du Mal Pas 193
40. Le serment devant Dieu 199
41. Les soupirs des amants 203
42. La mort des deux félons 210
43. Nouvelle séparation 215
44. Le duc Hoël de Bretagne 220
45. Iseut aux Blanches Mains 224
46. La douleur des amants 229
47. L'eau hardie 233
48. Le cortège de la reine 237
49. La fureur de Brangien 242
50. Tristan sous l'escalier 247
51. La folie Tristan 251
52. La reconnaissance 257
53. Kaherdin messager 263
54. La tempête sur la mer 269
55. La mort des deux amants 274

Or, écoutez maintenant 279

GF Flammarion

00/08/81527-VIII-2000 – Impr. MAURY Eurolivres SA, 45300 Manchecourt.
N° d'édition FG113301. – août 2000. – Printed in France.